想象另一种可能

理
想
国

imaginist

晚清官员收藏活动研究

以吴大澂及其友人为中心

白谦慎 著

广西师范大学出版社
·桂林·

自序

本书由三篇长文组成。上篇原题为《晚清文物市场和官员收藏活动管窥》，最初发表于2015年台北的《故宫学术季刊》，收入本书时，基本结构没有改动，但做了较多的增补，并订正了一些讹误。中篇《信息、票号、运输：收藏活动的网络因素》，曾在2016年秋浙江大学举办的中国收藏与鉴定史国际学术研讨会上宣读。下篇《吴大澂的收支与收藏》，发表于《浙江大学艺术与考古研究》第四辑（2019）。

三篇论文涉及的问题各异，却有共同的指向：收藏活动的社会机制。此处所说的社会机制（social institutions），既包括艺术买卖的市场机制，传递信息的驿站和异地转账的票号等机构，也包括官场赠送和收受各种礼金的"陋规"和习俗等。简言之，本书研究晚清官员收藏活动得以展开的种种社会因素。

1990年代我在美国学习时，艺术社会史正是最有影响的研究范式之一，受其影响，我也关注与艺术相关的种种社会因素。《傅山的世界》《与古为徒和娟娟发屋》《傅山的交往和应酬》在国内刊行后，我也被人们称为艺术社会史学者。学界这样看待我的研究，大致没错，但却容易忽略这一事实：我长期练习书法篆刻，熟悉它们的艺术语言。在艺术社会史的研究中，鉴赏知识不应或缺，否则我们将很难对古代的艺术现象做出合乎历史情境的解释。

本书虽以晚清官员收藏活动为题，但仍有不少相关议题未曾深入讨论。譬如说，我在讨论文物市场的价格时，虽然涉及了收藏活动和艺术品味之间的关系，但简略粗浅。收藏活动和艺术创作之间的关系，向来为研究者所重视，我曾发表过《吴大澂绘画三题》（见苏州博物馆编《清代苏州吴氏的收藏》）一文，讨论吴大澂的绘画艺术。传世的吴大澂画作，临仿前贤之作占有很重要的比例，我在文中也有探讨，但所涉尚浅，今后拟专文详细分析。

此外，我还曾发表过一篇英文论文，讨论晚清官员收藏活动中的心理问题（“Antiquarianism in a Time of Crisis: On the Collecting Practices of Late Qing Government Officials, 1861–1911,” 载法国学者 Alain Schnapp 等编 *Traces, Collections, and Ruins: Towards a Comparative History of Antiquarianism:*

Comparative Perspective)。如果在和平年代，政府官员积极参与收藏活动，可能会比较少地招致訾议并引起内心不安，因为收藏活动本身就可以被视为太平盛世的象征。即便在内困外忧的时代，如果一个收藏家不是政府高官，而是家境优渥的士绅，或是富商，他也不必为自己的收藏活动承担道德责任。但是，对于政府官员特别是高官来说，国家危难之际的收藏活动确实可能面临"玩物丧志"这样的问题。可以说，在晚清，政府官员的私人收藏活动和他们的社会职责之间可能存在的冲突，由于大清帝国面临的危机而被突显出来了。我们在吴大澂和他的友人们留下的文字中，能见到他们关切"玩物丧志"这个问题。处于国家危难之际的晚清官僚们，怎样才能为自己的收藏活动寻找理论依据？怎样才能摆脱"玩物丧志"的焦虑，更为心安理得地开展收藏？我的论文回答了这个问题。由于此文尚没有中译本，讨论的问题也和社会机制无涉，此次没有收入本书。

近十余年来，收藏史研究相当活跃，出版的论文和书籍不少。西方学者的一些理论著作也被译成中文刊行，社会区隔理论、炫耀性消费理论常被引入收藏研究的阐释中。但在涉及晚清官员的收藏活动时，这些理论的适用性值得慎重思考。说起炫耀，顾文彬的怡园、李鸿裔的网师园、沈秉成的耦园、吴云的听枫楼足以显示他们的社会地位和财富，可这些收藏家在苏州的真率会雅集却是相当封闭的群体，他们的收藏并不为世人所熟知。社会精英的文化生活方式通过何种渠道向下辐射，值得进一步研究。把艺术趣味作为社会化形塑的结果，很容易忽略人们在艺术中对审美和智识的追求以及这些追求中的愉悦。本书虽然不涉及这些问题，但并不意味着它们在我的思考中缺席。

本书是“吴大澂与中国文人文化的现代命运”研究计划的一个部分。这一研究计划已经进行了二十多年，旷日持久。2018 年的夏天，我和哈佛大学亚洲出版中心的编辑约定，尽快完成英文书稿交他们审核，谁料秋天浙江大学校方就命我主持艺术与考古学院的筹建。如今，新学院已经成立，而我的书稿却要延宕数年才能完成了。只能权将本书作为一个阶段性的成果奉请读者们批评指正。

本书准备的过程中，得到了薛龙春、梁颖、秦明、李军、张鹏、陈冠男、姚进庄、张宏星、沈辰、杨崇和、翁以思、李俊、孙中旺、吴亦深、陈硕、陆丰川、杨妍和数位匿名审稿人的帮助，编辑马希哲为本书的出版也付出了许多精力，在此谨表诚挚的谢意。

2019 年春

目 录

上篇

文物市场与收藏

一、导言：收藏史研究的文献问题

在近十余年的中国艺术史研究中，收藏史得到了前所未有的关注，研究成果也格外丰硕。仅以对明代中晚期的大收藏家项元汴的研究为例，近十年中，研究成果激增，出现数部专著。[1]此外，其他的知名收藏家诸如丰坊、华夏、李日华、孙承泽、曹溶、梁清标、周亮工、宋荦、高士奇、安岐等，也都有专门的研究。

---

* 请读者注意：本书用阿拉伯数字表达的年份，只是中西大致对应的年份，有时中历的岁尾应是西历下一年的年初，但为方便起见，本书仍以通常的中西对应年份系之，而不系于西历的下一年。书中用中文书写的月份，皆农历月份，故不用阿拉伯数字。还请读者注意，只有乾嘉时期及以后的历史人物，本书才列出他们的生卒年。

[1] 它们是叶梅在首都师范大学完成的博士论文《晚明嘉兴项氏法书鉴藏研究》(2006)，李万康的《编号与价格：项元汴旧藏书画二释》(南京：南京大学出版社，2012)，杨丽丽的《天籁传翰：明代嘉兴项元汴家族的鉴藏与艺术》(台北：石头出版社，2012)，沈红梅的《项元汴书画典籍收藏研究》(北京：国家图书馆出版社，2012)，封治国的《与古同游：项元汴书画鉴藏研究》(杭州：中国美术学院出版社，2013)。

上述这些书画史上的著名收藏家学者们都耳熟能详，除此之外，一些在过去被忽略的收藏家如清初的王铎、王永宁、张应甲等，也随着研究的不断拓展和深入，得到了不同程度的关注。

但是，在收藏史的著作中，学者们较少涉及文物市场的研究。这当然是文献缺乏所致。研究晚清的收藏活动，如涉及文物市场，依然很有挑战性，因为它不可回避艺术品的价格。但是在中国古代文人的正式著作中，很少提到艺术品的价格。晚清以前，虽然也有一些收藏家（如项元汴）记录下他们购买书画和古器物的价格，但今天能见到的这类记载少而零散，难以依据它们构成有效的论述。收藏家们很可能有记录购买古董的账目，但这些账目未必能保存下来。[1] 相对幸运的是，晚清文人喜欢写日记，现在还能读到数量可观的晚清日记，其中有一些关于艺术品价格的记录。由于年代还不太久远，仍有许多晚清文人的信札存世，其中也有涉及艺术品交易的内容。但是，这类记载通常十分简略，如“某某山水轴，三十金”。我们并不知道

[1] 苏州大收藏家顾文彬（1811—1889）在1871年六月二十三日致其子顾承（1833—1882）的家书中写道：“历年所得书画价有账一本，即日寄来。我欲将书画之来路及价值之多寡，详登一册，留贻后昆，俾知得之艰难，物之珍贵，希冀不至视若弁毛耳。”（顾文彬著，苏州市档案局、苏州市过云楼文化研究会编：《过云楼家书》点校本，上海：文汇出版社，2016年，64页。）在同年十二月初四日致顾承的信中，顾文彬又提到：“家藏书画已手录一册，小注两行，一是我估之价，一留待汝估之价添入。我估之价未免稍浮，然乱后书画日见其少，则价亦应日见其增。后人如能待善价而沽，虽散去亦无憾。令二、三孙各抄一本，仍寄来，因大、四孙尚未录存副本耳。”（同上，102页）顾文彬所说的书画账册，看来并未能存世。但是，这起码说明了，编制所藏书画的账目，很可能是很多大藏家的习惯。像项元汴这样的商人很可能也有类似的账册，只不过没有保存下来而已。

所谈作品的尺幅，加上在大多数情况下没有实物或图片，我们无法判断艺术品的品质，对价格和艺术品之间的对应关系也就不甚了了。如果我们希望找出艺术品价格变动的一些规律，最理想的做法就是追踪同一件艺术品在不同时期的卖价，而要做到这点非常不容易，因为能够根据书画上的题跋和文献记录追踪的例子极少。

存世文献还存在着一个不平衡现象。那些提及艺术品价格的信札，如果出自名人之手，保存下来的几率大，否则不然。如晚清官员吴大澂（1835—1902）写给苏州文物商徐熙（翰卿）、陕西文物商杨秉信（实斋，约 1831—1909 年后）、山东文物商裴仪卿的部分信札保留下来了，但是这些文物商写给他的信札却佚失了。文物商们在当时肯定有自己的账簿，但也没有保存下来。

类似的情况也存在于不同的收藏群体中。鸦片战争和太平天国运动以后，上海成为经济和文化中心，那里居住着数量相当可观的收藏家。可是，今天我们很难见到 19 世纪下半叶上海收藏家的记录。这大概是因为上海收藏家多为买办和商人，不是官员和文人。这也是本篇研究官员收藏活动的原因之一：官员们留下了比较多的文献资料。

文物市场还具有一般商品市场所不具备的特殊性。文物通常不可批量生产（钱币、陶瓷等情况有所不同），书画更是如此，除去赝品，文物商所卖的应该都是独一无二的原作（碑拓的情况稍微不同，但也不是简单的复制品），文物商开价，差别可以非常大。吴大澂在致王懿荣（廉生，1845—1900）的信中说，山东潍县的王石经（西泉，1833—1918）曾经给他看过一些古董，开价比他人高出许多。[1] 会卖东西的文物商，能把价格卖得高些。有时，同样一件东西，张三卖给李四可能和王五卖给孙六的价格会差很多。文物商的能力、买家的知识结构、卖家对自己藏品的理解程度及经济境况（是否急于售出），都会对最终的成交价有所影响。1874 年六月十九日，顾文彬在致儿子顾承的信中说："新得明人字幅，每幅只两元，此等便宜货不能援以为例。"[2] 连顾文彬也认为如此低的价格并不能反映市场的一般行情。所以，有时在现实中出现的成交价之间的巨大差别并不能比较准确地反映出市场的规律。

研究晚清的文物市场，还有一个不得不考虑的因素：计价的货币。晚清的货币体系比较混乱，人们在交易的时候，有时用银子，有时用洋元。各地银子的成色和重量、计价方法也不完全相同，不同时期洋元和银子的比价、铜钱和银子的比价也不同。此外，晚清硬通货白银的币值还会受到国际货币市场价格变动的影响。这些都是我们在研究市场价格时需要考虑的

[1] "王西泉来此三日矣。挟古鉨古布各数十，皆索重值。鉨固可爱，价则相去太远，恐不能成。渠不知甘丹大阴虢氏等大布，敝处已得三四十（价极廉），尚欲居为奇货，殊为可笑。"国家图书馆藏《吴大澂书札》（稿本，编号 4803），第三册，叶 3—4。

[2] 顾文彬：《过云楼日记》，394 页。

因素。[1]

由于上述困难，笔者对晚清文物市场的描述和分析是尝试性的。本篇主要研究同治、光绪年间的文物市场和政府官员的收藏活动。由于光绪在位时间较长（1875—1908），本书所涉及的不少人物在中日甲午战争之前就已去世，吴大澂在甲午战争之后不再购买金石书画，并开始出售自己的收藏，所以，更准确地说，本篇研究的时间段大约是1865—1895这三十年。

本书的中心人物吴大澂，不但是晚清活跃的收藏家，而且他的身世、生活经历使他有机缘和同治、光绪年间许多重要收藏家交往密切。他的家乡苏州是当时中国最富庶的城市之一，数百年来一直是文人文化的重镇。吴大澂的外祖父韩崇（字履卿，1783—1860）是道光、咸丰年间颇有名气的收藏家，并和当代一些著名的收藏家如陈介祺（寿卿，1813—1884）、吴云（平斋、退楼，1811—1883）等都有交往。吴大澂家境殷实，他的父亲也收藏书画。受家庭和文化环境的影响，吴大澂从少年时就开始了收藏活动。在吴大澂的时代，顾文彬、潘曾玮（1818—1886）等苏州士绅都热衷收藏。苏州府下属的各县，也都有着悠久的收藏传统。吴大澂长期在京为官的友人常熟翁同龢（1830—1904）也是活跃的收藏家。

良好的地理和人文环境，也使苏州成为一些喜欢风雅的

[1] 在上面提出的这些问题中，有一些李万康在《中国古代绘画价格论稿》（北京：人民出版社，2012）一书中已有所讨论，读者可参阅。

官员退休后的定居之地。同治、光绪年间，著名收藏家、归安人吴云定居苏州。其后，另一位归安人沈秉成（仲复，1823—1895）和四川人李鸿裔（眉生，1831—1885）等，致仕后也定居苏州，在那里建造园林并收藏文物，并和吴大澂有密切的交往。

晚清官员沿袭着中国文人士大夫悠久的收藏传统，以金石书画为主要收藏对象。从 18 世纪到 19 世纪，金石收藏的品类和规模都有扩展，封泥、陶文、砖瓦、佛像、陶范等，得到收藏家们的青睐。限于篇幅，以下将围绕着商周青铜器和明清书画来讨论晚清官员的收藏活动。

由于下文将涉及金石书画及拓本在晚清市场的价格问题，有必要在此对晚清的币制和物价做一简要介绍，使读者对古董价格的贵与贱有个参照指标。晚清币制比较复杂，除了同时发行的银两和铜钱外，还有银元。银元和银两的比价相对稳定，一个银元约合 0.7 两银子。钱则比较复杂，因为有多种称为“钱”的通货。晚清（特别是光绪以后）的银两与铜钱的比价一直变动，这点在李慈铭（1830—1894）的日记中多有反映。[1] 本书所引金石书画价格，多以银两和银元为计算，涉及铜钱的很少，通常在拓片中才有这种价格。叶昌炽（1849—1912）曾说，他用了“百钱”买了《智城山碑》,[2] 这“百钱”如果是“制钱”的话，

---

[1] 参见张德昌:《清季一个京官的生活》, 香港: 香港中文大学出版社, 1970 年, 233—244 页。

[2] 叶昌炽著、柯昌泗评 :《语石　语石异同评》, 北京 : 中华书局, 1994 年, 71 页。

这通拓本的价格不到 0.1 两银子（当时一两银子约兑 1760 文制钱）。1875 年，翁同龢花了四百两银子从琉璃厂购买了王翚的《长江万里图》长卷，这笔钱本是准备用来购买住房的。[1] 由于翁已是政府高官，我们推想，他当时能用四百两在京城购得一处还算体面的普通四合院。1876 年，盛康（1814—1902）在苏州以五千六百五十两买下著名的园林——留园。[2] 最珍惜昂贵的拓本的价格可以和当时这些地产的价格做一比较。那些普通的拓本则可以同日常生活用品相比，以显其价格之廉。研究晚清京师物价的邵义曾这样写道：

> 在清朝京师，小民的日常交易金额在 12 文制钱以下的数目甚多。比如：一斤菜值二、三文制钱，一个鸡蛋卖三文制钱，一块烧饼和一个菜包子各值两文制钱，茶馆的茶资为二文制钱等等。[3]

如此推算，那张值“百钱”的拓片相当于 50 个菜包子。对普通民众来说，不算便宜；对官员来说，不算昂贵。

接下来的问题是：当时京师的官员的收入如何？关于晚清

---

[1] 翁同龢：《翁同龢日记》第三卷，上海：中西书局，2011 年，1160、1164、1165、1166、1168 页。

[2] 顾文彬：《过云楼日记》，392 页。

[3] 邵义：《过去的钱值多少钱？——细读 19 世纪北京人、巴黎人、伦敦人的经济生活》，上海：上海人民出版社，2010 年，176 页。

京官收入的研究，近五十年来成果不断。早期以张德昌先生的《清季一个京官的生活》最为具体而著名。近年的研究中，张宏杰先生的《给曾国藩算算账：一个清代高官的收与支（京官时期）》[1]最为深入。无论是专书还是论文，学者们都指出了，京官的俸禄很低，除了一些补贴外，他人的馈赠和外地官员的各种“敬”成为重要的收入来源。由于非制度性和稳定性的收入占据重要的份额，同级官吏的具体收入多少经常取决于官员的职位、人脉、手段和廉耻观（愿不愿意、敢不敢索要或收受各种“馈赠”），很难找出一个定律。以李慈铭为例，根据张德昌先生的统计，李在1875年至1880年的年收入总在四百两至九百余两；1884年后，超过一千两，收入上有较大幅度的上升是在他于1880年成为进士后。前此，他在京师的官位很低。不过，他在京师的文坛享有声誉，这应能为他带来额外的收入。如果李慈铭的收入可以作为参照的话，我们基本可以肯定，对于普通官员而言，购置价格不高的书画和碑拓，应无问题。

[1] 张宏杰：《给曾国藩算算账：一个清代高官的收与支（京官时期）》，北京：中华书局，2015年。

二、青铜器收藏

清代中期以后，收藏青铜器渐成风气。收藏活动也刺激了陕西等地古器的挖掘。一些今天看来极为重要的青铜器，如散氏盘、大盂鼎、毛公鼎等，都在清代中期以后出土。同治年间，北京的官员中出现了收藏青铜器热，引领风尚的是户部侍郎潘祖荫（1830—1890）。潘祖荫开始有规模地收藏青铜器在1871至1872年之间，他曾自述：

> 同治辛未、壬申年间官农曹，以所得俸入尽以购彝器及书。彼时日相商榷者，则清卿姻丈、廉生太史、香涛中丞、周孟伯丈、胡石查大令，无日不以考订为事，得一器必相传观，

致足乐也。[1]

潘祖荫所说的清卿即吴大澂，廉生即王懿荣，香涛即张之洞（1837—1909），周孟伯即周悦让（1847 年进士），胡石查即胡义赞（1831—1902）。

吴大澂在 1868 年考中进士，钦点翰林院庶吉士，可是他在京师并未久留，八月告假回苏。1870 年腊月，吴大澂回到翰林院，次年参加考试，顺利通过，列一等第三，授职编修。也就在翰林院任职期间，吴大澂开始收集吉金文字，他曾说：

> 余弱冠喜习绘事，不能工。洎官翰林，好古吉金文字，有所见辄手摹之，或图其形存于箧。积久得百数十器，遂付剞劂氏，拟分为二集，以所见、所藏标其目，略仿《长安获古编》例，而不为一家言。其不注某氏器者，皆潘伯寅师所藏。此同治壬申（1872）、癸酉（1873）间所刻也。[2]

王懿荣此时也在北京供职，他虽年轻，但嗜收藏，“时笃

[1] 潘祖荫光绪九年为吴大澂《说文古籀补》（1894）所撰叙。

[2] 吴大澂：《恒轩所见所藏吉金录》（1885 年吴县吴氏刻本）序。顾廷龙先生撰《吴愙斋先生年谱》，根据序中所说“洎官翰林，好古吉金文字”，将吴大澂开始喜好吉金文字的时间订于 1868 年吴大澂被选为翰林院庶吉士的时间。但吴大澂这一年在京师逗留时间甚短，而在 1871 年初返回北京任职翰林院前，鲜有收藏吉金的记录。从上引潘祖荫在为吴大澂的《说文古籀补》所撰叙可知，潘祖荫开始有规模地收藏青铜器在 1871 至 1872 年间，吴大澂开始关注吉金文字似乎也在此时。

好旧椠本书、古彝器、碑版、图书之属，散署后必阅市”。[1] 他还精于鉴定，在京师的收藏圈十分活跃，不少官员请其掌眼。潘祖荫因公务繁忙，多倚重王懿荣为其奔走，打听古董的消息。1872 年，王懿荣给潘祖荫写了一封相当长的信，报告青铜器的市场行情：

> 顷自敞还，真兴尽而返也。松竹合有字无字六七器，以重值归西人（含英与之通消息，亦云不错。铜价一时烽起。昨尚与之酬酢，只此一宿，光景变局如此）。内乃作器彝，阳文父癸爵及一有字卣，又数爵，今早一齐取去。彝且在后，而阳文爵不得见矣。筠青数器少可者并二卣，均不在家。询其夥，云被人借去陈设。及在旁闻他铺言，云俱在敞内新设之讲书堂议价矣。西人医士某（布姓），今日计收器至千余金，有字无字一气合卖，并古泉亦收。前伪盘五百余字之伪物（图 1-1、1-2），既归聚和成，闻清闷又加价买回，以待西人。然松、筠各器仅存此数物，尚非上上品，而又为西人豪夺。从此并拓本亦不得有，真可浩叹也。要急，恐其居奇；而稍涉观望，又入外夷。如之奈何！德宝破镜，云系寄卖，而为其夥碰伤

[1] 王文章纂辑：《王文敏公年谱》，载吕伟达主编：《王懿荣集》，济南：齐鲁书社，1999 年，465 页。

图 1-1　晋侯盘（即王懿荣信中所说伪盘）©2006 Victoria and Albert Museum 藏号：174—1899

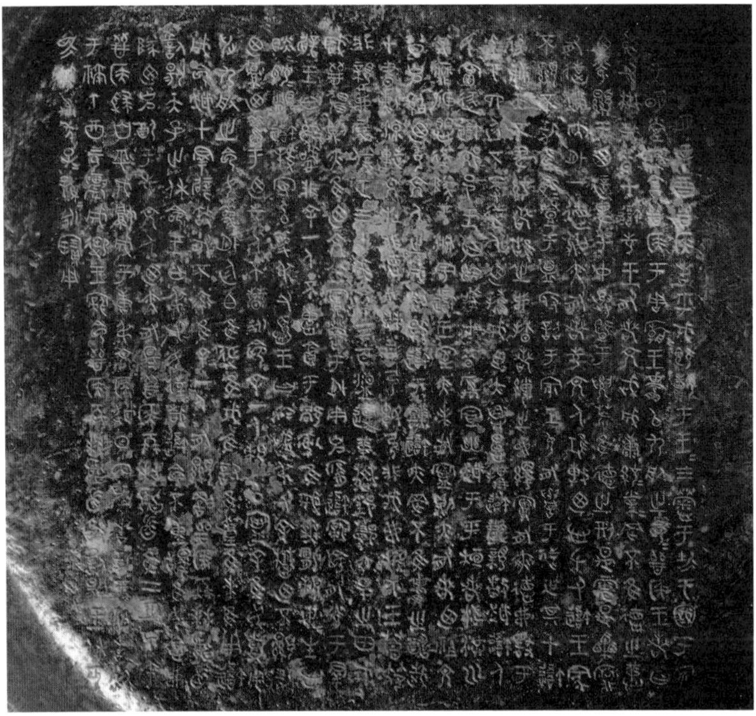

图 1-2　晋侯盘铭文

四五片者，暂不出，留以挡原主。[1]

信中之“敞”乃“廠”之异体，指琉璃厂，“松竹”、“含英”、“筠青”、“聚和成”、“清闷”、“德宝”皆古董铺名。[2] 王懿荣告诉潘祖荫，他刚从琉璃厂逛了一大圈回家，向潘祖荫报告在各个古董铺打听到的行情。其中最为重要的消息是，一位姓布的西方医生正在大力收购青铜器，以至于青铜器价格一夜之间飞涨，有的店铺甚至把已经卖出的假货“加价买回，以待西人”。此时，在京的官员收藏家面临着一个艰难的选择：如急于购买，古董铺势必趁机漫天要价；而稍有迟疑，东西又将被西人购走。

信中所言布姓医士，即英国医生 Stephen Wootton Bushell（1844—1908，图 1–3），中文通常译为卜世礼、卜士礼，有时也译成布绍尔。卜世礼 1868 年获伦敦大学医学博士学位，同年，前往北京担任英国驻华使馆医师，并兼任京师同文馆医学教习。[3] 他在 1870 年代初大肆购买青铜器，确实给京师收藏

[1] 上海图书馆藏《王懿荣书札》（稿本），上册，叶 11（页码系笔者所加）。此札无日期，但此札的前两札提到潘祖荫将沙南侯获碑拓片两轴请吴大澂和张之洞题跋，信笺和此札相同，应书于同一时期。潘藏两轴今存上海图书馆，吴大澂的题跋写于 1872 年孟冬。所以，可以订此札写于 1872 年。1870 年代潘祖荫写给吴大澂、吴大澂写给王懿荣、王懿荣写给潘祖荫的信札，今天还有不少存世，为当时的收藏活动留下了十分珍贵的记录。

[2] 在王懿荣的其他信札中，他还提及“笔彩”、“蕴真”、“宜古”、“尊汉”等古董店。从晚清官员的日记中我们知道，“论古斋”也是当时琉璃厂一个甚为活跃的古董店。

[3] 卜世礼在中国居住长达三十二年，其间不仅精通了中文，还撰写了许多关于中国艺术、钱币学、地理、历史等方面的论文。1900 年退休后回到英国，此后出版了《中国美术》（*Chinese Art*，1905—1906）、《中国瓷器》（*Chinese Porcelain*，1908）、《中国陶瓷图说》（*Description of Chinese Pottery and Porcelain*，1910）等著作。1908 年在英国密德萨斯（Middlesex）逝世。此信息引自网络。据台湾大学卢慧纹教授相告，卜世礼确实（转下页）

图 1-3　卜世礼

界带来了一个很大的震动。但是，这一震动似乎并没有持续多久。因为在以后的信札中，王懿荣没有再提到这位布医士。从卜世礼的英文简历来看，他兴趣广泛，1874 年开始在中国各地旅行，兴趣转向少数民族文字。在艺术领域，他后来更多的精力放在陶瓷的收藏和研究上。为什么卜世礼没有继续收藏青铜器，究竟是财力不逮，还是觉得青铜器太艰深，真伪鉴定不易，有待进一步研究。1877 年，吴大澂在致韩学伊（继云）的一札中

（接上页）买下了五百多字铭文的伪作“晋侯盘”，后捐赠给了 Victoria and Albert 博物馆。卜世礼撰写《中国美术》一书时也用了“晋侯盘”的例子，见 Stephen W. Busehll, *Chinese Art*, Second Edition, Vol 1, London: The Board of Education, 1924, pp. 72–6, pl. 49–50。感谢卢慧纹教授以《略谈卜世礼（Stephen W. Bushell, 1844—1908）——西方研究中国艺术史的先驱》一文未刊稿见示。

提及，“都中吉金皆为潘伯翁所得”，[1]可见在1870年代，京师最大的青铜器买家还是潘祖荫。

不过，1872年确实是青铜器价格迅速上涨的一年。在此前一年的十二月十四日，顾文彬（此时在宁波）在致其子顾承的家书中说：

> 敉闲所藏铜器，得价不过千金，今有数倍之利，尚不肯售，愚哉。[2]

敉闲即潘祖荫的叔叔、苏州收藏家潘曾玮。当青铜器价格成倍地疯涨时，他还不愿出售自己的藏品营利，顾文彬认为他“愚哉”。潘祖荫也在1872年写给吴大澂的信中愤愤地抱怨古董价格的飞涨：

> 市侩居奇，种种可恨（古泉一个不成，已尽斥矣），尽已挥斥矣。囊已罄，而索值者动辄盈千累百，真不顾人死活也。[3]

---

[1] 稿本，藏者不详。此札末尾有收藏者注“丁丑”（1877），从内容来看，也是吴大澂在1877年春末回到北京的那一年写给韩学伊的。

[2] 顾文彬：《过云楼家书》，106页。

[3] 《潘文勤公与愙斋尚书手札》（顾廷龙抄本，苏州博物馆藏），叶1a。潘祖荫此札的书写时间可以订在1872年的四月以后。因为他在信中提到了“齐罍拓收到”，齐罍拓指的是吴云所藏的两个齐罍的拓本。1872年三月初七日，时在北京翰林院任职的（转下页）

1872年七月二十八日，吴大澂写信给在苏州的收藏家李嘉福（笙鱼，1829—1894），向他打听在南方的一个自乾嘉以来就流传有绪的周代重器虢叔钟（图1-4）：

> 笙鱼六兄阁下，一别两年，时光苒苒，企怀良友，我劳如何？近想履絇介祉，金石娱情，至以为颂。弟近日搜罗吉金拓片，与二三同志互相考订，闲得小品数种，无可为知己告者。前闻书森云，吾兄新得一器，如莲瓣，款识极精。想系匜之小者，可否拓寄数纸？如可见让，乞示价值为幸。或有他器字文精确者，并望留意寄示拓本，即可议价。如铜质有破碎处，亦乞注明为要。尊藏黄山弟四灯尚在否？闻虢叔大林钟在蒋寅舫处，需价若干，吾兄知之否？如晤退楼、养闲丈，均勿提及为祷。[1]

蒋寅舫即蒋光焴（1825—1892，字绳武，号寅昉，亦号吟舫），蒋光煦（生沐，1813—1860）的从弟，著名藏书家。退楼即吴大澂的老师吴云，养闲丈即上面提到的潘曾玮，潘祖荫的

（接上页）吴大澂在致吴云的一通信札中代潘祖荫求齐侯罍的拓本："伯寅师求拓两罍真本，如破例为之，亦乞惠寄一分，并祈将师酉敦盖请岚翁拓寄一纸，至感，至感。"上海图书馆藏《吴愙斋尺牍》（稿本）。此札有月日无年份，因札中提及曾国藩去世一事，可系于1872年春。

[1] 国家图书馆藏《吴大澂书札》（稿本，编号17678），叶3。此札有日期"七月廿八日"。由于李嘉福住在苏州，吴大澂于1870年冬离开苏州返翰林院任职，信中提到"一别两年"，所以将此札的书写时间订为1872年七月二十八日。

图 1-4　虢叔钟　阮元旧藏　现藏北京故宫博物院

叔父，两人皆为住在苏州的收藏家。吴大澂应该是受潘祖荫的嘱托，[1]向南方的友人打听虢叔钟的情景，探询蒋家是否愿意出售。因为担心吴云和潘曾玮也有意于此，蒋家居奇抬高价格，所以才嘱咐李嘉福打听虢叔钟消息时，不要让吴云和潘曾玮知道。

当吴大澂打听到虢叔钟的价格并向潘祖荫报告后，潘祖荫

[1] 吴大澂本人在翰林院的俸禄，不足以购买虢叔钟。王懿荣在 1872 年左右致潘祖荫的信中说："清卿所收各器，均谛当，然皆二等货。他日见之，则了然也。"（上海图书馆藏《王懿荣书札》[稿本]，下册，叶 36。）吴大澂之所以不能买到最好的青铜器，最重要的原因还是财力有限。

给吴大澂写了一封信：

> 虢叔钟索值二（谦慎按：原迹有涂改，或为“三”）千四百元，岂不可发一大噱乎？始知敝肆之物，未足云贵也。[1]

潘祖荫显然对虢叔钟的开价极不以为然，觉得这个价钱比琉璃厂卖的东西还贵。他在致吴大澂的另一通信中说：

> 此辈射利之徒，原不值与之计较。然使此辈以兄等为翁（覃溪）、阮（芸台）之流，此风断不可长，且使南中好古者以为我等盲人瞎马，与彼等同也。甚且抬出何子贞，则亦一盲人而已，亦一空疏而已矣。尚不如寿卿之富也。[2]

翁覃溪即翁方纲（1733—1818），阮芸台即阮元（1764—1849），乾嘉时期两位重要学者、金石收藏家。何子贞即何绍基（1799—1873），晚清最著名的书法家，也是文化界一个举足轻重的人物。1870 年，何绍基应江苏巡抚丁日昌（1823—1882）

---

[1] 《潘文勤公与窸斋尚书手札》，叶 14b。因为顾廷龙先生抄本有改写的痕迹，也可能是三千四百元。如是二千四百元，约一千七百两白银，如是三千四百元，则约二千四百两。当时几种银元与纹银的兑换率：墨西哥鹰洋可兑换 0.7023 两纹银，英国站洋可兑换 0.6956 两纹银，日本龙洋可兑换 0.6922 两纹银。以鹰洋用得最为广泛。参见邵义：《过去的钱值多少钱》第一章第一节。

[2] 《潘文勤公与窸斋尚书手札》，叶 30b。

之邀，主苏州、扬州书局，1873 年在苏州去世。1872 年时，何绍基在苏州。[1] 想必是精于小学的何绍基看过此钟，开价人便援引何绍基对虢叔钟的赞誉来抬高此钟身价。可潘祖荫对此甚是不屑，[2] 以为何绍基并不像山东大收藏家陈介祺那样通青铜器。言下之意，他若以如此高价买下虢叔钟，定会被南方的同道视为“冤大头”。

得知潘祖荫觉得虢叔钟开价太高，不愿购买，吴大澂在 1872 年的初冬（壬申十月初七日）由北京寄给其兄吴大根（1833—1899）的信中说：

> 筀鱼所得小匜，已见拓本（书森寄潘司农看），的系赝品（一小灯亦不真），无须问价。南中古器更少，佳者价亦更贵，如有拓本，寄来一阅。即向来至名之器，其值不可问，司农先生亦不能出此重价。都中时有出售者，其价较廉也。[3]

吴大澂此信明确指出，当时南方的青铜器价格高于北京，

[1] 因为何绍基卒于 1873 年，此札应写于 1872 年。此时何绍基住在苏州。翁同龢在 1872 年扶送母亲灵柩回祖籍常熟，十月十九日到苏州拜访老友，见到何绍基：“子贞七十四矣，足不能行，留滞江南何为哉。”《翁同龢日记》第二卷，981 页。

[2] 潘祖荫出身吴中望族，祖父潘世恩（1769—1854）官至武英殿大学士，潘祖荫写此信时已任侍郎，并主持京师风雅之盟，故一向自视极高。吴云在致吴大澂的信中说：“郑盦目空一切，评骘人才，绝少当意。”《两罍轩尺牍》卷十，台北：文海出版社，1974 年（影印光绪甲申刊本），叶 21a，新页码 805 页。

[3] 上海图书馆藏《愙斋家书》（稿本），第一册。吴湖帆注：筀鱼即李嘉福，司农即潘文勤公，时官户部侍郎。

连潘祖荫（司农先生）也无力购买。

对虢叔钟耿耿于怀的潘祖荫不久之后又接连写了两封信给吴大澂：

> 今日晚间薄酌，无事，将阮、张、孙三家虢叔钟细细校对，然后知其无一不伪。从此死心塌地，不复想此物矣。亦一快也。容日后面谈。须知好古易受人欺耳。[1]
>
> 钟之难得，甚于他古器。除阮、张虢叔钟未可深信外，寿卿之十钟，其尽可信耶？此时固无由得十钟以与陈氏匹，若其有之，兄以为正当修德以禳之也。宣和器六千有余，以帝王而尚有播迁，且器尽毁于金亮。可畏也哉！[2]

自负的潘祖荫不但认为阮元和张廷济（1768—1848）收藏的虢叔钟都是伪器，同时代的大收藏家陈介祺引以为豪的所谓“十钟”也未必都可靠。

潘祖荫话说得如此肯定，他的门人王懿荣也不得不附和老师的意见。他在 1872 年致潘祖荫的信中说：

> 虢钟是伪无疑，不惟平津馆赏鉴不可凭，董贾带来阮庙三器拓本，盖无不伪者也。考据之学不惟后来居上，真是目

[1] 《潘文勤公与窸斋尚书手札》，叶 45b。
[2] 《潘文勤公与窸斋尚书手札》，叶 46b。

见者比前人较多，所以事半功倍。[1]

阮庙指阮元家庙藏的青铜器（包括虢叔钟），平津馆指乾嘉时期另一位重要学者、收藏家孙星衍（1753—1818），他也收藏过一个虢叔钟。王懿荣认为在鉴定和考证方面，后来居上，乾嘉时期的前辈大家阮元、孙星衍认为的真器，如今他们能够辨为伪器了。

老师潘祖荫和结拜兄弟王懿荣都认为虢叔钟是假的，吴大澂也开始附和伪器论了。他在1873年正月十八日致潘祖荫的信中这样写道：

> 虢叔钟之伪，前人均受其欺。或明知不可恃，故作考释以实之，同时流辈群相附和，不敢异词。后人亦为前人所绐，此亦好古者所不免也。嘉兴虢［叔］钟如在二百金以内，吾师想亦收之。[2]（图1-5）

吴大澂也认为嘉兴张廷济旧藏的虢叔钟是假的，如果能以二百两成交的话，潘祖荫或许还有兴趣买下。

不过，王懿荣另一通致潘祖荫的信札却反映了他的犹豫和迟疑："元信已传示清卿，敬缴。虢钟究竟真伪，尚不敢定

[1] 上海图书馆藏《王懿荣书札》（稿本），上册，叶12。
[2] 吴大澂致潘祖荫手札，苏州私人收藏。

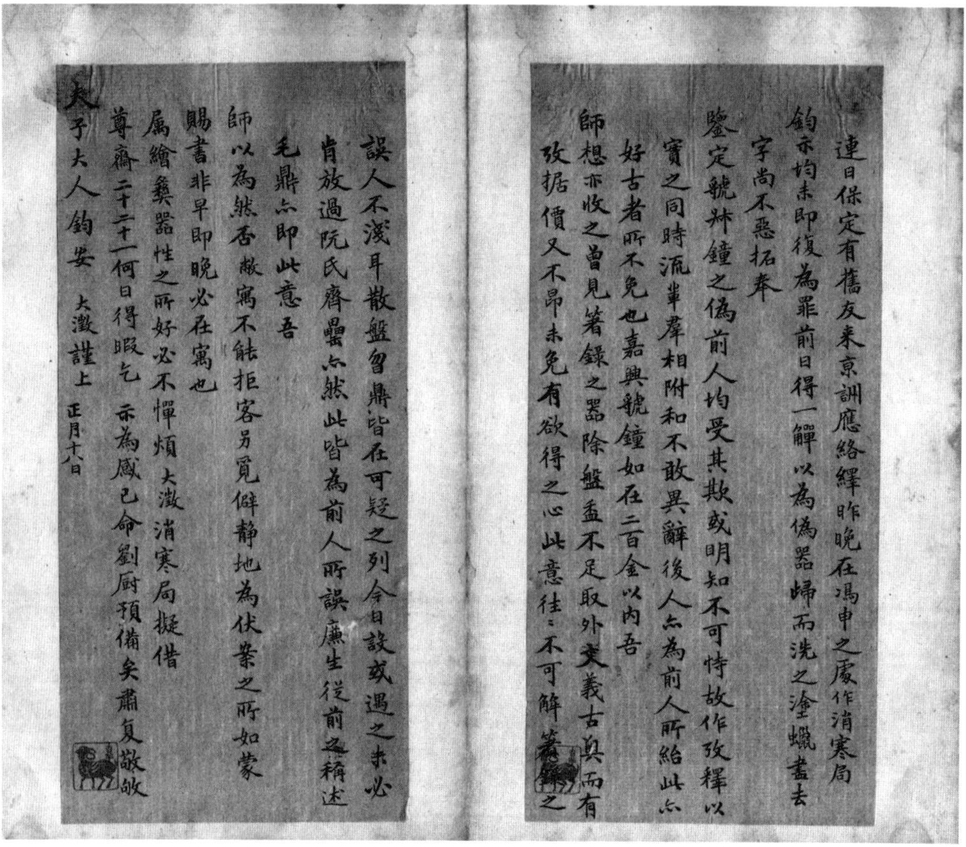

連日保定有舊友來京訓應絡繹昨晚在馮申之處作消寒局
鈞示均未即復為罪前日得一觶以為偽器歸而洗之塗蠟盡去
字尚不惡拓奉
鑒定虢叔鐘之偽前人均受其欺或明知不可恃故作考釋以
實之同時流輩羣相附和不敢異辭後人亦為前人所紿此亦
好古者所不免也嘉興虢鐘如在二百金以內吾
師想亦收之曾見箸錄之器除盤盉不足取外文義古奧而有
考据價又不昂未免有欲得之心此意往往不可解箸之
誤人不淺耳散盤曶鼎皆在可疑之列今日設或遇之未必
肯放過阮氏齊罍亦然此皆為前人所誤廉生從前之稱述
毛鼎亦即此意吾
師以為然否敝寓不能拒客另覓僻靜地為伏案之所如蒙
賜書非早即晚必在寓也
屬繪彝器性之所好必不憚煩大澂消寒局擬借
尊齋二十二十一何日得暇乞示為感已命劉廚預備矣肅復敬啟
夫子大人鈞安 大澂謹上 正月十八日

图 1-5 吴大澂致潘祖荫信札 补秋山房藏

也。若以此较山农拟购万金之说，差相类耳。”[1] 山农即李宗岱（？—1896），也是晚清金石收藏界的一个重量级人物。现在传闻他愿意出一万两银子来买虢叔钟，王懿荣不再断言“虢钟是伪无疑”了。

虢叔钟的价格能开到如此高，与钟鼎为青铜重器有关。陈介祺在致吴云的信中说：“吉金以钟鼎为重器，敝藏有十钟，因名斋为十钟山房。”[2] 人们常说钟鼎彝器，就是以钟鼎来代称青铜礼器。虽说鼎在中国文化的语境中是权力的象征，但由于钟更为稀少，那些铭文长或和历史上重要事件、人物相关的钟（如虢叔钟），就受到收藏家们的格外青睐，如果曾经名家递藏和著录，价格更昂贵。

不过，由于张廷济旧藏虢叔钟一直在南方，在潘祖荫还没有委托吴大澂为他打探消息之前，南方的收藏家就对它觊觎已久了。1871 年十二月十四日，顾文彬在致儿子顾承的家书嘱咐：

> 邢叔钟名声大振，不但不可卖，且须配对。嘉兴之虢叔钟应托人急购，价稍昂，不必十分过紧，以成为度。有此两钟，

[1] 上海图书馆藏《王懿荣书札》（稿本），下册，叶 26。我在为台北故宫博物院所撰的文章中，原定此札的时间在 1872 年腊月（西历 1873 年初），原因在后面的信札中，王懿荣提到了胡澍（1825—1872）去世。现在看来也不排除其他的可能，因为这些无时间款的信札的装裱不一定严格地按照时间的先后排列。另外，胡澍去世的具体时间也有待考订。

[2] 陈介祺：《簠斋尺牍》，台北：文海出版社，1973 年（影印本），998 页。

足以雄长东南矣。[1]

但是，顾家此次并没有得手。这件曾为张廷济旧藏、后归蒋家的虢叔钟，被上海的金兰生购入。1873年七月三十日，顾文彬在致顾承的信中说：

> 上海有顾子嘉者，金利源之东家也，手笔极阔，因欲刻金石书，广收铜器，金兰生所藏铜器售之，皆得善价。兰生复以一千五百金购得叔未所藏虢叔钟，专待购与再得善价。虢叔钟汝曾托人往购，今已被捷足者得去，惜哉！然千五百之价，我家亦出不到也。[2]

由于顾子嘉等大商人的积极投入，青铜器的价格迅速上涨。在同年八月初三日致顾承的信中，顾文彬说："近来铜器为顾子嘉买贵。"[3]

当金兰生从海宁蒋家购得虢叔钟后，便待价而沽。此钟最终被沈秉成购入。吴云在致陈介祺信中最早透露了南北收藏家都在关心的虢叔钟的新归属：

[1] 顾文彬：《过云楼家书》，106页。
[2] 顾文彬：《过云楼家书》，296—297页。
[3] 顾文彬：《过云楼家书》，298页。

> 南中古物不独金器为有力者收括殆尽，即碑帖书画磁玉等类稍可入目者，价便奇贵。未翁所藏虢尗钟后归蒋生沐。辛酉年（1861）曾留弟处三月，谐价未就。去冬已为敝姻家沈仲复以重值购去。[1]

吴云此处所说的蒋生沐即蒋光煦，浙江海宁人，家业充裕，遇金石书画不惜千金，为晚清著名收藏家，也是上引吴大澂致李嘉福信札中提到的蒋寅舫的从兄。太平天国时期，蒋家避居上海。而身为苏州太守的吴云，也在1860年苏州被太平军攻陷后来到上海，筹划保卫上海和收复苏州。所以，吴云在上海见到了蒋家收藏的虢叔钟。由于蒋光煦在1860年去世，不排除吴云所记有一年误差的可能性。蒋光煦去世后，蒋家收藏的虢叔钟由其从弟光焴保管。

《两罍轩尺牍》所收的吴云信札没有日期，我们只能从信札的内容来推断沈秉成在哪一年冬天购入虢叔钟。在同一信中吴云说：

> 本月五日，伟功来苏，携到二月廿四日手书，并《古泉汇》二套、富贵吉羊图、齐刀范、建武范、绥和雁足灯、太康匳、渔阳郡甗、汉李夫人墓门字、魏金沙泉三字各墨拓。[2]

[1] 吴云：《两罍轩尺牍》卷九，叶7a—b，新647—648页。

[2] 吴云：《两罍轩尺牍》，叶6a—6b，新645—646页。

吴云还向陈介祺报告了何绍基的近况：

> 子贞兄今年正月间大病甚危，弟新正谢绝詶应，直于元宵后三日出门，首先到彼，在卧榻相见。执手呜咽，涕泗满颐，谓呃逆不止。眠不安枕，食不得味，与其病而生，不如速之死。想兄闻之定亦同唤奈何也！[1]

《簠斋尺牍》收有陈介祺1873年二月二十四日致吴云的信札，其中提到随信寄给吴云"李竹朋亲家《古泉汇》二册"及富贵吉羊图等墨拓，[2]与吴云回信中所说的内容完全吻合。而何绍基也是在1873年正月大病，数月后去世。因此可以断定，沈秉成是在1872年冬，亦即潘祖荫犹豫不决之时，在上海购入蒋家所藏虢叔钟。此时，沈秉成正任苏松太道台（首府在上海），俗称"上海道台"，管辖苏州府、松江府（包括上海市）、太仓州，是中国最富庶地区的行政长官，[3]所以有能力购此

[1] 吴云：《两罍轩尺牍》，叶7b—8a，新648—649页。

[2] 陈介祺：《簠斋尺牍》，1023—1024页。

[3] 参见梁元生著、陈同译：《上海道台研究——转变社会中之联系人物，1843—1890》，上海：上海古籍出版社，2003年，15、159页。1874年，沈秉成从上海道台离任，定居苏州，在那里建造耦园。1877年三月二十二日，吴大澂致信陈介祺，告知去冬回苏州省亲之际，见到了沈秉成购买的虢叔钟："归里所见器以沈中复师虢叔钟为第一，即张氏清仪阁物，至今尚未往拓。"（参见谢国桢编：《吴愙斋（大澂）尺牍》，台北：文海出版社，1972年，124页。）也就是说，吴大澂在1876年冬，在苏州见到了沈秉成所购原为张廷济旧藏的虢叔钟，并打算去亲手拓此钟。可见，当时的金石收藏家都以能见到此钟为眼福，并努力想得到它的拓片。

重器。[1]

吴云并没有告诉我们沈秉成所出“重值”到底是多少钱。幸运的是，上海图书馆藏有潘祖荫手抄金石杂录和张廷济信札，在虢叔钟条下恰有潘祖荫的批注：“由生沐归仲复，以五千金得之。”[2] 由此可知，沈秉成是以五千两银子从蒋家购得第二大的虢叔钟，这在当时确实算是极其昂贵的了。但是，潘祖荫的这一记载是否准确呢？因为按照顾文彬的记载，金兰生大约在1872年以一千五百两白银购入此钟。[3]

那么，张廷济当年又是花了多少钱买下虢叔钟的呢？日本京都大学所藏张廷济的《嘉兴张氏清仪阁所藏古吉金之文》，有张廷济所藏虢叔钟拓片，旁有张廷济本人题跋：

> 周虢叔大林钟，孙渊如观察旧藏，沈龙门曾拓本见贻。顷二月七日吴门郑竹坡偕陈苇汀、徐蓉村携此来余斋，售归于余，价银二百八十四饼。此视阮仪徵师所藏者略小，视伊墨卿太守所藏者略大。道光十一年辛卯（1831）四月六十叔未张廷济记。

[1] 《过云楼日记》1877年正月初四日，“午后，李香严来晤，偕至沈仲复处，观其新得虢叔大霖钟及仲敦，皆周器中精品。”见顾文彬：《过云楼日记》，431页。不知为何比吴云的记载晚了四年？难道沈仲复最初不愿意给同道看，还是他当时尚在上海兵备道，有所不便？沈秉成的耦园在1876年始落成，难道是迁入新居后才将虢叔钟给友人看？还是吴云记载有误，沈秉成不是在1872年冬而是在1876年冬才购得此钟？

[2] 《铜器闻见录；张叔未书札》（上海图书馆藏潘祖荫抄本）。

[3] 这通家书说明，顾文彬在1873年还不知此钟在1872年冬已经被沈秉成所购。看来沈秉成在购入此钟后，只让极少数友人知道。

这一题跋告诉我们，在乾嘉时期，已为学界所知的虢叔钟有三个，皆藏于当时的文化名人之手：最大者由阮元所藏；第二大者由孙星衍所藏，后归张廷济；最小者为伊秉绶（1754—1815）所藏。张廷济在另一个自己所藏虢叔钟拓片上不但记录了自己所藏虢叔钟的价格，而且写道："阮师得虢叔钟用银二百两，陈受笙归于伊，得银百两。"[1] 这样看来，孙星衍所藏虢叔钟约在一百五十两，时间约在1815年，在那一年他作了《周虢叔钟歌次韩昌黎石鼓诗韵》。[2]

由于阮元所藏入了阮氏家庙，不再在市场上流通，所以张廷济去世后，曾由他收藏的虢叔钟也就成为当时市场流通中最著名的一个周钟。徐珂（1869—1928）的《清稗类钞》有"张叔未藏周虢叔大林钟"条，简略地记载了张廷济所藏虢叔钟辗转流传的历史：

> 周虢叔钟，钲间文四行四十字，鼓左文六行五十字，旧为阳湖孙渊如观察所得。嘉庆丁丑（1817）秋，张叔未得其自拓本。未几，归吴山尊。吴掌教扬州梅花书院，常陈设院中。斌笠耕观察良思得之，不果。后归两淮鹾使阿克登布，

[1] 参见西泠印社编著：《清代金石家书画集粹》，上海：上海书画出版社，2013年，124页。

[2] 西泠印社拍卖公司2015年春季拍卖有张开福题虢叔钟全形拓（编号0420），张开福抄录了孙星衍咏虢叔钟长歌及其落款"嘉庆乙亥岁七月阳湖孙星衍稿"，孙星衍得虢叔钟应差不多在此时。

得白金一千二百两。阿既受替，复送归吴以志别。吴殁，偿归张广德银号，值如归阿之数。张又归润州某。以上转徙之迹，赵晋斋言之最详。道光辛卯（1831）春初，苏州郑竹坡以银二百饼从润州买得之。二月九日，偕陈苇汀、徐蓉村来售于张叔未，值银二百七十饼，别酬徐十四饼。是时，每饼易大钱九百三十文。[1]

吴山尊即吴鼒（1756—1821），字及之，一字山尊。如果徐珂所记虢叔钟的历史基本可靠的话，那么，在吴山尊去世的时候，亦即1821年，虢叔钟的价格为一千二百两白银，几经转手，到1831年张廷济购买时，仅二百八十四银饼（约二百两），十年中跌了好几倍。可见艺术品的价格并不总是上涨的。但究竟是什么原因造成这个价格上的巨大差异，还有待研究。

不过，四十年后，虢叔钟的价格再次飞涨。1872年，有人向人在北京的潘祖荫开价虢叔钟“二（或三）千四百元”（大约一千七百两或二千四百两），潘祖荫觉得不可思议。而同年冬天，上海道台沈秉成却以五千两买下四十一年前张廷济购买的那个虢叔钟，价格翻了好几倍，可见著名青铜重器的价格在同治年间暴涨。张廷济旧藏虢叔钟如此昂贵有两个原因：从铭文来看，它是西周初期的重器；从流传史来看，它曾经由清代两位著名

[1] 徐珂编撰：《清稗类钞》第9册，北京：中华书局，1986年，4338页。

金石学家孙星衍和张廷济收藏。对书画而言，历代藏家的题跋和收藏印具有附加价值；对于青铜器而言，文献价值和流传有序十分重要。

青铜器可著录而不可题跋，仅依靠著录，传播范围还是有限。乾嘉时期的文人还制作铭文拓本，长歌题咏，以此揄扬。也就在虢叔钟被发现的嘉庆初年，为青铜器留影的全形拓开始逐渐流行，文人们纷纷在全形拓拓本上题跋，图加文，视觉上更为动人。目前能见到的早期虢叔钟全形拓，是嘉庆年间伊秉绶收藏的，拓片上钟的周边，题跋累累，共十五家，包括伊秉绶、阮元、孙星衍、张廷济等名家（图 1–6）。张廷济在得到了孙星衍旧藏的虢叔钟后，也做了全形拓，题跋后赠人（图 1–7）。而阮元所藏虢叔钟的全形拓在同治年间还在文人中流传（图 1–8）。为全形题跋固然是文人雅事，但经名人题咏的拓本的广泛流传，必然会提升虢叔钟作为西周重器在士林的名声，也提高了它们的市场价值。所以，沈秉成在得到虢叔钟后，也制作了一些全形拓，其中有的便有吴大澂的题跋。

由于张廷济旧藏虢叔钟是少数的留下 19 世纪的七十年间价格变化的古董，所以我在此将递藏和价格的变动列一表，使读者一目了然。

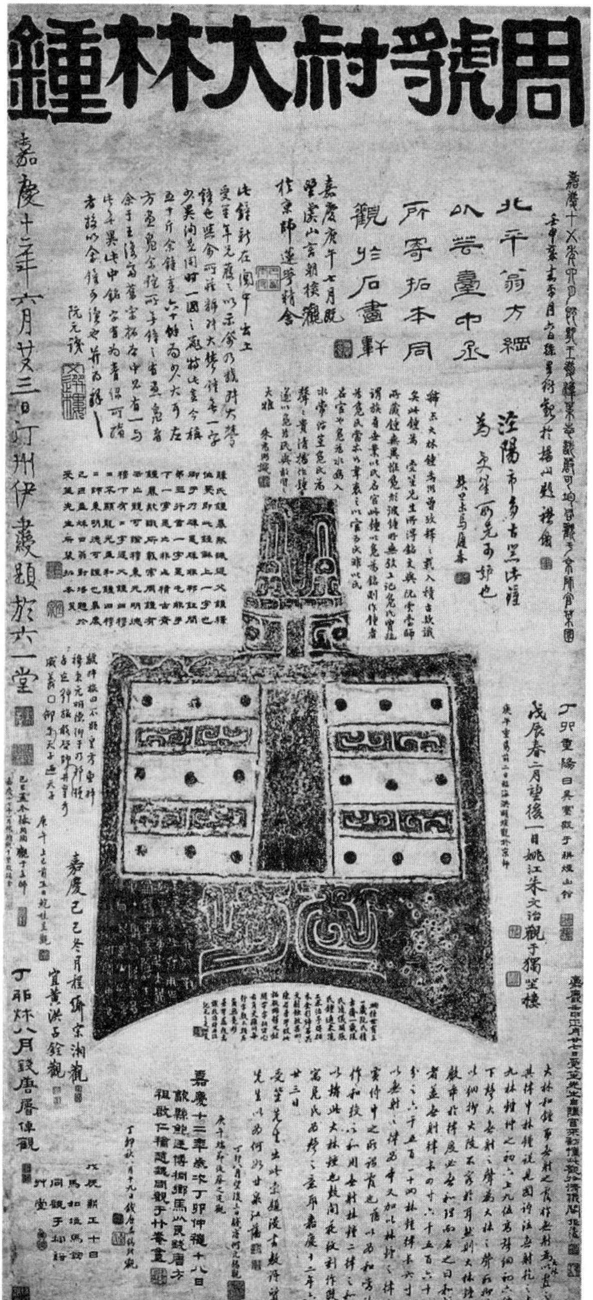

图 1–6　阮元、孙星衍、伊秉绶等题周虢叔大林钟拓片　私人收藏　雅昌网提供图片

图 1-7　张廷济的题虢叔钟拓本　私人收藏　雅昌网提供图片

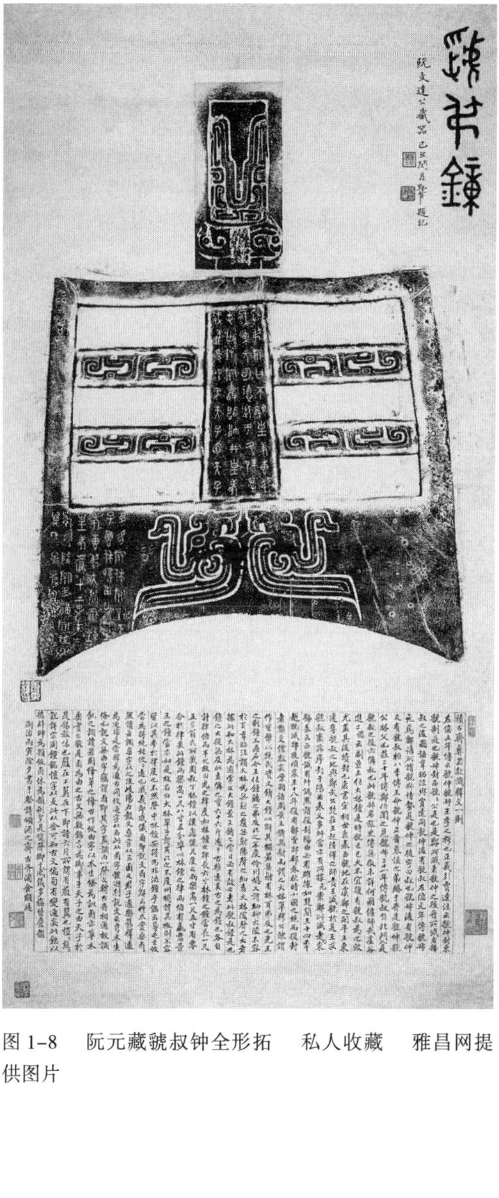

图 1-8　阮元藏虢叔钟全形拓　私人收藏　雅昌网提供图片

张廷济藏虢叔钟价格变化表

时间	递藏信息	金额	备注
1815 年	孙星衍购得第二大虢叔钟	约 150 两	根据张廷济的记载，阮元购最大的虢叔钟，花银 200 两，伊秉绶购第三大虢叔钟花银 100 两，孙星衍的虢叔钟为第二大，推为 150 两。
1821 年	几经转手	1200 两白银	
1831 年	春，郑竹坡以从润州购得	银 200 饼	
	郑竹坡售与张廷济	284 银饼（约 200 两）	
1848 年	张廷济去世，钟归海宁蒋家	成交价不详	
1861 年	蒋生沐在上海开价，吴云未买	开价不详	
1871 年	顾文彬委托其子顾承在上海打听虢叔钟		
1871—1872 年	金兰生购得	1500 或 1700 两	
1872 年	潘祖荫以为价格太昂	索价 2400 元（约 1700 两）或 3400 元（约 2500 两）	据顾廷龙所抄潘祖荫致吴大澂信札（其中字迹有些涂改），由于潘祖荫曾一度认为虢叔钟为赝品，故而在 1873 年正月，吴大澂询问潘祖荫：如果其价格为 200 两，是不是就会购买?
1872 年冬	沈秉成购得	5000 两	

上海图书馆藏有一册《潘祖荫手札》，其中所收皆为致吴云及其子吴承潞（广庵，1835—1898）的信札，第十开是一张小条子："虢叔旅钟（字文全，弟四，的真。在阮、张、瞿三家之外者，从来无人知之）。"[1] 可见，潘祖荫后来也收到一个虢叔钟，小于阮、张、瞿三家所藏。瞿氏所藏或为原归伊秉绶的虢叔第三钟。1880 年，吴大澂在吉林，秋间收到了潘祖荫寄给他的新得到的虢叔钟拓本，文与阮、伊二器皆同。[2] 上海麓斋藏吴大澂在 1886 年致尹伯圜的信中提到了潘祖荫藏虢叔钟。[3] 说明此时晚清的收藏家（包括潘祖荫）已经普遍接受虢叔钟为西周重器，所谓伪器之说早已烟消云散了。今天，有研究青铜器的学者认为，虢叔钟应有八器以上，目前存世有七个。[4] 但在晚清，吴大澂的《窸斋集古录》中有三件虢叔钟，其中两件注明藏者，即阮元和张廷济。另一件为谁所藏不详。吴大澂在《窸斋集古录

---

[1] 收信人的上款为吴大人和吴广庵，所以应该是吴云和吴承潞。此册书法差别很大，疑是不同时期的信札拼成一册。

[2] 顾廷龙：《吴窸斋先生年谱》，台北：文海出版社，1965 年，85 页。

[3] 参见白谦慎：《吴大澂和他的拓工》，北京：海豚出版社，2013 年，64 页。

[4] 俞珊瑛在《跋〈虢叔旅钟拓片轴〉》一文中指出：虢叔旅钟，传清朝末年陕西长安出土。传世共有七器，为编钟，其中四钟各铸一篇铭文，另三钟合铭未齐（应合四钟），完整的一套编钟应有八器以上，西周晚期厉王前后器。张廷济旧藏的这件其后经沈仲复收藏，现藏日本东京书道博物馆。其他六件分别是：其一，阮元旧藏，现藏故宫博物院。全铭。其二，陈受笙、伊墨卿旧藏，现不知下落。全铭。其三，潘祖荫、端方、孙鼎旧藏，现藏上海博物馆。全铭，其中钲部铭文每行第一字皆缺铸。其四，不知下落。铭文 28 字（又重文 1）。其五，胡定生、刘喜海、陈介祺旧藏，现藏日本京都泉屋博古馆。铭文 26 字。其六，曹秋舫、李山农、丁十圃旧藏，现藏山东博物馆。铭文 17 字（又重文 1）。俞文见《文博》2017 年第 1 期，106 页。

释文賸稿》中写道：潘祖荫在1880年的秋天买到了一件虢叔钟，小于伊秉绶旧藏。陈介祺也有一个虢叔钟，小于潘祖荫的那个。[1]所以，在1880年代，晚清的收藏家已经知道了存世的五个虢叔钟。

1870年代青铜器价格的飞涨，非但没有让收藏家热情受挫，反而进一步刺激了他们的购藏欲望。1878年左右，潘祖荫在写给吴大澂的一通信中说：

> 近李眉生、沈仲复广收古器，出重直，未与通信，无从见也。[2]

在另一通信札中，潘祖荫又写道：

> 平斋近通书否？李眉生、沈仲复所得，全恃平斋为耳目。度极真极精者，平老必自留之，其所得必极昂者耳。[3]

---

[1] 参见《愙斋集古录释文賸稿》，吴大澂著、丁佛言批注：《丁佛言手批愙斋集古录》下册，天津：天津古籍出版社，1990年，1页。

[2] 《潘文勤公与愙斋尚书手札》，叶60b—61a。

[3] 《潘文勤公与愙斋尚书手札》，叶61a—b。这两通信札没有日期，但署款时潘祖荫都写上了“期期功”，说明正在为家里的亲属服丧。而潘祖荫写给吴大澂的信中有多通署款时用“期期功”，有些可以根据内容系于1878年，所以，此处所引两通也可订为1878年。查《潘祖荫年谱》，潘祖荫的亲属中，潘祖荫的伯父潘曾莹和妻子于1878年三月三日同一天去世。“期期功”或是为这两位亲属服丧。

青铜器价格在1870年代飞涨,除了有外国医生加入购藏外,更重要的原因是战后经济的复苏。1864年，太平大国运动被镇压，晚清进入了所谓“同治中兴”时期。战后初期，经济凋敝，价格自然会低。吴云致冯桂芬信札云：

> 前月廿三日奉别解缆，廿四日申刻泊无锡西门外，一片瓦砾，寂无人烟。入城里许，始有店铺约百家。食物皆有，弟于市肆中以四十钱买一汉人私印。[1]

随着战后经济恢复，收藏者逐渐增多，文物市场也日益活跃。在北京，潘祖荫、吴大澂等官员开始收藏青铜器。在苏州，退休官员吴云、顾文彬、李鸿裔、沈秉成和著名士绅潘曾玮等也在尽力收藏。大约在1873年，吴云在致潘曾莹（1808—1878）的信札中提到：

> 南中自兵燹以后，好事者颇多。书画碑版稍可入目者，价便腾贵。吉金类多赝鼎，其著名之器，价必以千计……寿

[1] 吴云：《两罍轩尺牍》卷二，叶14b，新108页。黄小峰统计了杭州人陈昌吉著录他在太平天国战乱后文物市场尚未恢复期间购买的“宋元明清历代书画四百五十一件，总值约四千七百四十两,平均价格只有10.5两,可以想见大乱后江南书画市场严重衰退的情形”。黄小峰：《“隔世繁华”：清初“四王”绘画与晚清北京古书画市场》，载中山大学艺术史研究中心编：《艺术史研究》第九辑（2007），169页。

> 卿屡次来书，欲托在吴中购觅金石，盖不知近时情形也。[1]

在距苏州不远的上海，战后也崛起了一批新的收藏家。吴云在致陈介祺的信札中讲到，当时在苏州地区找拓工很难：“因兵乱以后，吴中讲此道者甚属寥寥，稍有薄技，便赴沪上，该处最号繁盛，觅利较易也。”[2] 连技术稍好些的拓工都往上海跑，因为那里谋生容易，可见收藏金石的人不少。

在1870年代和1880年代，上海一个富商出手不凡，引起了官员收藏家的关注，他就是湖州南浔的顾寿藏（子嘉）。在1870年代，吴大澂便和顾寿藏建立了联系。吴大澂曾于1875年花朝为顾寿藏作《溪山图》（图1-9），此图有吴大澂的孙子吴湖帆的边跋：“光绪乙亥时公年四十一岁，方由陕甘学使卸职时也……当时吴兴顾子嘉商榷吉金文字甚密。是图高旷独绝，亦徇知之作也。”[3] 但吴湖帆所记有误，因为此时吴大澂还在陕甘学政任上。不过，吴大澂和顾寿藏有比较密切的金石交往却是事实。吴大澂在1877年三月致陈介祺的信中谈到，他在上海见到了湖州顾氏所藏鲁伯厚父敦和遽伯还敦。[4] 吴大澂在1877年回到北京后，向潘祖荫谈起了顾寿藏的收藏，潘祖荫也有意

[1] 吴云：《两罍轩尺牍》卷三，叶14a，新183页。信中提到“《彝器图释》十二卷业已授梓藏工。俟便当寄请是正”，吴云的《两罍轩彝器图释》刊于1872年，故订此札书于1873年。

[2] 吴云：《两罍轩尺牍》卷九，叶33b，新701页。

[3] 见2010年上海朵云轩春季艺术品拍卖会图录。

[4] 谢国桢编：《吴愙斋（大澂）尺牍》，124—125页。

图 1-9　吴大澂 1875 年为顾寿藏作山水轴　　私人收藏　雅昌网提供图片

和顾建立联系。大约在 1878 年，吴大澂在致潘祖荫的信札中说："师意欲赠顾子嘉一联，可作一书介绍之。"[1]

潘祖荫在 1870—1880 年代致友人的信札中，多次提到顾寿藏：

> 闻南中金兰生以千七百金得之。富商顾姓以二千金，金不售也。然则齐鎛真廉。而弟已困矣。[2]
>
> 沪上新有富人顾子嘉，年二十余，以二千金得虢叔钟，然云非其得意之物，亦知不佩服平斋等。其人似不寻常，恐晋公盦已归之也。聊以奉闻，可见近日此道竟成风尚矣。[3]

顾寿藏以二千金购买到的虢叔钟，不知是否为曾经伊秉绶旧藏的虢叔第三钟。他年纪轻轻，财大气粗，甚至连大藏家吴云等人也不放在眼中。

顾文彬在 1873 年八月初三日致其子顾承的信中，也数次提到顾子嘉："近来铜器为顾子嘉买贵，我亦不想得佳品，乃到杭州后竟得一佳物。"[4] 不过，在官宦和文人收藏家看来，顾氏并非金石学家，只是个好附庸风雅的商人。顾文彬在致顾承的信

[1] 北京故宫博物院藏吴大澂致潘祖荫信札，叶 11。

[2] 上海图书馆藏《潘文勤公书劄》(稿本)，第 15 开。

[3] 《潘文勤公书劄》，第 18 开。

[4] 顾文彬：《过云楼家书》，298 页。

札中对顾子嘉有如下评论：

> 上海之顾子皆与宁波之蔡姓同一，强附风雅，然世上此种人亦可不少，古玩一道既雅俗共赏，则声价益增矣。[1]

吴云则认为，顾子嘉和蔡某虽然都出手阔绰，收藏也不过尔尔。他在致潘祖荫的信里写道：

> 顾、蔡二君皆少年喜事，一时高兴，广收古玩。顾君所收金器为多，蔡则专收书画。近则情随事迁，意兴已替矣。簠斋谓好古而存传古之心，斯为真好。此非可与寻常人言也。顾处金器却有数件佳者，然亦非煊赫著名之器，不能望尊藏项背也。[2]

大约在 1876 年致潘祖荫的另一封信中，吴云又说：

> 顾姓收买吉金并非真好，现倩人往拓全分，而其人又因讼事赴天津，将来必欲搨取奉寄。所藏亦止有三四十种，精者不及半耳。比之八囍斋中犹滕薛之于齐楚，不可同日而语。[3]

[1] 顾文彬：《过云楼家书》，299 页。
[2] 吴云：《两罍轩尺牍》卷八，叶 10a，新 571 页。
[3] 吴云：《两罍轩尺牍》卷八，叶 19b，新 590 页。

八囍斋即潘祖荫的斋号，在吴云的眼中，商人还是不及有教养的士大夫懂收藏。

1883年正月，潘祖荫的父亲去世。四月，潘祖荫护送父亲的灵柩回故乡苏州埋葬并在那里守丧，一直到1885年五月才回到京师。守丧期间，潘祖荫和苏州的收藏家互动密切，并对南方的青铜器收藏有了更为直接的了解。在致友人的信中，潘祖荫写道：

> 近来古缘若何？祈详示。此地沈、顾、李皆大有力。沈以千金得项氏阁帖，以二千金得陈眉公之阁帖（即前年在京者）。又闻得宗周钟，观其拓本，恐是后刻。李眉生不在苏，暂游何处？顾则有子不肖，现在正生气，不见人也。闻重直得一郑刑叔钟，亦是伪物。吴氏之物，广安观察（承潞）秘不肯出。此地好古者除三家外无人。家叔之古器佳者已归三家。上海一顾商亦豪于赀收古器，恒轩知之，兄则不识也。三家中闻李眉生最精，惜无从见耳。[1]

潘祖荫所说的沈、顾、李，即沈秉成、顾文彬、李鸿裔。

---

[1] 《潘文勤公书劄》，第22—23开。潘祖荫说“此地”，是时他应该在苏州，亦即他在苏州守丧期间。吴云1883年去世，其中一信提到看吴云的收藏要其子吴广盦同意，所以，吴云已经去世。李鸿裔1885年去世。所以这些信大约写于1883年潘祖荫刚到苏州不久，因为此后潘祖荫和李鸿裔在苏州过从甚密，留下不少信札。

在苏州，潘祖荫在青铜器收藏上还是有所斩获。1882 年顾文彬的爱子顾承去世，《过云楼日记》1883 年末附记："自承儿殁后，余古玩之兴索然已尽。涚钟售与潘伯寅，七百金。提梁卣亦售与，价六百金。"[1] 由此可知，顾文彬的部分收藏以高价转让给了潘祖荫。

正当晚清收藏家开始肆力收藏青铜器之际，"1871 年，新兴的德意志帝国打败了老牌资本主义国家法兰西，取得了五十亿法郎的赔款，仿效英国，建立世界上第二个金单本位制度的强国，世界金银比价就从 1873 年起，开始发生剧烈的变动。仅仅在 1873 年到 1894 年的二十二年间，金银比价就从 15.9323 涨到 32.5873，即涨了一倍。"[2] 金贵银贱的剧烈变动是否会对晚清文物市场的价格有所影响呢？中国大陆在 1950 年代，五十元人民币就能买一张齐白石的小画，同样的画现在可能卖五十万元人民币，却不能简单地说涨了一万倍，因为那时的五十元价值绝对不等于今天的五十元。1870 年代后青铜器价格飞涨是否会受到国际银价下跌的影响，还有待进一步研究。

以上所谈乃钟鼎重器。如果买其他类型的青铜器，就会比较便宜。比如说一个爵，在 1870 年代的北京，二三十两白银就能买到。潘祖荫在 1873 年致吴大澂的信中说：

---

[1] 顾文彬：《过云楼日记》，542 页。

[2] 杨端六编著：《清代货币金融史稿》，武汉：武汉大学出版社，2007 年，277 页。

松竹商祖己爵以配商卣甚妙，若能以三二十金为得之，大妙。[1]

吴大澂在这一年致王懿荣的信中说：

英古一敦，兄以卅五金得之。如知其来历，大可省数金也。[2]

1873年，吴大澂出任陕甘学政，在陕西大力收集古物（包括青铜器）。由于陕西是青铜器的重要出土地，青铜器价格远比京师低。1874年秋，吴大澂致王懿荣信札：

仲秋道出凤翔，以十金得一破敦，乃虢仲城虢时所作，其地又为西虢故地，此兄平生第一快事。[3]

吴大澂收藏中最重要的周愙鼎（吴以此颜其斋为“愙斋”），有铭文28字，吴大澂在西安仅以一百两银子收得。[4]而没有铭文的青铜器则更为便宜。

---

[1] 《潘文勤公与愙斋尚书手札》，叶22a。
[2] 《愙斋赤牍》，上海：上海商务印书馆，1923年，叶5a。页码为笔者所加。
[3] 《愙斋赤牍》，叶20b。
[4] 顾廷龙：《吴愙斋先生年谱》，59页。

自从金石学在宋代兴起以后，它最重要的工作就是收集、著录、解释金石铭文。所以陈介祺认为，“好古必以文字为主也”。[1] 对铭文的重视也反映在晚清文物市场的价格上。1873 年下半年，吴大澂将视学陕甘，吴云在致吴大澂的信中说：

> 关中金石固多赝品，然沉霾于荒丘废堡者，亦时有呈露。金器无文字者，仅与废铜同价。鄙意倘得式样奇古、朱绿灿然者，亦大可收罗，作为案头陈设，饶有古致。[2]

在吴云看来，没有铭文的器物，最多只有观赏价值，而无历史研究价值，因此价格十分低廉，“与废铜同价”。

由于青铜器有无铭文在市场上的价格差别巨大，所以便出现了伪造铭文的现象。吴云在致潘祖荫的一通信札中说：“近日伪作者，愈出愈奇，沪上已专有此一种人，广收无字旧器，合数人之力，闭户覃精，伪餂成文，比之宣和仿古，实能远胜。盖器本原旧，文又工致，目前已不易识，数十百年后，恐巨眼者亦不能辨矣。”[3] 在无铭文或铭文短的青铜器上，仿刻铭文或加

[1] 陈介祺：《簠斋尺牍》，201 页。
[2] 吴云：《两罍轩尺牍》卷十，叶 5b，新 774 页。
[3] 吴云：《两罍轩尺牍》卷八，叶 33a，新 617 页。

长铭文，以增加市场的价值，[1] 这一造伪现象也从另一个侧面反映出晚清古董收藏中对历史传统的重视。而作伪和辨伪也成为文物商和收藏家之间魔与道斗法的较量。

[1] 相关讨论请见松丸道雄：《陈介祺与苏氏兄弟——关于陈氏的古董收集》，载孙慰祖等编著：《陈介祺学术思想及成就研讨会论文集》，杭州：西泠印社，2005 年，340—342 页。

三、书法与绘画

和商周青铜器相比，传世书画的量多得多，收藏圈也更大。吴云曾经告诉潘祖荫："此间讲书画之友颇不乏人，独至金石考证之学，落落少可与言。"[1] 吴大澂及其师友，如潘祖荫、吴云、李鸿裔、沈秉成、顾文彬、王懿荣等，都收藏书画。但是，在这些喜爱收藏的官员中，除了顾文彬有《过云楼书画记》和吴云有鉴藏书画录外，都没有专门的著录，我们只能从他们的日记、信札、诗文、题跋、收藏印中获取其中的收藏信息，推测他们的收藏规模和特色。吴大澂虽然热衷收藏，也写日记，但残存的日记基本没有购买文物的信息。翁同龢、顾文

[1] 吴云：《两罍轩尺牍》卷八，叶 19a，新 589 页。

彬、张佩纶（1848—1903）、江标（1860—1899）的日记以及顾文彬的家书中则颇有书画买卖活动及价格的记载。下面将以《翁同龢日记》《过云楼日记》和《过云楼家书》中的记载为主，辅以其他文献，来讨论晚清的书画市场。《翁同龢日记》记载的收藏和买卖活动相当多和详细，并且他提到的一些重要藏品至今还由他的玄孙翁万戈先生收藏，顾文彬的日记和家书中记载的书画也有相当部分存世，使我们能够准确地了解这些作品的尺幅和艺术品质。

需要指出的是，书画市场的情况常常比青铜器市场更为复杂，因为书画中尺幅和质量的差别更大。在绢纸上所作的书画，还可以通过题跋和钤印来不断追加艺术的、文献的和市场的价值。和绘画相比，书法的判断有时要容易些。熟悉古代书法的人们，可以通过记录中字体和书写内容来大致判断尺寸的大小。如 1880 年八月十三日，顾文彬“以二百得赵松雪草书《千文》卷，此卷向为孙莲塘侍郎藏”。[1] 赵孟頫的草书，字通常不大，风格较为稳定，《千字文》字数也明确，有了这些信息，这一手卷的大致尺幅可以推算出来。二百银元约等于一百五十两银子，这是 1880 年赵孟頫草书《千字文》在苏州的价格。

[1]　顾文彬：《过云楼日记》，516 页。

晚清文物市场上的早期书画名迹

由于大量的古代书画名迹已经在清代初期和中期进入内府，晚清已经没有像清初梁清标、安岐那样的大书画收藏家。但是，仍有一些未入内府的名迹尚在晚清的市场上流通。[1]1860年九月，英法联军侵入北京，圆明园被抢掠焚毁，一些内府收藏流入市场。同年十月二十日，亦即圆明园被毁的一个多月后，翁同龢在潘祖荫处见到"《茶录》《姜遐碑》二帖，皆淀园散落者，索直甚昂，且留之以待珠还耳"。[2] 淀园即圆明园。此后数年，圆明园流出的书画不时在市场上出现。1863年四月初三日，翁同龢在日记中写道：

> 博古斋送来唐人写《法华经卷》，自十八至二十凡三卷，共十五纸三百三十行，字法遒紧，下开赵、董，有项子京印记，孙氏艳秋阁物也，索直不多，拟亟收之，真如窭人获宝矣。于博古斋得见颜鲁公告身墨迹，前有高宗御识（藏经纸），后米友仁、蔡襄观款，董其昌跋，徐知白诗，皆如阮文达《石

---

[1] 我们从晚清收藏家的著录中（如顾文彬的《过云楼书画记》和庞元济的《虚斋名画录》等），也能多少了解到曾在当时市场流通的一些明代以前的绘画。

[2] 《翁同龢日记》第一卷，112页。圆明园被焚毁抢掠后，清廷曾设法追缴，并追回一部分丢失的文物（见中国第一历史档案馆编：《圆明园》上册，上海：上海古籍出版社，1991年，571—597页）。但是，从后来还不断有内府藏书画出现在厂肆来看，很多东西并未追回。官员收藏家见到这些文物时，也并没有要求卖家缴回内府。

> 渠随笔》所载。又右军《游目帖》，仅有徐知白两跋，亦有御题数诗，小楷。此迹疑是双钩本，徐跋称其纸真晋时麻笺，如薄金叶，索索有声，未敢尽凭。颜书古淡，洵是奇物，前在孙松坪处一见之。两卷索价五百，皆庚申年淀园被兵流落人间者也。[1]

1865 年闰五月，原清内府收藏的唐摹本王羲之《行穰帖》也出现在厂肆。[2]

清内府旧藏早期书法巨迹，在圆明园被掠毁后，也有流向南方者。顾文彬 1872 年十一月二十八日日记："接廿五日家信，知赵松坡持来褚摹《兰亭》墨迹卷、唐人写《郁单越经》卷，永仓徐仰屺所藏，索价三千金，骏叔开口即还六百金。余复信嘱其不论价值，以成为度，未知有缘得此否也。"[3] 十二月初二日日记："知褚《兰亭》及唐人写经以六百十四金得之，为之狂喜。"[4]

除了王羲之的《行穰帖》《游目帖》、褚遂良摹《兰亭序》墨迹卷、颜真卿的《自书告身帖》等外，我们从晚清官员的日记中得知当时市场上流通的名迹还有王献之的《新妇服地黄

---

[1] 《翁同龢日记》第一卷，294—295 页。

[2] "闻右军《行穰帖》在厂肆。"《翁同龢日记》第一卷，432 页。《行穰帖》现藏美国普林斯顿大学艺术博物馆。

[3] 顾文彬：《过云楼日记》，209 页。

[4] 顾文彬：《过云楼日记》，210 页。

汤帖》、[1] 苏轼的《黄州寒食帖》、米芾的《多景楼诗》[2]《向太后挽词》[3]《珊瑚帖》《复宦帖》[4]《乐兄帖》、[5] 黄山谷小卷、[6] 文彦博墨迹卷[7]，等等。

除了黄山谷小卷所指为何不详外，上述名迹（尽管有些翁同龢认为不真或为摹本）今皆存世，其中有些名迹在当时的价格也有记录。王羲之的《游目帖》和颜真卿的《告身帖》这两卷加在一起在 1863 年文物商才索价五百两。此时太平天国战乱尚未结束，文物市场的行情自然会受到影响，但黄庭坚的书法小卷在 1880 年开价仅六十两，也低于我们今天的想象。米芾的

[1] 1884 年七月初三日，“过厂，见宋僧北磵酬梅坡诗迹，有姚广孝二跋、简庵诸僧跋、吴匏庵跋、覃溪跋，成王借摹入帖。卷首吴君篆。郭河阳《关山行旅卷》（亦细劲，钱牧斋跋，余跋皆伪）二卷，索每卷二百金，可笑也。又大令《新妇服地黄汤帖》墨迹（有成王、英相跋，是钩本，筠清馆所藏也）”。《翁同龢日记》第四卷，1897 页。

[2] 1877 年五月十六日，“过厂见东坡墨迹《自我来黄州诗》（御题），李北海《古诗十九首》，皆伪；米《多景楼诗》，赵十二札，惟赵札粗可观”。《翁同龢日记》第三卷，1325 页。

[3] 1884 年八月三十日，“得见米襄阳挽词小楷真迹，后有董临两页并跋，前黄石斋隶书‘镇此数行，奚殊鞶带’八字，真物也，索千金，后有墨本，是崇祯时刻，末有陈眉公跋，而米册内却无之。又新刻三纸，则米书董跋具在，却未佳”。《翁同龢日记》第四卷，1913 页。

[4] 张佩纶癸巳（1893）四月初七日日记：“清秘又持米二帖来。一《珊瑚帖》，一《复宦帖》，快雪堂曾刻之。由安仪周辗转归傅文忠、成邸、定邸。索价千五百金，让至千金。无力购之。内人暇中双钩之，惟妙惟肖，亦闲中一乐也。”张佩纶著、谢海林整理：《张佩纶日记》下册，南京：凤凰出版社，2015 年，536 页。

[5] 1876 年四月二十二日，“于厂肆见……米书乐兄尺牍墨迹，墨光飞舞，真物也，跋却伪，索二百金（明日再看，系双钩本）”。《翁同龢日记》第三卷，1240—1241 页。

[6] 翁同龢 1880 年十月初七日日记记载：“过厂肆，得见黄山谷书小卷，极爱之（六十两，论古）。”《翁同龢日记》第四卷，1557 页。

[7] 1884 年四月二十八日，翁同龢“见文潞公墨迹三纸卷，米元晖、向若冰二跋，成王、荣郡王跋，颇好。价则甚昂矣（博古，百廿金）”。《翁同龢日记》第五卷，1978 页。

《向太后挽词》在1884年开价一千两。米芾的《珊瑚帖》《复宦帖》合卷在1893年开价一千五百两，杀价后一千两。从1863年至1893年，整整三十年，从绝对的银两数来看，文物价格有了很大的增长。至于实际增长多少，还要考虑到生活指数的变动等因素。

需要指出的是，晚清人在古董交易中所开之价（即索价）往往和实际成交价差别很大，成交价低于开价的三分之一、一半甚至一半以上是经常的事。比如说，1870年左右，赵之谦（1829—1884）在北京为潘祖荫购买文物，他在致潘祖荫的一札中说："钱叔美画一幅，索十六金。如要，可以说价，随还几金均可。惟鉴后须将画付下，说成再送上取价也。"[1]过了些日子，赵之谦又写信给潘祖荫告知："钱叔美画已买成，刻卖画者甫去。计价八金，此画尚便宜，若在杭州，非二十元不可也。"[2]成交价比开价正好低一半。类似的例子不胜枚举。因此，了解晚清艺术品价格的变化应该以成交价为依据，以索价为参照数据。

一些五代宋元画作也出现在翁同龢等人的日记中，如

[1]　赵之谦：《赵之谦信札墨迹书法选》，北京：荣宝斋出版社，2003年，251—252页，第64札。
[2]　同上，第72札。

卫贤的《盘车图》[1]、董源的《寒林重汀图》[2]、北宋燕文贵的画卷[3]、宋徽宗摹张萱的《捣练图》[4]、宋徽宗绢本山水卷[5]、惠崇的《江南春》[6]、南宋刘松年的青绿山水[7]、宋元画册页[8]、宋人《群仙高会图卷》[9]、范宽、黄公望、倪瓒的画卷等。[10]翁同龢1871年十一月二十三日日记写道：

---

[1] 1890年十月初二日，“于笔彩斋见宋人《盘车图》（卫贤画）、黄子久卷、范华原卷，皆妙，皆烧残，索重价，不敢问”。《翁同龢日记》第五卷，2445页。

[2] 1889年十月二十六日，“归至厂肆一观，见董北苑大幅（眉题：魏府所藏董元山水天下第一。董其昌。轴上隔水洪莹记），奇笔也”。《翁同龢日记》第五卷，2364页。从董其昌的眉题可以得知，这张画即现藏日本黑川古文化研究所的《寒林重汀图》。

[3] 1876年五月十七日，“过厂见燕文贵画卷、倪云林小幅，皆佳”。《翁同龢日记》第三卷，1246页。

[4] 1882年十月十三日，“得见宣和临张萱《捣练图》，金章宗题字，高江村物（张绅题）”。《翁同龢日记》第四卷，1734页。

[5] 1879年三月二十九日，“少仲借听枫山馆招集真率会，同集者香严、仲复、养闲、退楼与余也。少仲出示友人托售之宋徽宗山水画卷，余不收绢本，让与香严，以二百元得之”。顾文彬《过云楼日记》，490页。

[6] 1878年九月二十七日，“见吴仲圭草书《心经》，又宋人《江南春》画卷（画二百，字八十），即还之”。《翁同龢日记》第三卷，1418页。翁同龢并没有说《江南春》为惠崇所绘，但今传世最有名的宋人《江南春》画卷由惠崇所绘，权系于惠崇名下。

[7] 1883年元月二十一日，“于论古斋见方方壶雨山、刘松年青绿山水、巨然笔墨、烟客仿梅花道人，又一幅仿某君（有再题数行），皆佳”。《翁同龢日记》第四卷，1759页。

[8] 1878年七月初八日，“得见董香光所藏宋元画十二帧，虽皆麟爪，然神光逼人，衰悴为之眼明”。《翁同龢日记》第三卷，1405页。

[9] 顾文彬《过云楼日记》1880年七月五日记载：“粤人胡蘧庵骨董中市侩，赏鉴极精，购去宋人《群仙高会图卷》，张即之书残经两册，宋拓《家庙碑》、明拓《夏承碑》、线断《皇甫君碑》，恽南田画鸡扇面，共价洋七百三十元。价已不轻，闻其转售他处，获利数倍。”顾文彬著、李军整理《过云楼日记》，载苏州市地方志办公室编《苏州史志资料选辑》第37辑（2011），102页。读者请注意，李军整理本和上引点校本所记内容并不完全相同，笔者在引用李军整理本时，都会注明。

[10] 1886年十二月初十日，“前日得见大痴为仲和作山水卷，予白金不售，拟还之矣”。《翁同龢日记》第五卷，2113页。

> 一日无事，展观石谷画图，忽思厂游，径往，日落矣，携《东方朔画赞》两册（国初拓）、《张猛龙碑》、《宋元人画集锦册》归。宋元册极有精神，决知非苏州片，索值卅金，拟得之矣。[1]

一个《宋元人画集锦册》索三十两银子，大约二十余两就能拿下。1871 年正是潘祖荫等在北京开始收藏青铜器的时候，二十余两大约能买一个没有铭文的商周青铜爵，可见当时的古画价格不及青铜器高。宋徽宗绢本山水卷，在 1879 年的苏州大约卖一百五十两银子（见 55 页注 [5]），以今天的标准来看，也不算高。

在晚清的文物市场上，虽然仍有一些唐宋元书画在流通，但数量可观的官员收藏的主要是明清书画，而其中最受欢迎的则是以刘墉（石庵）、钱沣（南园）为代表人物的乾嘉名家翰墨和清初王时敏（烟客）、王鉴（廉州）、王翚（石谷）、王原祁（麓台）、吴历（渔山）、恽寿平（南田）亦即“四王吴恽”的绘画。[2]

明清名家翰墨

由于年代相去不远，晚清的文物市场上仍有不少明代书法，其中以吴门诸家书法和董其昌墨迹居多。1888 年正月十四日，

[1] 《翁同龢日记》第三卷，1208 页。

[2] 相关的研究，可参见黄小峰：《“隔世繁华”：清初“四王”绘画与晚清北京古书画市场》。

翁同龢见到"祝枝山写唐诗"，认为是真迹，文物商开价三十金。[1]1880年代的文物价格已经有很大的攀升，祝允明的书法开这个价，实在不高。

1866年十月初三日，翁同龢见到董其昌临《阁帖》十册，"先公曾鉴赏，今重逢之，欲以十二金暂质，未知见许否也"。翁同龢打算以十二两银子为订金暂留十册董其昌书法，可见当时董书的价位也不高。[2]1866年十二月十九日，翁同龢"以七金得董自书诗卷"。[3] 1860年代，正值太平天国战争结束不久，文物市场的价格较低可以理解。可是十年后，1876年正月十四日，翁同龢"饭后游厂，购得董书长吉诗卷、王梦楼条（共十两）。又见金冬心临华山碑横幅、刘石庵书袁君墓志册，皆绝妙，价极昂也"。[4] 董其昌书李贺诗卷加上王文治（1730—1802）的条幅，才十两。而金农和刘墉的书法则"价极昂"。

同年，三月二十一日，翁同龢在琉璃厂见到"黄石斋诗立轴（是将赴义时笔，诗后跋数语悲壮）。……以廿金得黄字，悬之座旁，足起顽懦"。[5] 以二十两银子买进晚明名臣黄道周自跋的绝笔诗轴，真是不贵。

明清官员虽然在日常生活中书写大量的书法，但在任官期

[1]《翁同龢日记》第五卷，2215页。
[2]《翁同龢日记》第二卷，521页。
[3]《翁同龢日记》第二卷，535页。
[4]《翁同龢日记》第三卷，1219页。
[5]《翁同龢日记》第三卷，1233页。

间通常不卖字，他们的书法（如对联、条幅、手卷、扇面等）多为礼品。[1] 他们去世后，昔日的礼品进入市场，成为商品，不但数量很多，而且价格并不低。根据顾文彬 1880 年四月初四日的日记记载：

> 仲复以八十元购得翁覃溪隶书对一副，其句云：有情今古残书在，无事乾坤小屋宽。乃张瘦铜句也。下方录瘦同原唱七律及覃溪、蒋心余、吴谷人诸君诗，故如此名贵。[2]

当时的八十银元相当于五十多两银子，翁方纲的一副对联能卖这个价格，远远高于上面提到的祝允明、董其昌、黄道周的书法。而昂贵的原因则在于此联的下方有诸多名家的题跋，展现了文人之间的交往，具有追加的价值。但即便如此，高于黄道周的自跋绝笔诗轴，还是不可思议。

除了对联、条幅、手卷、扇面这些为观赏而作的书法外，随着时间的推移，官员和文人们日常生活中的功用性书写（如信札、日记、笔记、手稿等），也有了商业价值。1887 年十二月二十日，翁同龢“过厂肆小勾留，见柯丹邱画竹石甚好，陈老莲

[1] 白谦慎：《晚清官员日常生活中的书法》，《浙江大学艺术与考古研究》第一辑（2014），240—245 页。

[2] 顾文彬著、李军整理：《过云楼日记》，101 页。

人物、南园信札、何子贞诗稿，皆余所喜者也”。[1] 何绍基卒于1873年，十多年后，他的诗稿之类的日常书迹也在市场上流通了。

在日常功用性的书写中，最大的一宗还是书札。古代文人之间的书札往还频繁，[2] 很多文人都有保存友朋信札并裱成册页的习惯。而古代尺牍一直是历代收藏的重要内容，上面提到的《游目帖》《乐兄帖》都是尺牍。1889年正月二十三日，江标在日记中写道：“书贾送来书札两本共六十余通，皆与桂未谷、颜运生兄弟者，索值百金，可云贵矣。”[3]1891年二月二十七日，江标又写道：“骨董人送来钱竹汀与曹慕堂札十八通，索值百金，可云贵矣。”[4] 桂未谷即桂馥（1736—1805）、钱竹汀即钱大昕（1728—1804），都是乾嘉时期很有文化声望的官员，他们书写或收到这些信札的时间，距江标差不多一百年，索价百金，真是相当昂贵了。

受文化风气的影响，乾嘉时期名臣和著名文人的墨迹在晚清备受青睐，市场价格也反映了这一时尚。在当时的北京官场中，刘墉和钱沣的字最受欢迎，价格不下于、甚至高于董其昌，此乃时代审美风气使然，时代久远并非价格高低的决定性因

[1] 《翁同龢日记》第五卷，2208页。

[2] 在中国生活了三十年的意大利传教士利玛窦（1552—1610）曾有一个很有意思的观察，他发现中国文人特别重视书面语，也十分喜欢写信，即便是住在同一个城市，距离很近的朋友，也经常书信往返，而不是见面谈话。参见利玛窦、金尼阁：《利玛窦中国札记》，北京：中华书局，1983年，27、29页。

[3] 江标：《笘誃日记》（中国国家图书馆藏稿本）。

[4] 江标：《笘誃日记》。

素。[1]翁同龢的日记多次提到这两位先贤的书迹，选录数条如下：1871年四月二十九日，“见钱南园对极佳，价极昂”。[2]1885年正月十四日，“得蒋文肃《塞上中秋》诗画小方、张天瓶扇合帧（十一两）、《两峰采菊》小幅（同上），斌为我致之。又刘石庵七言对。（十二两）”。[3]刘墉的对联比罗聘（两峰，1733—1799）的小幅画贵。“昨见钱南园书《枯树赋》、真书《千文》，皆佳，其后人从家中携来者也，议价不成。又见刘石庵为怡园太史书册，中年笔，极精。”[4]1886年元月十四日，“斌以覃溪翁临方正学《溪喻》卷（索五十金）、刘石庵字册（四十）归，赏之”。1887年八月十八日，“于朝房买得钱南园楷书二小幅，尚佳”。1890年二月二十五日，“过厂肆，买石庵字四幅，才四金耳”。[5]刘墉的四幅字“才四金耳”，翁同龢真是捡着漏了。

刘墉和钱沣的书法在京师价昂，当是有相当一批官员喜爱和竞相购买的结果。早在1864年十月十二日，翁同龢去拜访祁寯藻（1793—1866），两人讨论了刘墉和钱沣的书法特色。翁同龢日记这样记载：

谒祁相国，壁悬钱南园临《论坐帖》，极奇伟。相国指

[1] 关于这一现象，上引黄小峰的论文业已指出并有所讨论。
[2] 《翁同龢日记》第二卷，886页。
[3] 《翁同龢日记》第五卷，1949—1950页。
[4] 《翁同龢日记》第二卷，884页。
[5] 《翁同龢日记》第五卷，2034、2179、2388页。

> 谓余曰：试观其横画之平，昔石庵先生自称画最能平，此书家一大关键也。[1]

翁同龢不但欣赏刘墉、钱沣的书法，甚至还临摹之。1886年九月二十日，“归家摩挲书帖，遂似醉人，临石庵诗卷数百字”。[2]

上引这些例子说明，收藏风尚和当时京师流行的书法品味有关。曾多年供职翰林院的何绍基是晚清影响最大的书法家，他的书法厚重又灵动，和刘、钱一样皆有颜字为根基。此外，廷臣如李鸿藻（1820—1897）、潘祖荫、翁同龢、孙家鼐（1827—1909）、徐郙（1838—1907）、王懿荣等的书法都写得工稳温润，具有庙堂之气。乾嘉廷臣刘墉和钱沣端庄雍雅的书风自然会得到他们的喜爱。

翻检长期住在苏州的官员收藏家顾文彬的日记和家书，则不见有嗜好刘、钱翰墨的记载。或许刘墉和钱沣长期在京师为官，南方流通的作品较少，或是在审美趣味上有地域上的些许差异。

明清绘画

上面提到，在晚清的文物市场上，仍有一些宋元名迹流通。翻检吴大澂同时代的一些书画著录，也能看到明代以前的古书

[1] 《翁同龢日记》第一卷，382—383页。
[2] 《翁同龢日记》第五卷，2091页。

画。但是，吴大澂及其友人收藏最多的还是明清绘画。

1876年四月二十二日，翁同龢“于厂肆见仇实父祝文衡山六十寿画幅，衡山自题二诗，极精；唐六如《蹇驴落日图》，皆立轴，每轴百金”。[1]仇英为庆贺文徵明六十大寿的画轴，有文徵明本人的题诗，诚为两位吴门大师的合作，既稀有珍贵又品质精良，索价才一百两。同年七月初八日，翁同龢“以四十金购仇实父《独乐园图》”。[2]三年多前，沈秉成在上海就已经以五千两银子买下虢叔钟。如果仇英为文徵明祝寿的画轴能还价至八十两甚至更低的话，那么一个青铜器重器的售价可达仇英精品的七八十倍。

四年后，亦即1880年九月十六日，顾文彬在苏州“以二百元得仇十洲《瑶台清舞卷》于鑛斋之子铜士处。此卷心藏已十余年矣，价亦昂甚。闻铜士以此项助赈，其好义可风也”。[3]二百元约值一百五十两银子。由于直接从藏家手中买入，没有文物商作为中介，价格通常会便宜些，但顾文彬认为此价“昂甚”，这既有可能因为他心仪此卷十多年，愿意出高价购入，也有可能得知对方是卖画赈灾，所以出高价成全善举。

九年后，亦即1889年正月十日，翁同龢“过厂肆见仇十

[1]《翁同龢日记》第三卷，1240页。

[2]《翁同龢日记》第三卷，1261页。

[3] 顾文彬著、李军整理：《过云楼日记》，103页。

洲画《后赤壁》卷（宝珍，还七十）”。[1] 古董店开价多少不详，但从翁同龢的还价来看，仇英这张画卷的开价大概在一百至一百五十两之间。

有了吴门大家仇英做参照，我们就可以来看看晚明的书画大家董其昌的画价了。翁同龢在 1867 年三月初二日“以十六金购董画卷”。[2] 1880 年十月初二日，“得见香光画四页甚佳，索价二十金耳”。[3] 同年的十二月十四日，“得见董文敏双画卷，一仿《烟江叠嶂》（绢本），一仿北苑（纸本，眉公小辋川诗）。皆景氏物，妙绝，索数百金也”。[4] “景氏物” 即翁同龢的好友景其濬（？—1876）的旧藏，景去世后，其家藏渐渐流入市场。两件绝精的董其昌手卷，开价数百两，还价后，一卷应该在二百两以内。1884 年正月初九日，翁同龢“得见董香光仿倪树石（眉公题、梦楼题）轴（卅两得之）”。[5] 有陈继儒（眉公，1558—1639）和王文治（梦楼，1730—1802）题跋的董其昌画轴，三十两可得，如此看来，在晚清的市场上，董其昌的画并不昂贵。

1887 年十一月初五日，翁同龢“晨在朝房携陈老莲画卷归，画真而跋伪，拟以四金购之”。[6] 虽说翁同龢未必能以四两银子

---

[1] 《翁同龢日记》第五卷，2294 页。
[2] 《翁同龢日记》第二卷，552 页。
[3] 《翁同龢日记》第三卷，1419 页。
[4] 《翁同龢日记》第四卷，1571 页。
[5] 《翁同龢日记》第五卷，1948 页。
[6] 《翁同龢日记》第五卷，2197 页。

买到陈洪绶的画卷，但他心目中的价位起码说明，当时陈洪绶画作的价格很低。

清初四僧画家的画作，在当时的市场上也没走红。1878 年九月二十三日，翁同龢“得石涛画诗小册（十五金，仍还去）”。[1] 石涛的诗画册，文物商出价十五两，价格和刘墉一副对联差不多，翁同龢仍没买。同年十月二十三日，亦即见到石涛诗画册整整一个月后，翁同龢“见石谷《李成关山萧寺》轴，极佳（丙午，八十三矣）”。两日后，翁同龢在日记中又写道：“石谷画幅四十金可得，而囊无余资，只得割爱矣。”[2] 一件被翁同龢认为极佳的王翚（石谷）画轴，卖四十两，不但比他同时代的画家石涛的价格高，也比早些董其昌和陈洪绶高。但是，这四十两的价钱在晚清市场上的王翚画中，并不算昂贵的。[3]

黄小峰在一篇研究晚清北京古书画市场的论文中指出，当时京师官员们最喜欢收藏的是四王吴恽。[4] 如同潘祖荫是晚清京师青铜器收藏的重要推手，翁同龢是当时京师四王吴恽最重要的买家之一。翁同龢是苏州府常熟县人，四王吴恽中，王翚和吴历是常熟人，另外三王皆为太仓人，除了恽寿平是武进人外，其中五位都和苏州有关。翁同龢喜欢四王吴恽可能有仰慕乡贤

[1] 《翁同龢日记》第三卷，1417 页。

[2] 《翁同龢日记》第三卷，1422—1423 页。

[3] 1876 年十二月二十五日，“有持石谷画卷来者，长一丈一尺，癸酉岁作，颇苍老，以三十金收之”。《翁同龢日记》第三卷，1295 页。但是，王翚的画作索价通常不低于一百两。

[4] 黄小峰：《“隔世繁华”：清初“四王”绘画与晚清北京古书画市场》，165—191 页。

的因素，但最重要的原因还是如黄小峰所指出的那样，四王吴恽代表了清初以来的正统画风，符合京师官员的审美趣味，因此在市场上价格不断走高。

翁同龢的日记中，有关四王绘画的买卖记录甚多。[1] 其中有两件成交的名作至今仍由其玄孙翁万戈先生收藏。其一是王翚的《长江万里图》，纵 40.2 厘米，横 1615 厘米，堪称巨观（图 1–10）。翁同龢在 1875 年购得此卷，他的日记对何时初见此卷、文物商送看、讨价还价、最后成交的过程，均有简略但生动的记载，爰录于后：

> （三月二十六日）排闷到厂肆，得见石谷仿江贯道《长江万里图》卷，长六丈余，高尺许，天下奇观也，索千金。
>
> （四月十九日）午前博古斋以石谷《长江万里图》送看，凡五丈，真妙迹也。……晴窗展玩，凡数十卷舒，不能释手矣，惜乎无力购致耳。
>
> （四月二十日）出城，过厂肆，论画卷价，予以三百犹未首肯，亦太甚矣。
>
> （四月二十二日）贾人持石谷卷去，非四百金不售也，为之悒怏。出城，旋入城，无谓奔驰，可恨。
>
> （四月二十三日）重见《长江图》，以旧藏四卷对看，目前

---

[1] 在翁同龢的日记和其他的文献中，涉及四王吴恽画价的资料不少，上引黄小峰的论文附有四王吴恽在晚清市场的绘画价格表，读者可参照。

图 1-10　翁同龢旧藏王翚画《长江万里图》（局部）　翁万戈先生旧藏

一乐也。

（五月初五日）还博古斋帐，竟以白金四百易《长江万里》。[1]

这一长卷文物商开价一千两，几经周折，最终以四百两成交。四百两在当时的北京可以买一处不错的住房。[2]

翁万戈先生所藏的另一件名迹是王原祁的巨幅山水轴《杜

[1] 《翁同龢日记》第三卷，1160、1164、1165、1168 页。

[2] 翁同龢用来买画的这笔钱，本来是打算用来买房的。《翁同龢日记》，同年四月二十四日："是日妾陆来城寓，以为移居吉日，不知我尚忍言移居乎。"（1166 页）翁同龢十分珍爱此画，多次请友人观赏。此画现今由翁万戈先生收藏，翁先生正在撰写一本研究此画的专著，无疑会对我们了解此画的艺术特点很有助益。

甫诗意图》，此画纵 321.3 厘米，横 91.7 厘米，号称天下第一大王原祁画作（图 1–11）。王原祁“经营磁礴，两月始竣”，无疑是一件精心之作。翁同龢 1887 年六月初二日日记记载：

> 得见麓台长幅一丈，画杜律“雷声忽送千峰雨，花气浑如百龢香”诗意，巨观也（为文翁先生画，签张若霭题）；董公仿梅道人册八开，极妙；戴鹰阿画十二开，亦妙，皆茹古斋物。王索四百金，董、戴百六十。[1]

五天后，亦即初七日，翁同龢“以三百金购得麓台巨幅、董

[1] 《翁同龢日记》第五卷，2163 页。

图 1-11　翁同龢旧藏王原祁画《杜甫诗意图》　翁万戈先生旧藏

册八页、戴鹰阿册一，自恨好画成癖，犯多欲之戒”。[1] 从开价便可以看出，王原祁的画轴比董其昌和清初安徽画家戴本孝（鹰阿）的两本册页加起来的价钱还高出一倍多。而三件作品的真实价格是三百两，按开价时的比例推算，其中王原祁画作的成交价约二百两，董、戴两本册页约一百两。这其中固然有王原祁的画作是一件尺幅巨大的精心之作的因素，但四王画价高则是当时一个普遍的现象。

其实，翁同龢在购买王原祁《杜甫诗意图》的半年前，就曾高价购入王原祁的一个手卷。他在 1887 年元月三十日的日记中写道:“以巨金买麓台画卷，贾人索钱，怒斥之，已而悔之。”[2] 六天以后的日记记载 :“以二百金买麓台卷，吾之过也。”[3] 在晚清的书画市场上，手卷和册页的价格通常高于立轴，这也是为什么一个手卷的成交价能和《杜甫诗意图》这样的巨幅画作价格相同。翁同龢的日记还告诉我们，当时收藏书画，过二百两者即为“巨金”。

从 1870 年代末开始，四王吴恽画作在北京市场的价格不断攀升，四王的索价通常都会超过一百两白银。1878 年十一月十七日，“看王石谷《溪山霁雪》卷，极妙（索百六十金）”。[4]

[1] 《翁同龢日记》第五卷，2164 页。
[2] 《翁同龢日记》第五卷，2127 页。
[3] 《翁同龢日记》第五卷，2128 页。
[4] 《翁同龢日记》第三卷，1426 页。

1879 年七月初七日，翁同龢“见王圆照仿古十页，精妙，无力收之”。四天后，“有以王圆照画册来者，索百金，遂还之”。[1]这说明，王鉴的一个十开册页索价一百两，实在不低。

进入 1880 年代后，四王的价格似乎以更快的速度持续高涨。1885 年六月十六日，翁同龢得见王麓台画卷，仿大痴《写春图》，“吾邑鹿樵先生所藏也，索七百金”。[2]同年七月十五日，翁同龢“晨看字画，麓台长卷，斌孙为我以二百八十金得之，可喜也”。[3] 1887 年十二月初五日，翁同龢“得见王圆照临古十八页册（杨又云藏，极妙，索六百金，论古斋）”。[4]上面提到，在 1879 年，王鉴十开的册页开价一百两；1887 年，十八开的册页开价六百两。虽然成交价很可能要远低于开价，但这两个开价的显著不同，也能让我们感受到四王的画价在 1880 年代的上涨。

数年之后，张佩纶在 1891 年十月初一日的日记中，对时人争出高价购买四王吴恽做了如下评论：

> 近人收求四王吴恽，争出高价，于是真赝杂陈，往往割裂旧画，改题其名，续凫截鹤，毁坏名迹实多。永宝前以恽

[1] 《翁同龢日记》第四卷，1473 页。
[2] 《翁同龢日记》第五卷，1989 页。
[3] 《翁同龢日记》第五卷，1997 页。
[4] 《翁同龢日记》第五卷，2204 页。

> 册见示，亦颇清妍，而失之薄弱。其题中乃多别字，然索价已三百金。论古一册较佳，价至五百金。而画已黯淡失神。[1]

张佩纶写此则日记时，人在天津。当时的天津不但是北方的一个重要口岸，还是直隶总督和北洋大臣的官署所在地，所以，北京琉璃厂的文物商们常携带书画前往津门兜售。[2] 张佩纶的记载说明，京师收藏四王吴恽的风气也传到了天津。如同青铜器价格高涨导致刻伪铭文，四王吴恽价格的飙升也引来大量的作伪行为。对艺术史来说，祸兮福兮，一言难尽。

震钧（1857—1920）《天咫偶闻》这样记载：

> 近来厂肆之习，凡物之时愈近者，直愈昂。如四王吴恽之画，每幅直皆三五百金，卷册有至千金者，古人帷“元季四家”之画尚有此直，若明之文、沈、仇、唐，每帧数十金，卷册百余金。宋之马、夏视此，董、巨稍昂，亦仅视四王而已。书则最贵成邸，即张天瓶，一联三四十金，一帧逾百金，卷册屏条倍之。刘文清、王梦楼少次，翁苏斋、铁梅庵又少次，陈玉方、李春湖、何子贞又次，陈香泉、汪退谷、何义门、姜西溟贵于南而贱于北。宋之四家最昂，然亦仅倍于成邸；松雪次之。思白正书次之，然亦不及成、张；行书则不及刘、

[1] 张佩纶著、谢海林整理：《张佩纶日记》，404页。

[2] 这点在张佩纶的日记中所载甚多。

王。若衡山、希哲、履吉、觉斯等诸自郐。

震钧家族世居北京,《天咫偶闻》刊于 1907 年，所记应是 1880 年代以后的事。值得注意的是，他指出了南北艺术趣味和书画价格的差异。

不过，江南是四王吴恽的故乡，那里的文人自然更可能沿袭着清初以来文人画的趣味。吴云在 1872 年冬致陈介祺的信中说 :“子山 [顾文彬] 收藏至富，尤喜四王吴恽类，皆以重值得之。”[1] 太平天国攻陷苏州和浙江一些城市时, 顾文彬和吴云在上海一起谋划中外会防。当时一些江浙士绅带着自己的收藏避居上海，吴云在上海期间，经常逛古董店，[2] 在致许梿（1787—1862）的信中说 :

> 庚申变起，家藏书籍碑版与拙著各稿竟荡焉。无只字获存。乱后寓沪, 凡苏杭嘉湖流传书画金石, 都集于此。悬金访购, 旧藏既有收回，新得又复不少。[3]

苏州、杭州、嘉兴、湖州自宋元以来就是最富庶之地，收

[1] 吴云 :《两罍轩尺牍》卷九，叶 14b，新 662 页。

[2] 吴大澂 :《愙斋日记》，载祁寯藻、文廷式、吴大澂等著 :《青鹤笔记九种》，收入《近代史料笔记丛刊》，北京 : 中华书局，2007 年，134、135、138 页。

[3] 吴云 :《两罍轩尺牍》卷一，叶 32b，新 78 页。

藏聚集之地。如今，这几个地区未被战争毁坏的文物都汇聚到上海，为吴云和顾文彬等避居上海的官员提供了难得的收藏机遇。吴云在致顾文彬的信中说：

> 兵燹以后，东南巨迹我二人所得不少，尊处愈多，惟中间尚有致疑可商之件，将来似必归弟审确而后入录，务使此书一出，有识者击节称赏，叹为一代必传之书，驾《消夏录》《书画舫》而上之，方为墨林快事。[1]

《消夏录》指清初孙承泽的《庚子消夏录》，《书画舫》指张丑的《清河书画舫》（1616 年成书），是明末和清初两部著名的书画著录。因此，吴云此处所说他和顾文彬在太平天国以后购入的巨迹，乃指书画。可以推断，《过云楼书画记》所著录的顾氏收藏，有相当一大部分来自战后的收藏。

顾文彬是当时南方最大的书画收藏家，《过云楼书画记》著录了他收藏的绘画作品 188 件，其中吴门四大家沈周、文徵明、唐寅、仇英的画作 44 件，四王吴恽的作品 42 件，也就是说，虽然吴云说顾文彬“尤喜四王吴恽类”，但这并不意味着对其他文人画家的忽视，他对吴门四大家也同样喜爱。

吴云本人的书画收藏中，也颇有四王吴恽之迹。他在致勒

---

[1] 吴云：《两罍轩尺牍》卷七，叶 22b，新 494 页。

方錡（1816—1880）的信中说：

> 石谷山水立轴，系敝箧旧藏，云山杳霭，树石苍寒，乃此老晚年精诣，实为开门见山之作，以配新得南田小帧，可称恽王合璧。检奉雅赏。此等物事，两罍轩中颇称富有，幸勿视为郑重麾却之也。[1]

我们再来看看吴云的弟子吴大澂的绘画收藏。前面提到，吴大澂在少年时期便受到外祖父韩崇的影响，喜欢收藏。韩崇的《履卿书画录稿》稿本两册今存上海图书馆，从中看不出对收藏四王吴恽的特别兴趣。上海图书馆还藏有吴大澂的手稿《愙斋公手书金石书画草目》，这一手稿大约书于1893年，列出了吴大澂所藏书画193件。草目不但将四王吴恽排在第一栏，而且数量最多，共54件，超过总数的四分之一，其中王时敏5件、王鉴6件、王原祁9件、王翚17件、恽寿平11件、吴历5件、《四王恽吴六大家集册》1件。明代中期吴门四家的作品32件，约占总数的六分之一，其中沈周10件、文徵明15件、唐寅3件、仇英4件。值得注意的是两位清代中晚期的官员书画家汤贻汾（1778—1853）和戴熙（1801—1860），人称"汤戴"，吴大澂收汤贻汾作品8件，戴熙作品9件，颇能反映晚清官员在绘画方

[1] 吴云：《两罍轩尺牍》卷四，叶18b—19a，新264—265页。

面的趣味。这三部分作品加起来，共103件，超过所藏书画总数的一半。吴大澂曾于1870年代供职翰林院，在京师居住了四五年，以后一直在外省为官。他对四王吴恽的爱好究竟是受到了京师收藏风气的影响，还是作为一个苏州人，前辈乡贤的画风早就成为他艺术趣味的一个重要构成？不管前因后果为何，他的书画草目反映出，温文儒雅的正统画风是晚清官场的主流审美时尚。

那么，四王吴恽在南方的市场价格如何呢？我们阅读《过云楼日记》和《过云楼家书》不难看出，南方的书画价格（包括四王吴恽的价格）总的来说是低于京师的。顾文彬1870年三月从苏州到了北京在吏部候选，等待新的任命。他在三月二十九日的日记中写道：

> 往琉璃厂洗浴。至博古斋，晤李老三，观书画十余件，内有石谷临山樵长卷，索价四十两，方方壶小立轴，索价四十两，以此二件为最，惜价昂不能买也。[1]

正因为早就知道北京的书画价格比南方高，顾文彬在从苏州到北京时，带去了几箱书画作品，交琉璃厂出售。

[1]　顾文彬：《过云楼日记》，15—16页。

（四月初一日）午后，李老三来观字画，令其评价，余复往博古斋，约其店伙将字画一箱抬去，托其销售。[1]

（初五日）尹耕云托蒋子良问书画价，先是余以书画三十余件托博古斋之李老三销售，李老三送与耕云看，耕云知系余物，谷托子良来问。余虽告以所择八件索价四百余金，然因李老三是经手人，嘱其不可撇却也。[2]

（十月初六日）托德宝斋售去王、恽扇面十二个，得价百金。[3]

四年后，顾文彬在1874年八月二十四日的日记中写道：

余在京时见扇面声价甚重，明人中有文、沈、唐、仇四家者，国初人有四王恽吴者，参以他家，每本十二页，可得百金，且要者甚多，大可居奇。若在他处，断不能得此善价。故欲售去扇面，必应寄与京友。[4]

南方的古书画市场从1870年代初开始，价格也不断在上涨。1871年十二月二十一日，人在宁波的顾文彬写信给顾承说：

[1] 顾文彬：《过云楼日记》，16页。
[2] 顾文彬：《过云楼日记》，17—18页。
[3] 顾文彬：《过云楼日记》，48页。
[4] 顾文彬：《过云楼日记》（2015），311页。

> 张子蕃寄来之吴渔山卷还价百元，恽题石谷卷还价九十元，皆不肯售，书画价日增一日，于此可见。时下四王恽吴最为得价，京中四王立轴每幅须数十金，因忆从前售与香严之四王轴，每轴只十余元，皆属贱送，此时必须增价也。[1]

从顾文彬的口气可以看出，此时四王在京师的价格依然比南方要高不少，但是南方的市场价也在不断上涨。1873 年四月十九日顾文彬在致顾承的信中说："近来书画声价大起。"[2] 在 1874 年二月四日致顾承的信中，顾文彬再次提到："近来书画价大涨，夏、沈两卷虽索百金亦不为昂。"[3] 书画市场价在 1870 年代初开始上涨，与同时期青铜器市场价上涨是完全同步的。

1870 年代后期，四王吴恽在南方的价格比数年前有了很大的涨幅。顾文彬 1880 年三月二日的日记记载：

> 有盛寅谷、程小庐来访，出示书画求售。余得其陈白阳芭蕉、严荪友（绳孙）《茂陵秋雨图》（赠与朱竹垞者）两轴，价三十三元。尚有王石谷山水、恽南田墨荷两轴，议价不谐，

[1] 顾文彬：《过云楼家书》，108 页。
[2] 顾文彬：《过云楼家书》，234 页。
[3] 顾文彬：《过云楼家书》，357 页。

为香严售去，价二百二十元。[1]

顾文彬提到的四件画作都是立轴，价格通常较低，其中吴门画家陈淳和清初著名文人严绳孙所画两个立轴仅约二十五两。王翚和恽寿平的两轴被李鸿裔（香严）所购，成交价约一百五十两，这个价钱在 1880 年并不比京师便宜多少。而根据《过云楼家书》的记载，在 1871—1874 年之间，顾文彬在浙江、江苏一带所购四王吴恽的画作，通常一二十两银子便可拿下，现在涨势明显。所以，大约在 1881 年，吴云在致张之万（1811—1897）的信札中写道："南中书画，近益少见，稍可入目，价便不赀。"[2]

虽然四王吴恽在南北皆受追捧，但并非所有的重要文化人物都追随收藏古书画中的主流审美时尚。吴云在致陈介祺的信中说：

> 此间字画价值虽昂，尚可物色。近人小品箧中亦颇不乏。如有所需，望即指示，当图奉报。若由弟检寄，或不合尊意，徒增此投报形迹。昔子贞兄喜收字画，或以赵董及恽王诸迹

[1] 顾文彬著、李军整理：《过云楼日记》，100 页。

[2] 吴云：《两罍轩尺牍》卷七，叶 44b，新 538 页。此札无日期，但下一札谈到顾文彬的儿子顾承病重不起，顾承于 1882 年七月突然去世，则此札应书于 1882 年七月前，此处暂订为 1881 年。

见赠，一笑置之。若以黄石斋、倪鸿宝、傅青主诸迹相贻，如获异宝。盖人有偏耆也。[1]

子贞即何绍基，他本人的书法引导着晚清的主流书风，但在绘画方面却对四王吴恽兴趣不大。

[1] 吴云：《两罍轩尺牍》卷九，叶45a，新723页。《两罍轩尺牍》虽删去信札的日期，但从内容来判断，是按年代先后来编排的，此札写于1878年左右。

四、拓片市场

晚清市场上的拓本价格差别非常大。经由名家题跋的稀有著名旧拓，价钱可以高达数千两银子；新制作的拓片，价格通常不高，如果是新出之品的初拓、著名石刻的精拓，价格可能稍高；而名气不大的石刻拓片，常常连十分之一两银子都不到。价格上的种种差异，反使得官员们能够根据自己的喜好和能力来选购拓片，大量收入不高的低级官吏也能参与其中。在北京、山东、江南等地，拓片市场非常活跃。

《阁帖》与其他刻帖的市场行情

北宋淳化三年（992），皇家赞助摹勒了《淳化阁帖》（下文简称《阁帖》)，开启了刻拓丛帖的传统。从翁同龢及其友人的记载中，我们可以看到，在晚清的拓片市场上，旧拓《阁帖》的价格最高。

翁同龢 1877 年五月初六在日记中记载："以八十金购旧拓《阁帖》十册。"[1] 这在当时算是相当便宜的。由于我们不知拓本旧到何时，无从判断为何如此便宜。四年后，亦即 1881 年三月十二日，翁同龢在日记中写道：

> 赴荫轩之招，陪张子青、李兰生观《阁帖》三册，即今正所见山东人持来索八千金者也，余不谓然，而李相颇矜许。[2]

需要指出的是，晚清古董商开价往往会比最后的成交价高出许多,两者的差别有时可以是接近一倍乃至数倍。次年(1882)正月十八日，翁同龢又见《阁帖》十本，"索重值，可笑"。[3]

1883 年正月，久居京师的苏州籍大收藏家、时任礼部尚书的潘祖荫的父亲去世，四月，潘祖荫护送父亲的灵柩回苏州埋葬并在那里守丧。守丧期间，潘祖荫和苏州的收藏家互动密切，

[1] 《翁同龢日记》第三卷，1323 页。

[2] 《翁同龢日记》第四卷，1693 页。三册阁帖开价八千，实在有些不可思议。为此，我于 2013 年 10 月 20 日专门写信向翁同龢日记的收藏者和上海中西书局最新版本的校订者翁万戈先生请教，10 月 26 日收到翁先生回信云："关于光绪八年壬午三月十二日文恭所记，查出原文系'索八千金'，中西书局版第四册 1693 页无误。中国所谓'狮子大开口'是也。"

[3] 《翁同龢日记》第四卷，1683 页。

在致友人的信中，潘祖荫写道：

> 此地沈、顾、李皆大有力。沈以千金得项氏《阁帖》，以二千金得陈眉公之《阁帖》（即前年在京者）。[1]

“沈”即沈秉成，湖州人，晚清活跃的收藏家，曾任上海道台，1874 年开始在苏州赋闲，广收金石书画。他斋中的两种《阁帖》曾经项元汴和陈继儒收藏，购入价格皆过千金，十分高昂。

1888 年二月十二日翁同龢在日记中写道：

> 得见周芝台相国所藏宋拓《阁帖》十册，此王著本（每卷首有“臣王著模”四字），卅年前曾侍先公借看，彼时即知是明复本，今乃益知其谬（王世贞跋亦伪，惟每册首行行书一行，似弇州所题）。另册题跋中，何子贞七古一首最奇妙（索三千金，可笑），旧家零落，可悲也。[2]

周芝台即周祖培（1793—1867），官至大学士，是翁同龢的父亲翁心存（1791—1862）的同僚。倒推三十年，是时翁同龢

[1]《潘文勤公书劄》（上海图书馆藏稿本），第 22—23 开。潘祖荫说的“此地”，指苏州。此册信札中的另一通提到，看吴云的收藏要经其子吴广盦同意。吴云在 1883 年去世。信中的“李”指李鸿裔。李鸿裔在 1885 年去世，所以这些信大约写于 1883 年潘祖荫刚到苏州不久，因为此后潘祖荫和李鸿裔在苏州过从甚密，留下不少信札。

[2]《翁同龢日记》第五卷，2221—2222 页。

尚不足三十岁，就曾向父执借观，并判断为明朝的翻刻本而非宋拓。古董商开价三千两银，翁同龢认为太可笑。但昔日大臣的旧藏流入厂肆，又令他发出“旧家零落，可悲也”的感叹。

翁同龢在1890年三月十一日，“见宋拓《阁帖》六、七、八三册”，他这样描述这几册《阁帖》：“何瑗物，经邢子愿、张东海、冯益都收藏，纸墨古，笔画沉厚，尤物也，德宝斋索千二百。”[1] 残缺不全的三册《阁帖》，经由明初的张弼、晚明的邢侗、明末清初的冯溥的递藏，居然索价一千二百两。

根据上引翁同龢、潘祖荫1877—1890年关于《阁帖》的记载，制表如下：

时间	名称	金额	备注
1877年	《阁帖》十册	80金	
1881年	《阁帖》三册	8000金	索价
	项元汴旧藏《阁帖》	1000金	
约1883年	陈继儒旧藏《阁帖》	2000金	
1888年	周祖培藏《阁帖》十册	3000金	索价
1890年	宋拓《阁帖》三册	1200金	索价

除了翁同龢本人1877年购入的《阁帖》为八十金，其余实际购买价或索价均超过一千金，甚至高达八千金，远远高于当

[1] 《翁同龢日记》第五卷，2399页。“何瑗”不详，或为晚清收藏家何瑗玉之误。

时一般青铜器和书画的价格。所以，顾文彬在致其子顾承的信中说："宋拓帖有一字值一金，名曰'千金帖'者"。[1]

不过，其他的刻帖则没有这样昂贵。1889年九月初七日，古董商送"宝晋斋残帖（宋拓）"至翁同龢家中。六天后，翁"以七十元买《宝晋帖》，可谓好事"。[2]《宝晋斋法帖》为南宋曹之格辑刻的晋人和米芾父子书法的丛帖。翁同龢所购虽为宋拓，但有残缺，所以以七十元（约五十两）成交。这一价格不算过廉，但比起同为残缺的三册《阁帖》，价格上尚有很大的差距。

1866年十二月初四日，翁同龢"到厂得《渤海藏真》残本（六金）"。[3]《渤海藏真帖》乃明末的一部丛帖，翁同龢以六金得之，有两个原因：一是残本；二是此时太平天国运动刚刚结束，战乱后古董的市场价格不高。所以，即便不是残本，在1860年代，它的价格也不会太高。

我们不妨与另一部明末涿县冯铨刻的《快雪堂法帖》做一比较。1886年十月二十一日，叶昌炽"出署闲步，先观拓本《快雪堂帖》，索二十金"。[4]可以推想，二十金以下应可拿下。需要说明的是，此时叶昌炽正在广东学政汪鸣銮（1839—1907）的幕府，广东的拓片价格或与京师有所不同。

---

[1] 顾文彬：《过云楼家书》，248页。

[2] 《翁同龢日记》第五卷，2352—2353页。

[3] 《翁同龢日记》第二卷，532页。

[4] 叶昌炽：《缘督庐日记》第二册，1224页。

碑刻拓片的价格

晚清碑刻拓片的市场价格，[1] 远比刻帖复杂。以数量而言，碑刻远远多于刻帖。同一块碑的拓制时间可能既有古代，也有当下，在尺寸大小上也比经折装式的刻帖要多样化。拓本的价格与所拓碑刻的地理远近、捶拓难易程度（近世拓本）、碑刻本身之学术、艺术价值也有关。所以，碑刻拓片的市场价格差别会更大。

从中国石刻的历史来看，先秦和秦代的刻石并不多，真正碑碣云起的时代是汉朝（特别是东汉晚期），虽然经过了历代战争、自然灾害和人为损害，但在清代，依然有远远多于秦代以前的汉代碑刻和摩崖存世。它们的文本长，风格各异，有成为后世书法典范的可能性。但在宋代和明代中期以前，中国文人虽然收藏汉碑的拓本，但很少直接取法汉碑。这一状况在明末清初发生了根本的变化，书法家们开始提倡追本溯源，学习篆隶，而隶书的典范，也不再是唐代以来的隶书，而是汉隶。[2] 在他们的提倡下，汉隶名品的概念逐渐形成。朱彝尊一段广为引用的文字，可以视为清初人对汉碑名品的概括：

---

[1] 此处所用“碑刻”一词乃泛称，包括各种石刻（有些并非石碑）文字。

[2] 参见白谦慎：《傅山的世界——十七世纪中国书法的嬗变》第三章，北京：生活·读书·新知三联书店，2015 年；薛龙春：《郑簠研究》，北京：荣宝斋出版社，2007 年。

> 汉隶凡三种，一种方整，《鸿都石经》《尹宙》《鲁峻》《武荣》《郑固》《衡方》《刘熊》《白石神君》诸碑是已；一种流丽，《韩勅》《曹全》《史晨》《乙瑛》《张表》《张迁》《孔彪》《孔伷》诸碑是已；一种奇古，《夏承》《戚伯著》诸碑是已。惟《延熹华山碑》，正变乖合，靡所不有，兼三者之长，当为汉隶第一品。[1]

虽说其他的书法家可能会对何为汉碑第一有自己的不同看法，但朱彝尊所列汉碑，却是清代书法家公认的名碑，而《华山碑》在其中则始终居于重要地位。但是，这块汉碑的原石在明代已毁，宋拓本在清代仅有四本传世，被收藏界视为珍奇。

1868 年六月二十八日，翁同龢在日记中记载了他见到的《华山碑》：

> 于树南兰室中得见崇制军所藏《华山碑》整本装轴，约高六尺，宽三尺许，首五行缺数十字，双钩补足，四边绫上多名公题识，此本海内第一，无意中获观，欣幸欣幸（覃溪跋中有“圭”字分两截云云。此天一阁本，阮太傅所藏，后质五百金于崇氏）。[2]

[1] 朱彝尊：《跋汉华山碑》，《曝书亭集》卷四十七，上海：中华书局，1936 年，叶 7a—b。
[2] 《翁同龢日记》第二卷，652 页。

十二天后，亦即七月初十日，翁同龢“诣延树南处再观四明本《华山碑》”。[1] 延树南即延煦 (?—1887)，爱新觉罗氏，直隶总督庆祺之子，咸丰进士，官礼部尚书。崇制军即完颜崇实（1820—1876），四明本《华山碑》于1859年归其所藏，[2] 价格五百金。

1871年二月，晚清苏州大收藏家顾文彬在杭州至梁恭辰（敬叔）寓所，与友人“同观其碑帖书画各件，约二十种，以《西岳华山碑》为最。碑共十九开，跋廿九开，皆明人及国初人。明人中以钱牧斋、王觉斯两页为尤胜，皆精楷，据敬叔云，得价三千金”。[3] 从顾文彬的描述来看，梁恭辰所藏应为华阴本《华山碑》，现藏北京故宫博物院。

梁恭辰所藏华阴本《华山碑》，是由他的父亲梁章钜在1836年在北京与广东洋商争夺后购得。《退庵所藏金石书画跋尾》收有梁章钜本人的题跋，描述了购买这一拓本的过程：

> 道光丙申，余由甘藩擢桂抚，入觐京师。将出京，云台师忽告余曰：“昨闻关中本《华山碑》现将出售，似应归君，其勉为之。”余闻议价甚昂，且已为粤东洋商者所物色，恐大力者负之而趋矣。而阮师屡来侦问，不忍负吾师之意乃破悭

[1] 《翁同龢日记》第二卷，655页。翁同龢见到的四明本《华山碑》，现藏于北京故宫博物院。

[2] 参见施安昌编著：《汉华山碑题跋年表》，北京：文物出版社，1997年，24页。

[3] 顾文彬：《过云楼日记》，96页。

以重值得之。洋商闻之大诧。盖有稍纵即逝之机，以余之勇决，故转手者无所施其狡狯耳。册中本有吾师旧题字，于是呈之函丈复缀数语，匆匆数日即挟之出京。……闻余出京后，竟有以此事登之弹章者，意欲以豪侈相齮龁。幸荷圣明，置之不问，又不胜悚感交深云。[1]

跋中所言“云台”即乾嘉大儒阮元。梁章钜是在阮元的鼓励和督促下，与洋商争夺，高价购得此拓本。虽然跋中并未提及“重值”究竟若何，我们从上引顾文彬的日记得知，“得价三千金”。如果这一描述没有夸张的话，[2] 三千金确是一笔巨款，难怪梁章钜为此被人上章弹劾，好在皇上没有深究。梁章钜出此巨款购一名拓，当然是和洋商竞争的结果，它在多大程度上能反映当时的市场价格还有待进一步研究。但它至少说明，名碑的旧拓可以卖到天价。不过，这是太平天国爆发之前的一个成交价，此后是否还能卖到这个价格，仍是一个疑问。

1872 年，亦即顾文彬见到华阴本《华山碑》的两年后，晚清另一位重要的金石收藏家、翁同龢的同僚李文田（1834—1895）也购得了一本宋拓《华山碑》。李文田的门人江标在 1889

[1] 梁章钜：《退庵所藏金石书画跋尾》，收入卢辅圣等编：《中国书画全书》第九册，上海：上海书画出版社，1998 年，1003 页。

[2] 之所以在此提出这一价格是否夸张，是因为从顾文彬此后的日记可以看到，梁家在卖家藏书画给顾。见顾文彬：《过云楼家书》，119 页。

年二月初七日日记中写道：

> 宋拓《华山碑》，旧为马二查旧物，后归阳城张古余之子，今张家出售，归芍师（笔者按：指李文田），以三百金得之。有孙渊如、龚定庵诸老题跋。[1]

李文田为广东顺德人，所藏《华山碑》被称为顺德本（图1-12）。李氏于1872年在江西购得此碑，“三百金”云云，初见于李文田本人的1873年十月的题跋。[2]

崇实在1859年以五百金购四明本《华山碑》，李文田于1872年以三百金购顺德本，这在晚清已算是碑刻拓本的最高价。但是，古董价格在晚清市场的快速上涨，恰恰是在1872年以后。这既有战后经济恢复的原因，也可能有国际市场银价变化的因素。所以，如果李文田在此后购得这一名拓，价格很可能会高出许多。

《华山碑》上题跋累累。晚清金石学学者杨守敬（1839—1915）在致缪荃孙（1844—1919）的信札中专门谈到了提升古董身价的方法，其中包括题跋：

> 尊藏海内希有之本，固有《艺风碑目》可考，然非专门

[1] 江标：《笘誃日记》。
[2] 施安昌编著：《汉华山碑题跋年表》，24页及附录142号题跋。

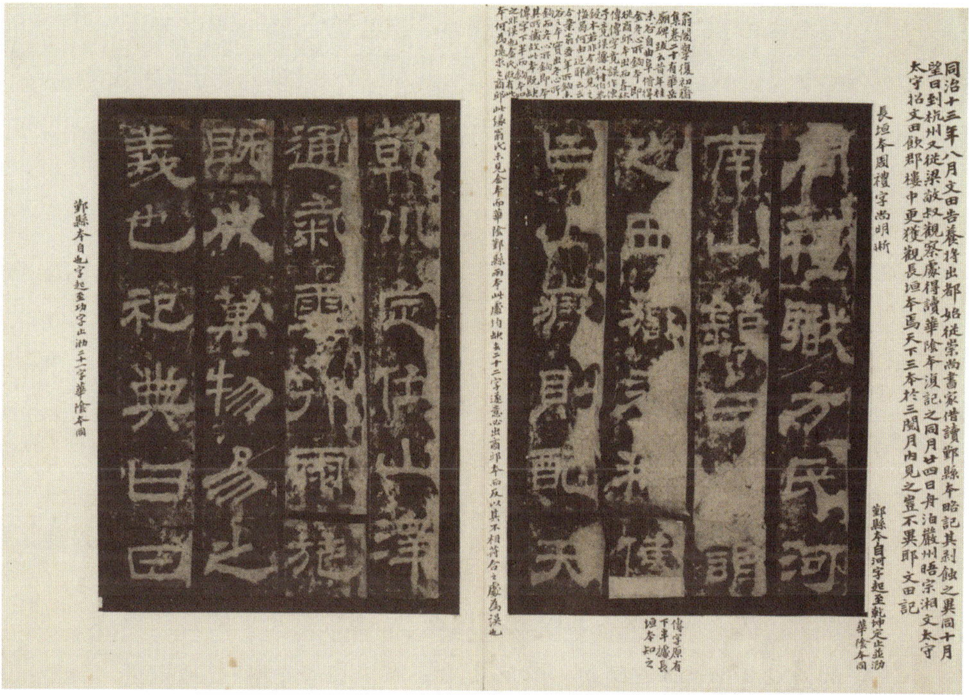

图 1-12　李文田旧藏顺德本华山碑拓本　今为香港中文大学文物馆藏

金石家所能洞悉，则何如普示天下学者，或石印或双钩（费皆敝处任之）。必有题跋，溯所从来，声价必当愈增。即如莫氏之唐本《说文》，若非子偲先生刻之木，徐子静肯以千五百金购之乎！前年在金陵署中见墨本，则又增价三千金矣。[1]

按照杨守敬的说法，拓本声价的提高，和题跋、双钩、刊刻或石印有关。莫友芝所藏唐写本《说文解字》正是因为被刻版印刷后，广为流传，学术价值被充分认识，身价倍增。这里涉及两个方面的工作：其一，有研究性的题跋所呈现的文物价值；其二，出版印刷所起的推广作用。[2]

顺德本《华山碑》在1872年入李文田手之后，也开始了新的学术之旅。李文田是晚清重要的金石学家。他得到《华山碑》拓本后，携之与其他三本仔细校对，并将校对结果一一批注于顺德本的裱边。他不但自己多次题跋，还请赵之谦、潘祖荫、王懿荣、沈秉成等学者和收藏家题跋。[3]虽说这更多的是知识上的追求，但“必有题跋，溯所从来，声价必当愈增”，或也是李文田的考虑之一。

不过，寻常的汉碑拓片（如果不是宋元拓本），价格要比《华

---

[1] 顾廷龙校阅：《艺风堂友朋书札》下册，上海：上海古籍出版社，1981年，661页。

[2] 石印法在19世纪传入中国后，已被一些学者（如吴大澂）作为推广自己的学术成果的方法之一。

[3] 施安昌编著：《汉华山碑题跋年表》，24—26页。

山碑》低许多。沈树镛跋《乙瑛碑》云：

> 此碑百年前旧拓本。同治戊辰（笔者按：1868 年）二月廿二日得于都门厂肆，系毛子铭物。毛君浙之吴兴人，以微员官畿辅。喜藏石刻拓本，而奇穷至不能度日，以此出售，因与白金三两得之。[1]

《乙瑛碑》也是汉隶名碑，沈树镛买的是清拓本，只花了三两银子。

1869 年三月十八日，翁同龢"得见缪鸿初所藏《百石卒史碑》（笔者按：亦即《乙瑛碑》），似元拓本，泐损与今同，而神理古厚，索三百金，一笑还之"。一个月后，翁同龢"购得缪鸿初所藏《百石卒史碑》，价廿六金，残失卅一字"。[2] 如果翁同龢购买的就是三月十八日见到的缪鸿初所藏的《乙瑛碑》，那么，成交价"廿六金"还不到一个月前古董商索价的十分之一，当是讨价还价的结果。不过，与沈树镛三两银子买的清拓本相比，翁同龢的"元拓本"还是贵了不少。

在翁同龢的日记中，不乏讨价还价的例子。1867 年正月十四日，翁同龢"与两侄游厂……《礼器碑》稍旧，沈文忠物，即去岁所见，索四金"。次日，翁同龢出价："《韩勑碑》（笔者

[1] 沈树镛：《汉石经室金石跋尾》。
[2] 《翁同龢日记》第二卷，715、721 页。

按：即《礼器碑》）予直三金不售，还之。”[1] 这段记载十分有趣，曾任兵部尚书、军机大臣的沈兆霖（谥文忠，1801—1862）旧藏的《礼器碑》，古董商索价四两，翁同龢还价三两，古董商不允，翁同龢觉得不值，为了这一两银子，翁同龢决定不买了。可见，官员在买古董时，也“锱铢必较”。类似的例子还有：1869 年四月二十六日，翁同龢“冒雨出东华门，过厂肆，与贾人论汉碑价，极饶舌”。[2]

1867 年，一本稍旧的《礼器碑》拓本仅四金。《礼器碑》也是汉碑之名品，与《华山碑》齐名。但与宋拓《华山碑》的价格差异巨大。

以上所谈皆为汉碑。汉以后的碑刻拓本的价格又如何呢？

也就在决定不买沈兆霖旧藏《礼器碑》一个月后（1867 年二月二十一日），翁同龢“还《圣教序》（曾笙巢物，六十金）及隋碑”。[3] 曾笙巢即曾协均（1821—？），江西南城人，乾隆朝两淮盐运史、贵州巡抚曾燠（1759—1831）之子，也是晚清一位活跃的收藏家，[4] 翁同龢并没说褚遂良的《圣教序》是何时的拓本，但索价六十金，实在不低。

---

[1] 《翁同龢日记》第二卷，542 页。

[2] 《翁同龢日记》第二卷，722 页。

[3] 《翁同龢日记》第二卷，550 页。唐代碑刻中有褚遂良书《圣教序》和僧怀仁《集王圣教序》，由于后文引翁同龢日记曾提及“王《圣教》”，所以，为注明“王”者，权作褚书《圣教序》。

[4] 参见李玉棻：《瓯钵罗室书画过目考》，收入卢辅圣主编：《中国书画全书》第十二册，上海：上海书画出版社，1998 年，1062 页。

1870 年，顾文彬在北京，他在五月二十日的日记中写道，在琉璃厂“见宋拓《定武兰亭》卷，笪江上藏本，后归高江村，稀世物也，索价百金，急携之归，志在必得。”[1] 作为一个资深的收藏家，顾文彬深知这一曾经笪重光和高士奇两位清初大收藏家收藏过的宋拓《定武兰亭》的价值。八天后，顾文彬和古董商议定价格。他在日记中写道：

与论古斋议定宋拓《定武兰亭》卷、王石谷《十万图》册，价银八十两。近日快心之事，除军机进单外，此事为最。然进单一节尚属分内之事，此则得之意外者。平心而论，即石谷册已值此数，《兰亭》卷只算平空拾得，论此卷价值，即三百金不为贵也。[2]

而顾文彬能在 1870 年以很低的价格购入宋拓《定武兰亭》，或许和清廷平定太平天国和捻军不久，战后的古董市场刚开始复苏有关。大约在 1873 年以后，晚清的古董市场价格开始迅速上升，类似的“捡漏”机会也大概越来越少了。顾文彬在 1879 年二月十八日日记中记载：

李香严招集网师园，同席者少仲、愉庭、仲复、养闲。

[1] 顾文彬：《过云楼日记》，27 页。
[2] 顾文彬：《过云楼日记》，29 页。

> 见香严新押之宋拓《醴泉铭》，每页有翁覃溪精楷边题。此帖数年（前）曾有人持来求押，许以五百金未成。此外尚有宋拓《圣教序》，王石谷《趋古册》，石涛山水册，张得天、陈香泉两字册。共押千金。[1]

《醴泉铭》是唐初大书家欧阳询所书名碑，此册为宋拓，且有乾嘉时期著名金石学家翁方纲（1733—1818）的题跋。大约在1875年（1879年之前数年）有人向顾文彬求押，顾文彬出五百金居然未成。除去王翚、石涛、张照、陈奕禧的书画，宋拓《醴泉铭》和《圣教序》，大约可押六七百金。可以推想，一个著名唐碑的宋拓本可与1872年李文田购买的顺德本《华山碑》（宋拓）匹敌。

1881年正月二十五日，翁同龢的友人"燮臣来看《皇甫碑》，从德宝斋借来，杨又云物，索二百五十金"。[2] 燮臣即孙家鼐，杨又云即杨继振（1832—1897），官至工部侍郎，收藏金石甚富，他收藏过的《皇甫诞碑》拓本，原石为欧阳询又一楷书名碑，托古董商出售，索二百五十金，价格不低。

1890年九月十九日，翁同龢"见宋拓王《圣教》，周栎园旧

[1] 顾文彬著、李军整理：《过云楼日记》，96页。此与顾文彬著，苏州市档案局、苏州市过云楼文化研究会编：《过云楼日记》所记略有不同，"五百金"为"五百元"，见488页。

[2] 《翁同龢日记》第四卷，1685页。

物，归英煦斋先生，索六百”。[1] 曾经清初大收藏家周亮工与英和 (1771—1840) 收藏的宋拓《集王圣教序》索价六百两。

张佩纶 1892 年八月二十三日记载：

> 永宝估郭、刘二姓来，留《道因碑》一本（“冰”“善”“逝”三字尚完），据称宋拓，索二百金。[2]

《道因法师碑》乃欧阳询之子欧阳通（625—691）的楷书代表作，张佩纶所见之本，“冰”“善”“逝”诸字尚好，如不是涂描的结果，当为善本，[3] 故古董商开价二百两。

从以上的例子来看，《定武兰亭》、《集王圣教序》、欧阳询父子的名碑、褚遂良书《圣教序》，如是经名家递藏的宋拓或旧拓，市场价格都会比较高。此外，上述几块唐碑本身的书法地位也部分地成就了它们的市场价格。宋代以来丛帖中保存的王羲之书迹多为草书。《定武兰亭》为行书，虽全篇仅三百余字，但名气最大。而怀仁的《集王圣教序》的字数则多得多，是学习王羲之行书最重要的典范之一。欧阳询和褚遂良不但自唐代以来就被奉为楷书大家，清代中期以后，成亲王永瑆（1752—1823）

[1] 《翁同龢日记》第五卷，2441—2442 页。

[2] 张佩纶著、谢海林整理：《张佩纶日记》，495 页。

[3] 关于此碑拓本的鉴定，参见仲威：《碑帖鉴定概论》，上海：上海书画出版社，2014 年，200—202 页。

开了学欧的风气，[1] 欧体成为官场重要的书样。此后，晚清的黄自元（1837—1918）推波助澜，使欧体风靡一时。

如果不是汉唐的名碑旧拓，一般石刻的拓本都相当低廉。沈树镛是晚清公认的石刻拓本大收藏家，却英年早逝。他去世差不多二十年后，他的儿子沈肖韵开始变卖父亲的旧藏。叶昌炽在致缪荃孙的信札中说：

> 闻沈韵初所藏刘燕庭拓本五千通，去其精者二千通，尚有唐、宋、元三千种在屺怀处，索价二千元，公其有意否？[2]

即使是刘喜海和沈树镛这样的大藏家的旧藏，只要不是精品，三千种唐、宋、元拓本仅索价二千元，平均每件也就是半两银子左右。当然，这是"一揽子"买卖，价格优惠。

那么，沈树镛的珍稀之品呢？沈肖韵开价："《石经》孙本索二千金，《礼器》索千金。"[3] 清初收藏家孙承泽研山斋旧藏汉《石经》宋拓本，是沈树镛的镇斋之宝，他曾以"汉石经室"颜

---

[1] 关于这一问题的最新研究，参见薛龙春：《上图藏阮元致陈文述十四札考述》，特别是文中关于第七札的讨论。载《国际汉学研究通讯》第15期，北京：北京大学出版社，2017年，185—223页。

[2] 顾廷龙校阅：《艺风堂友朋书札》上册，406页。1896年冬月，缪荃孙在苏州买下了刘燕庭旧藏拓本三千六百种（亦即沈肖韵出手的）。参见杨洪升：《缪荃孙研究》，上海：上海古籍出版社，2008年，398页。

[3] 顾廷龙校阅：《艺风堂友朋书札》上册，381页。

其书斋，并请好友赵之谦刻了一方印。这一名拓索价两千，超过了三千种普通的唐、宋、元拓片的总和。

正因为普通碑拓并不昂贵，拓片收藏在晚清的官员和文人中有广泛的参与。叶昌炽致缪荃孙札云：“《兰陵王碑》新从厂肆觅得全分，因有阴额，厂估甚为居奇，计直一金，即乞检入为荷。”[1]《兰陵王碑》全称为《北齐兰陵王高肃碑》。叶昌炽在琉璃厂买到的是一个有碑阴额的本子，因为罕见，所以花了一两银子，已属“高价”购入。这里可以看出，如果不是初拓、旧拓、名拓等稀有之品，或是经由著名藏家收藏的、有众多名人题跋的新拓本，价格通常都不贵，一两银子都算是贵的。

以上的讨论只涉及刻帖与碑刻的拓片，在晚清拓片流通中，还有为数可观的青铜器拓片（包括全形拓），各种石刻拓片，陶文与封泥拓片等。

---

[1] 顾廷龙校阅：《艺风堂友朋书札》上册，409页。

五、何谓收藏?

以上关于晚清文物市场和官员收藏活动的讨论，可以引出下列问题：研究晚清官员的收藏有何特殊意义?吴大澂及其友人的收藏活动具有多少代表性?

前文指出，晚清官员的收藏对象，除了少数域外金石拓片外，主要是中国金石书画，这是行之久远的文化传统。不过，西风东渐之际，有些官员对西方文化极有兴趣，并开始收藏西方艺术品。曾纪泽（劼刚，1839—1890）在出任大清国驻英法俄大臣前，就已经下洋棋，玩洋物，看洋书，观洋画。[1] 1878 年出

[1] 见刘志惠点校辑注：《曾纪泽日记》上册，长沙：岳麓书社，1998 年，140、141、637、141、264 页。但是，曾纪泽所看的“洋画”，很可能是复制品画册，如他在日记中写道：“看洋画一册。”264 页。

使欧洲后，他造访西方画廊，参观博物馆，并把博物馆藏品分为“有用之艺”（包括建筑）和“耳目之玩”（绘画、雕刻等）。[1]由于洋画的价格较贵，曾纪泽在赴欧前带了一些中国书画，以备布置室内环境之用。[2]

在欧洲，曾纪泽开始购买一些价格比较便宜的油画及复制品，他的日记记载：“茶食后，偕清臣、蔼堂游市肆，购洋画、笔墨等件。”在法国，“至画店购假油画廿余幅，较德国价廉数倍，可怪也。”“购买假油画，选择甚久。”“步游市肆，购洋画归。”[3]喜欢绘画的曾纪泽还尝试作油画：“饭后，清查所购油画颜料之匣。”“画宫扇，水画者两柄，油画者二柄。”[4]

1886 年，驻欧八年的曾纪泽回到京师，与翁同龢等共事。他继续和外国使节、医生、教习保持密切交往，并用从欧洲带回的洋画布置居室。对此，翁同龢的印象甚深：

> 散后访晤曾劼侯，福公亦来，其屋内陈设皆西人式也。[5]
>
> 申正诣劼刚处饭，燮兄、颂阁同坐。看洋画，灯红酒绿，俨然西人也。[6]

---

[1]《曾纪泽日记》中册，876、888 页。
[2]“清检箧中携来书画，欲于移寓时补壁，以省洋画之费也。”《曾纪泽日记》中册，851 页。
[3]《曾纪泽日记》中册，1102、1107 页；下册，1360 页。
[4]《曾纪泽日记》下册，1476、1824 页。
[5]《翁同龢日记》第五卷，2188 页。
[6]《翁同龢日记》第五卷，2285 页。

不过，像曾纪泽这样欣赏和收藏洋画的官员，稀若凤毛麟角。[1]

如果说，1872 年卜世礼在琉璃厂出重价购买青铜器还只是初试啼声的话，[2] 十多年后，情况开始大大改观。叶德辉（1864—1927）在谈到宋元画价格在 19 世纪末后开始高涨时说："光绪中叶，海西各国争收中国旧楮破缣，一时宋元又声价陡起。"[3] 从 19 世纪末到 20 世纪初，欧美日收藏家购藏中国文物渐成风气和规模。[4]

限于资料，我们对晚清在上海崛起的商人收藏家（如顾寿藏等）的了解甚少。但种种迹象表明，当时上海有着相当一批

[1] 如曾纪泽的继任刘瑞芬（1827—1892），即收藏古书画（参见莫友芝著、张剑点校：《郘亭书画经眼录》，北京：中华书局，2008 年），刘瑞芬的儿子刘世珩（1874—1926）更是中国古代文物的大收藏家。晚清著名外交家张荫桓（樵野，1837—1900）也收藏书画。翁同龢记载："张樵野以恽画山水属题，尚好。""未正，张樵野来看我藏画。"（《翁同龢日记》第四卷，1873、1921 页。）香港中文大学文物馆藏北山堂旧藏翁同龢致张荫桓九札，除了谈政事外，亦颇有涉及书画事，见《北山汲古——中国书法》别册，香港：香港中文大学文物馆、艺术系，2014 年，210 页。

[2] 西方传教士和到中国来做生意的商人出于猎奇的心理而购买一些中国艺术品，可以追溯到更早，在清代也是如此。如 1836 年，梁章钜（1775—1849）就曾和洋商在北京争购华阴本《华山碑》（参见施安昌编著：《汉华山碑题跋年表》，21 页）。卜世礼的动机明显不同，他是为了探究一个不同的文明而购藏的。

[3] 叶德辉：《观画百咏》（1917 年），引自黄小峰：《"隔世繁华"：清初"四王"绘画与晚清北京古书画市场》，168 页。

[4] 参见 Thomas Lawton and Thomas W. Lentz, *Beyond the Legacy: Anniversary Acquisitions for the Freer Gallery of Art and the Arthur M. Sackler Gallery* (Washington D.C.: The Freer Gallery of Art and the Arthur M. Sackler Gallery, 1998), pp. 19–79;Wong, Aida Yuen Wong, "Naitō Konan's History of Chinese Painting," in Joshua A. Fogel, ed., *Crossing the Yellow Sea: Sino—Japanese Cultural Contacts, 1600—1950* (Connecticut: EastBridge, 2007), pp. 281–304；洪再新：《艺术鉴赏、收藏与近代中外文化交流史——以居廉、伍德彝绘潘飞声〈独立山人图〉为例》，载《故宫博物院院刊》2010 年第 2 期，6—25 页。

商人、实业家、买办收藏文物。可以推想，在其他口岸城市（如天津、广州等），类似的收藏群体也同样存在。中国历史上从来都有富商巨贾收藏古董，明代中期的项元汴、清代初期的安岐，是人们耳熟能详的大藏家。只不过，在传统中国，财富的拥有者不见得在文化上具有话语权。叶昌炽在 1887 年正月初十的日记中写道："夜蒲生来谈，越州有罗姓，藏书画至二万轴，人称万轴罗家。其先为盐商纪纲，故士流屏不与齿。赵撝叔独羁縻之，得遍观其宝笈。撝叔画诀由此大进。"[1] 这个例子或能说明，在 19 世纪的下半叶，士大夫对商人收藏家依然有文化上的优越感，依凭着政治地位和文化优势，他们操持着艺术收藏和品鉴的话语权。进入 20 世纪之后，随着文人士大夫阶层的消失，士农工商的传统等级观念也发生了根本变化，实业家、商人在收藏界变得越来越重要。以此观之，笔者研究的 1860—1890 年代，正是西方收藏家尚未大规模介入、商人收藏群体尚未取代文人士大夫阶层而成为收藏主体的最后时代。晚清官员留下的文献资料，使我们能够比较细致地观察历史大变迁之际的收藏活动。

本篇提到的吴大澂及其师友都是政府高官。吴大澂官至河东河道总督、湖南巡抚，潘祖荫官至尚书、大学士，贵为两代帝师的翁同龢也曾任尚书、大学士，沈秉成官至两江总督，李

[1] 《缘督庐日记》第 3 册，南京：江苏古籍出版社，2002 年（影印本），1266 页。

鸿裔曾任江苏按察使，顾文彬曾任浙江宁绍台道，王懿荣官至国子监祭酒。吴云在这批官员中的职位最低，曾任苏州知府，但却是一个富庶并在政治和文化方面很有影响力的地区的行政首长。人们可能会问：吴大澂这个圈子在上层官员中是否具有代表性？

回答是肯定的。在晚清的高官中，收藏金石书画是极为普遍的现象。零星的记载告诉我们，很多高官虽不以收藏著称，但却都或多或少地有着金石书画的收藏。《翁同龢日记》除了记载本人的收藏活动外，还不时提及同僚的收藏。当时高官请人吃饭，常向来客展示字画。1882 年三月十七日，翁同龢“邀张子青便饭，荫轩、兰翁作陪，晚始罢。看画帖极乐，子青于《长江万里卷》击节不已也”。[1] 翁同龢在 1875 年用四百两银子买下的王翚《长江万里卷》，成为这次聚会中观赏活动的亮点。

1882 年七月初七日，翁同龢赴礼部尚书李鸿藻（兰荪，1820—1897）家宴，“张子青、徐荫轩、祁子禾同坐……观字画，极乐”。翁同龢记录了当日所观字画：

> 张得天与张晴岚尺牍二册，又二册（刻于玉虹堂）；石谷画册，梦楼题诗；萨天锡日记四册（内《客杭日记》已刻，余尚多）；孙高阳画像（愚公山人王余佑隶书）；御史五德仿

[1] 《翁同龢日记》第四卷，1694 页。

> 西法画（成王题）；清湘道人画卷（极奇，满纸无余）；王孟端轴；文衡山轴（小楷题）；郭河阳立轴（不真而旧）；石庵大对。[1]

如果此次聚会观赏的字画都是李鸿藻所藏，那李氏收藏应甚具规模，此仅其中一小部分。

1883年正月二十八日，翁同龢和友人们再次雅集，这次是在张之万家：

> 诣张子青前辈饭，李兰翁、徐荫轩、广绍彭、许星叔同坐，申正散。……在子青处得见所藏高房山为鲜于伯几画云山卷（张丑跋），王蒙为马文璧画卷（卞令誉藏），钱舜举画瓜，宋高宗竹雀（子昂跋）。皆无上妙品。石谷画卷（恽题、笪题、钱朝鼎跋）。又画册十幅，亦世不多觏也，饱看而归，犹有余味焉。[2]

张子青即张之万，此时任兵部尚书，他本人不但擅长山水，收藏书画也相当可观。[3]

以上所言，皆宴主以家藏字画飨客。有时则是参加聚会的

[1] 《翁同龢日记》第四卷，1714页。

[2] 《翁同龢日记》第四卷，1761页。“卞令誉”应为“卞永誉”之误。

[3] 林梢青:《张之万书画与鉴藏活动述略》，载《国际汉学研究通讯》第15期，224—252页。

友朋各自带上字画赴宴。1887 年二月十七日，翁同龢到徐郙家聚会：

> 诣颂阁处，借伊庖人请客也（并借朱曼伯庖人烧鸭、烧火腿）。倪豹岑、朱曼伯、敬子斋、孙燮臣、徐颂阁各携书画赏之，沈仲复来则饮罢将散矣。以松花江水烹茶款之，一笑。倪豹岑所收（南宋画院朱锐《明皇幸蜀图》立轴，王叔明《草堂图》轴），颂阁所藏（李晞古《大禹治水卷》、群玉堂米帖三卷），皆妙。[1]

翁同龢、倪文蔚（豹岑，1823—1890）、朱寿镛（曼伯）、敬信（子斋，1830—1907）、孙家鼐、徐郙（颂阁，1836—1907）、沈秉成在聚会时各自携带字画来观赏。如果不是翁同龢的记载，今天我们又会知道其中有几人收藏书画？

以上提到的人物，不少和晚清政治中所谓的“清流”颇有干系。但是，我们从张佩纶的日记中得知，洋务运动的领袖李鸿章（1823—1901）也有书画碑帖收藏，虽然李鸿章本人可能并不热衷收藏。洋务运动的另一位核心人物盛宣怀（1844—1916）也有收藏。吴大澂逝世后，他的幕僚、画家陆

[1] 《翁同龢日记》第五卷，2131 页。翁同龢的日记中，还有一条类似的记载：十一日，“未初诣［徐］颂阁处饮，倪豹岑、朱曼伯、敬子斋、沈仲复、孙燮臣同座，各携字画，畅观甚乐，抵暮散”。同上，2129 页。

恢（1851—1920）为盛宣怀和庞元济的收藏活动掌眼。香港中文大学文物馆所藏盛宣怀档案中，有陆恢致盛宣怀信札谈及收藏：

> 承示宋马和之十六应真卷，此卷在数日前已有持来，索值千金。庞氏因佛像不收，故却之。恢展玩一二次，细审用笔，却是古物。即置诸收藏名迹中，亦可比数。惟本人无款，崇祯时杨题是真，吴梅村尚好，莫云卿引首笔意不大象，且索价千金亦太昂。若以一二百尚可得也。请宫保大人裁夺。[1]

当本篇把官员的收藏活动和文物市场联系起来时，“文物”这一现代概念主要指向历史遗存。通过购买的手段，将古代的艺术品购入并保存和欣赏，这就可称为收藏活动了。不过，“收藏”在这里还只是一个宽泛的概念，落实到具体的实际情况，人们的参与程度是不同的，古代便有赏鉴家和好事者的区分。而收藏活动又可以根据主观意愿和参与程度来分为积极性收藏和消极性收藏。

吴大澂的至交顾肇熙（1841—1910）在1865年十一月十七

[1] 王尔敏、陈善伟：《近代名人手札真迹》，第四册，香港：中文大学出版社，1987年，1789—1790页。在致盛宣怀的另一札中，陆恢写道：“宫保大人侍史，今日携奉倪云林山水轴，与昨上吴云壑字卷，皆沈研传观察之物。此二件彼要售银二千二百两。莱臣本想留画，而价值有低昂。两物不能平称，故恢代呈请示。”同上，1796页。

日午后拜访吴大澂后这样写道：

> 访清卿于吴平斋太守公馆，并晤广盦，看李锦鸿所拓平翁收藏吉金十六幅，多仪征相国积古斋中物。因悟物理，久聚必有一散，群聚必有群散，散而复聚，未必适完其旧也。故莫妙于无聚无散，来去听之，其中无我之见存。余年来交清卿，觉耆欲差澹，唯好古著书画，每见辄涎之。坡公云，翰墨之清虚，不减于声色货利，戒之、戒之。[1]

顾肇熙也是苏州人，对家乡的收藏风气不可能不知道，他说吴大澂并无很多的嗜好，但是看到古董便垂涎欲得。吴大澂和潘祖荫这些官员积极购藏又精于品鉴，当然是赏鉴家。

迫于同侪压力或仰慕精英生活方式而附庸风雅的"好事者"，远远多于赏鉴家。由附庸风雅而好之、乐之，进而钻研之，从好事者转变成赏鉴家也并非不可能。赏鉴家和好事者的收藏，都属于积极性收藏。

在金石书画的收藏中，青铜器属出土古物，数量少，收藏的人也少，除了极少数为赠品和家族递传外，[2] 主要通过市场买卖获得。和青铜礼器只产生于某些特定的历史时期不同，书画

[1] 苏州图书馆藏《顾肇熙日记》(稿本)。

[2] 如左宗棠为报答潘祖荫知遇之恩，购得大盂鼎赠送给潘。吴云去世后，其青铜器收藏由其子吴承潞继承。

是活着的艺术，历代的文人都在持续参与，吴大澂和他的友人也不例外。文人文化的一个重要特点就是参与的全面性，一个文人可能同时兼具几种身份：收藏者、品鉴者、创作者。当顾肇熙评价吴大澂“唯好古著书画，每见辄涎之”时，他说的“古著书画”当然是今天所理解的“古代艺术品”。但是这个“古”和商周青铜器是上古遗物不同，它既可指唐宋元的书画，也可指本朝的书画。而书画中的“书”由于“翰墨”这一概念宽泛的涵括性，一些古代的礼品和日常书写也都可以囊括进去。

在书画收藏中，家传、交换、赠送的现象更为普遍，通过市场来购买只是其中的一种方式。在吴大澂的时代，明清书画并非稀有，士大夫之间互相赠送的现象屡见不鲜。顾文彬光绪六年（1860）二月十六日记载：“张子青先生有书来，并惠张二水字卷，答书交来使带回，以董思翁山水伴函。”[1] 张之万以晚明的张瑞图书法卷相赠，顾文彬报以董其昌山水。

陈介祺曾委托吴云在苏州一带寻购元代画家吴镇的竹石小轴，吴云回信说：“谨当力为搜罗，倘一时不得，亦必向亲友力索一二件以副諈诿。俟韩兄北旋时，讬其带呈法鉴，合则付价，或易全形拓。否则仍将原件携还，至妥办法也。”[2] 吴云说，他会尽力帮陈介祺在苏州一带寻觅吴镇的绘画，找到的话，托人

[1]　顾文彬著、李军整理：《过云楼日记》，100 页。

[2]　吴云：《两罍轩尺牍》卷九，叶 43b，新 720 页。

带给陈介祺，陈若满意，可以付钱，也可以用所藏青铜器的全形拓来交换。

古代的书画可以交换，当代的更能如此。吴云致陈介祺信云：

> 兹有舍亲沈仲复方伯欲求法书小额楹联，备有宣纸，讬为转恳。附呈虢钟、颂敦全形拓本两分，统希鉴入，传古盛事，甚盼覆音。[1]

吴云代沈秉成求陈介祺书写匾额和对联，报酬是送上两份沈秉成所藏虢叔钟和颂敦的全形拓。

前文已经指出，晚清文物市场上流通的许多艺术品在制作的时候是礼品，艺术礼品的消费在日常生活中是大量的，流通的方式有主动赠送、互赠、索求、代求等。随着时间的推移，这些昔日的礼品和许多日常书写（如信札、笔记、诗文稿、日记等）一起，有了市场价值。吴云在1875年致钟佩贤（1850年进士）的信札中写道：

> 郑盦［潘祖荫］月必有书札往还，无非为金石考证。间有索及书画者。邮筒裁报必出亲书，从无假手于人。彼见兄字迹泽润，终不信病体至于此也。

[1] 吴云：《两罍轩尺牍》卷九，叶36b，新706页。

接着一通：

往年伯寅尚书来书云，将鄙人恶札装成两巨册，使琉璃厂多一有名遗迹，语甚涉趣。[1]

潘祖荫把吴云写给他的信札裱成两大册页，要“使琉璃厂多一有名遗迹”，似乎在开玩笑，其实彼此都很明白，他们的信札日后都能成为琉璃厂标价买卖的文物。从日常书写和礼品向具有市场价值的“文物”转换，悄然无声，拥有它们的人有一天会突然发现，它们能标价出售了。

吴云和潘祖荫毕竟都是晚清著名的赏鉴家，收藏意识很强。但是那些并不热衷于收藏古代艺术品的官员，在日常生活中也不可避免地向他人索求书画、为他人作书画、与人通信。顾肇熙 1864 年四月十二日日记记载：“为谊卿书扇一柄。”谊卿即吴大澂的弟弟吴大衡（1838—1896）。1872 年，亦即潘祖荫和吴大澂在京师积极购藏青铜器时，顾肇熙也在北京。这一年闰六月，他初一日“为香涛写扇”，初六日“连日写扇对”，初十日，“香涛扇对数十，至是始了”。[2] 香涛即张之洞，这一年他被任命为四川学政，赴任前，请顾肇熙在十天内书写了数十件扇对，大概是作礼品之用。作为吴大澂的至交，顾肇熙和吴大澂之间的

[1] 吴云：《两罍轩尺牍》卷六，叶 24b—25a，新 432—434 页。
[2] 苏州图书馆藏《顾肇熙日记》（稿本）。

往来信札很多，今天尚有不少吴大澂致顾肇熙的信札存世。由于顾肇熙没有将这些信札毁弃，他的家人就自然而然地有了“收藏”。[1] 这就是消极性“收藏”。以此观之，“收藏”的概念和群体将极大地扩展。

受经济能力的限制，收藏古代文物的人总是会相对少些。但是，在日常生活中，中国社会的精英们，自上而下都在消费着大量由同代人制作的书画。[2] 晚清的下层官员杨葆光（1830—1912）在日记中记载了为友朋制作的大量书画，在绝大多数的情况下，这些书画是主动送人或他人索求的。[3] 由于这些友朋的地位不如吴大澂的友人那样显赫，已多不可考。但是，我们从中却不难感受到书画在日常生活中的频繁使用。从这点来说，整个传统社会精英的文化消费模式，无论是上层还是下层，基本相同。所不同者，有的人购藏已经成为“文物”的书画，有的人索求尚未成为但将会成为“文物”的书画。与此同时，他们也创作书画，不断为后人留下可资收藏的文物。这并非晚清所特有的文化现象，而是 20 世纪之前一个绵延不断的传统。无论是潘祖荫、翁同龢、吴大澂，还是顾肇熙、杨葆光，本篇

---

[1] 从吴大澂的重要幕僚王同愈的日记可以看出，顾肇熙也有一些书画碑帖的收藏。见《王同愈集》，上海：上海古籍出版社，1998 年，191—192、201 页。

[2] 参见白谦慎：《晚清官员日常生活中的书法》，载《浙江大学艺术与考古研究》第一辑（2014 年），219—251 页。

[3] 杨葆光著、严文儒等校点：《订顽日程》（上海：上海古籍出版社，2010）。杨葆光，字古酝，号苏庵，别号红豆词人，华亭人，曾官龙游、新昌知县，学问淹博，著作等身。兼攻书画。书法晋唐，风格遒劲。

提到的所有官员都有书画作品出现在今天的拍卖会上，名气有大有小，价格或高或低，但都已在文物市场上流通。只不过，购买和收藏它们的人大多已经不再具有官宦身份。

中篇

信息、票号、运输：收藏活动的网络因素

本篇要探讨的是晚清官员收藏活动中的一些社会机制。我们在研究收藏史时，通常会注意收藏家的艺术品味和古董商的互动、艺术品的流传、真伪的鉴定、市场价格等等，很少会提出这样的问题：收藏家从哪些渠道获取自己想收藏的古董的信息？这些信息的流动速度是否会影响收藏的规模？当交易完成之后，货款怎样支付？购买的东西如何运到收藏家的手中？官员收藏家到异地履任时，他们的藏品又是怎样运到为官所在地的？

上述问题主要和晚清的异地金石交易有关，同城的书画收藏活动并没有这么复杂。因为伪作多，书画需要目鉴，异地交易很少。居住在晚清文物市场活跃地区北京、天津、苏州、上海、杭州、广州等城市的收藏家，通常都是在居住地购买书画，如顾文彬收藏的书画基本上是在家乡苏州或他任官所在地购买的。[1] 长期在京师为官的翁同龢收藏的书画，基本都是向琉璃厂的古董商买的，有时在店里购买，有时古董商送货上门，有时古董商送到高官等候上朝的朝房以供挑选。[2] 卷轴画不重，

[1] 参见顾文彬著，苏州市档案局、苏州市过云楼文化研究会编：《过云楼日记》（点校本）（上海：文汇出版社，2015）的相关记载。

[2] 翁同龢的日记中这样的记载很多。

图 2-1 《愙斋集古图》，上海博物馆藏

便于携带，邻地交易也甚为便捷。张佩纶在官场失意后，和妻子（李鸿章的女儿）住在天津，在他的日记里，就有不少北京的古董商带着东西到天津兜售的记录。由于同城交易的信息传递、款项支付、古董运输都比较容易，并不存在本文所讨论的信息、票号、运输等问题。

和清代以前的收藏不同的是，金石在清代（特别是晚清）成为收藏大宗。晚清收藏家对金石真伪的判断，主要根据拓片，看原物反成为辅助手段。他们往往在成交前就能根据拓片来研判是否要购买货在异地的金石。古董如果是印章、钱币、封泥、

陶文或金石拓片，体积和重量不大，运输并不困难。青铜器如果是一个爵，问题也不大，但如果是大的鼎和钟，如大盂鼎、大克鼎、虢叔钟或大的铜鼓之类的铜器（图 2–1），运送的困难就会增大。晚清还兴起了收藏石刻原石的风气，完整的墓志，体积稍大者，分量很重，远途运送相当不便。[1] 而前面提到的

[1] 中国国家图书馆藏王懿荣致陈介祺信札（稿本第一册）："滕县所出永寿残石，在朱子卿同部处见打本，闻为典史高君所宝。近来此事几成风气，闻长笏臣年丈之世兄，既取河南刘韬墓志版原石，又遣人到黄石崖凿大涅槃经偈，裂七石而下之。齐石为人所得，颇心戚焉。如此纷纷效法，吾东二十年后，宁有完石哉！"此札当写于 1874 年，因信中提到"河阳之盂鼎未来"，亦即左宗棠赠送给潘祖荫（河阳）的大盂鼎尚未抵京。大盂鼎在这年的年底到京。

收藏中心地区的收藏家如要直接获得陕西、河南、山东等地的金石，就出现了途程较远的异地交易行为，如何获取信息、支付款项、运输古董就成为不可避免的问题。

一、信息

吴大澂在1873—1876年出任陕甘学政期间，广收古物。由于古董在出土地的价格远低于主要城市的价格，吴大澂在离开陕西后，依然与数位在陕西的友人或文物商如官员韩惠洵（古琴）、韩学伊（继云）父子，古董商杨秉信（实斋，1831—1909）和苏七，文人收藏家赵元中（乾生）保持着联系，委托他们打探消息，购买古董。吴大澂致韩惠洵父子和杨秉信的一些信札还都存世，内容大多涉及购买古董之事。如吴大澂在光绪己丑（1889）除夕致韩学伊（继云）的一信的附言中写道：

敝藏古玉至富，圭璧琮三者得二百余。杂佩亦几及二百，可云钜观。若见圭璧价在十金以内者仍可代收，小品亦多可爱。

关中所出皆土中原物，价亦最廉。广搜博采，必有异品也。[1]

吴大澂明确地指出了陕西出土的古董，价格最便宜。

读晚清收藏家的信札，不难发现，他们十分重视古董信息的获得和保密。清史专家邓之诚先生曾购得盛昱（1850—1899）与潘祖荫、李慈铭、王懿荣等往还书札若干，其中盛昱致一西安古董肆购买扶风新出土大鼎之札稿云：

其字百内外酬五百两，三百内外酬一千两，真到六百四千两，货到钱回，决无返悔，事须机密，勿使人知。[2]

这说明，当时收藏者之间的竞争相当激烈，为争得先手，不向他人透露自己的信息来源。

虽然本篇所讨论的是金石而非书画，但是在书画市场，信息的占有也同样重要。顾文彬在1872年十一月二十八日的家书中叮嘱他的儿子顾承：

褚摹兰亭及唐人写经，皆人间至宝，幸而遇之，万不可

[1] 稿本，藏者不详。李军在其《访古与传古：吴大澂的金石生活考论》（山东画报出版社，2014）中，对吴大澂与西北友人的金石交往也有较为详细的讨论。此外，吴大澂还和北京琉璃厂的古董铺（如含英阁的老板胡子英）和在苏州、上海一带活动的苏州古董商徐熙保持着密切的联系。

[2] 邓之诚：《古董琐记全编》，北京：北京出版社，1996年，47页。

> 失，失之交臂即悔之终身。来禀所云，还价六百金，两卷并获，是否已算成交？若犹未成，不妨逐渐增添，总以成交为度。汝料及我遇此尤物，即千金拼得出，真知我心之言也，但切不可露风声于外，设为香严所知，渠亦拼出重价者，两家抢买，售主必更居奇。第一秘诀，总以不放出去为要着，切嘱，切嘱！我家既得永师书，兹若再得河南书，则大江以南推为收藏家第一，亦可当之而无愧矣。[1]

信中所说的“香严”，即李鸿裔，经济实力和收藏古董的热情都可与顾家颃颉，所以顾文彬嘱咐儿子千万不能走漏风声。

信息传递的可靠性和速度，与收藏活动的活跃程度和规模有很大的关系。谁能及时地获得准确的信息，尽快下手，谁的收藏规模就可能比较快地扩张。在吴大澂的时代，虽然已经有了电报，但异地信息的传递，主要通过书信。在拥有邮政资源方面，官与民差别很大。我们不妨比较一下文徵明和晚清官员吴大澂的书信传递，来看看一个明代普通文人和清代官员之间的差别。[2]

翁万戈先生藏有文徵明在1523年春夏间赴京就职翰林院的途中和抵京后寄往苏州的家书九通（图2-2），这九封信的传

[1] 《过云楼家书》，203页。

[2] 讨论晚清官民邮政资源的差别，本应都选择晚清的例子，因为目前还没有找到晚清民间通信比较合适的例子，暂用比吴大澂早了三百多年的文徵明的例子来说明问题。

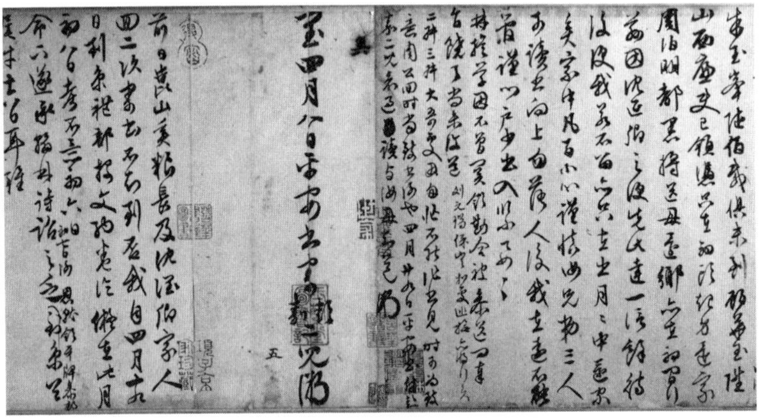

图 2-2　翁同龢旧藏文徵明家书

递方式在文徵明的信中都有记录。第一封信札在淮安由家丁文旺带回老家。第二封信在徐州遇到同行的蔡羽的乡人，托其带回。第三封信在山东聊城，巧遇南下赴任湖广副使的方豪，托方豪带信。“方公立马相待，草草作此信。”第四封信写于北京，托昆山奚粮长带归。第五封信，托沈润卿家人带回。第六封信托薛老亲回乡之便带回。第七封信 :“因张镃还便，草草报此。”第八封信托潘和甫的舍人带回。第九封信托周以发家人之便带回。[1]

从这些信中不难看出，文徵明并没有正常的通信渠道，主要依靠友人来带信，时间上没有保障。文徵明在北上的诗中这

[1]　参见乌莹君:《千金家报:文徵明的九封家书》,《中国书法》2012 年 7 月号赠刊,22—25 页。

样写道："书寄故乡何日到？寒兼羁思一时生。""封题欲寄家人信，何处南帆有便舟？"[1]文徵明在旅途中的感慨是如此真切：想家时，写了信都没有人可以马上交付，只能等；即使等到了可以托付的人，信何时才能送到亲人手中也不得而知。由此可见，异地送信是非常不容易的。文徵明的家乡苏州处于京杭大运河经过之地，经济文化发达，南来北往的人多，加上文徵明是知名文化人士，朋友多，即便如此，他寄送家信还如此之难，遑论那些身在经济落后、交通不便的偏远地区的普通人了。因此，虽然学界有看法认为，民间的信局在明代永乐年间（1403—1424）就已经开始，[2]早于文徵明出生的年代五十余年，但显然这时的信局在传递书信方面还不能起到很积极的作用。

清代（特别是晚清）的民间邮政比起明代有了长足的发展。这应该归结于两方面的因素：一是人口的快速增长。在人口稠密地区，交往更为频繁，有建立民间邮政的需求。二是鸦片战争后西方的邮政体系和观念进入中国。在道光年间以后，各种送信的机构数量大大增加。[3]即便如此，各种民间的邮政机构的覆盖面应该还不够大，不够密。有些地区没有做官的读书人，寄信也同样没有那么方便。王懿荣在致潘祖荫的信札中提到了

---

[1] 乌莹君：《千金家报：文徵明的九封家书》。

[2] 参见苏全有、崔海港：《论近代上海民信局的兴衰》，《重庆邮电大学学报》2012 年第 6 期，43 页注 1。

[3] 关于民信局，各种关于中国邮政史的专著和论文中屡屡论及。中国知网输入"民信局"检索，便可得多种，此处不赘述。

京师的信件难以到达一些较为偏远之地：

> 顷接尹慈经来信并拓本，乃居后彝也。此信云，曩所发信渠多未见。又此信乃渠赴郡试托官封递来者。是以知其寄书之难也。
>
> 东信总无消息，不知何故？戟子终日梦梦，固无足怪。尹君不知如何，或今冬青州岁考，渠未及料理。远信或穷乡僻壤，倩人匪易。姪臆度之词耳。[1]

信中所说的尹君即王懿荣的友人、诸城尹寿彭（慈经、竹年，约 1835—1904 年后）。尹寿彭出身官宦世家，但因不住在大些的城市，递信竟也如此不便，以致友人从京师寄给他的信多未能致。

相比之下，曾在京师任官、致仕后回家乡山东潍县居住的陈介祺和友朋之间的通信就频繁得多。由于京中故旧甚多，那里的收藏家喜爱陈介祺制作的金石拓片，经常索取，经济实力雄厚的他竟能派出专足往返京潍两地传送书札。陈介祺在 1873 年八月二十九日致在京师的收藏家鲍康（1810—1881）的信中谈到派送专足的费用：

[1] 上海图书馆藏《王懿荣书札》（致潘祖荫者，稿本），叶 23—24（书札册并无页码，此处页码为笔者所加）。此札约书于 1872 年。

> 今夏秋弟处来往便适多，此次后恐不易，若一月专足一次，计费十千，如可三人任之，则可源源而来。中间有便足，则又无须一年有四五次，即可每人不过十余千也。[1]

专足费用甚昂，每次赴京送信，收信者不止一位，可以分摊邮资。陈介祺在1874年三月二十三日致鲍康信中谈到了一次专足送出多通信札：

> 子年尊兄世大人左右，傅足将行，竭一日夜，检金石文，复廉生毕，又复伯寅数语，尚须作家书，吾兄与清卿学使，皆未能详复。[2]

傅足即为陈介祺往返京师和潍县之间的送信人傅冬。这一次，陈介祺就请傅冬带金石拓片到北京，带给鲍康（子年）、王懿荣（廉生）、潘祖荫（伯寅）、吴大澂（清卿）和京中亲戚的家信，[3] 加起来至少五封（家书几封不详），邮资想必由京中数位收信人分摊。此时，吴大澂正在西北任陕甘学政，因无专足送信

[1] 陈介祺：《簠斋尺牍》，754—755页。

[2] 陈介祺：《簠斋尺牍》，819页。

[3] 上面在引用乌莹君的文章时，已经显示了托人带信在古代是极为普遍的异地通讯方式。陆蓓容在《上海书评》发表的《翁大人进京记》一文中，提到翁心存（1791—1862）在从老家常熟返回北京官任时，为人带信："过去邮传未便，寄信多靠私人关系，托翁心存带信带东西的竟有三十多位。"见2017年1月24日澎湃新闻网。

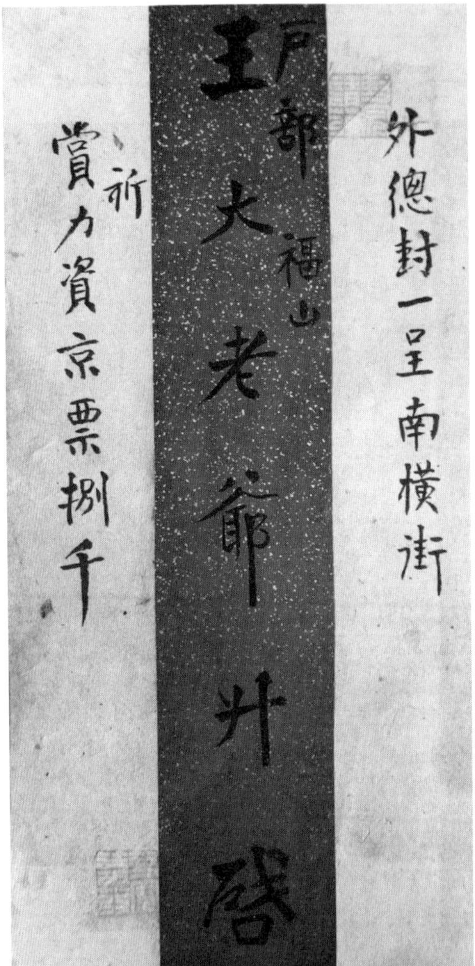

图 2-3　陈介祺致王懿荣信札信封，上海图书馆藏

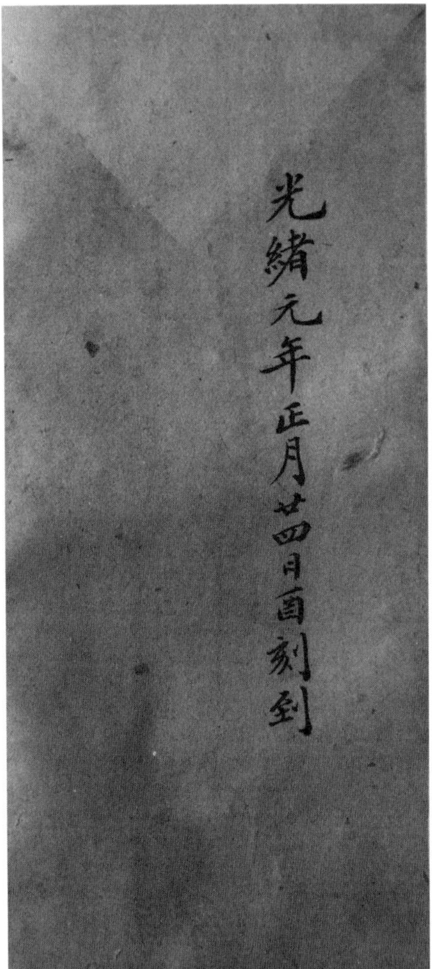

图 2-4　陈介祺致王懿荣信札信封背面，上海图书馆藏

至陕甘，陈介祺写给吴大澂的信通常是先送到北京再转到陕西，甚是周折。

上海图书馆藏有陈介祺致王懿荣信札四十二通，十分庆幸的是，这些信札的信封大都保留着，许多信封上除了收信人的地址和姓名外，还有陈介祺专门写明的需付邮资，是否急件，而在信封的背面，王懿荣有时会写下收信的日期，我们可以对照信札中的日期，计算出这个专足从山东潍县到北京送信大约花费多少时间。以第一札——光绪元年（1875）正月十二日陈介祺写给王懿荣的信为例，信封上写着“祈赏力资京票捌千”（图2-3）。王懿荣在信封的背面写着：“光绪元年正月廿四日酉刻到。”（图2-4）此外，涉及邮资的还有：“信到付京票二千文”，“京票二千”，“傅足无专事，恳以京票钱二千赏之”，“赏京票拾陆千文”（图2-5）。[1] 有时，并不写明应付多少邮资，而是“酌与茶资”、“信资酌赏”、“厚付信资”、“酌赏携书酒资”、“酒例倍付”等，不一而足（图2-6）。

从山东潍县到北京，如走陆路的话，约五百公里。从递送所花时间来看，通常是十几天，快的约十天。国家图书馆藏有王懿荣致陈介祺信札八大册，其中有些信也可推算传递所用时间。如第四册有一札云：“二十日凌晨，傅足来京师，又奉到十日赐书一件。”（此札走了10天）第五册：“十七日辰刻，傅足来，

[1] 见第3、12、15、24等札的信封。

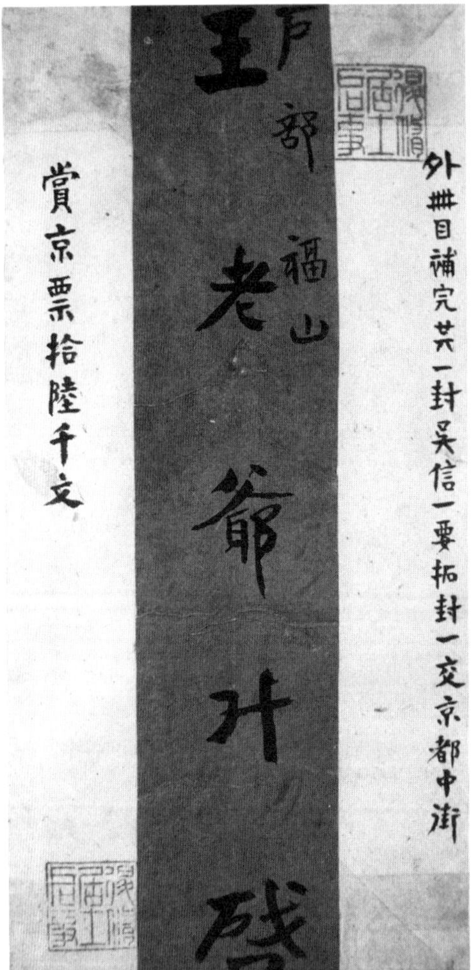

图 2-5　陈介祺致王懿荣信札信封，上海图书馆藏

图 2-6　陈介祺致王懿荣信札信封，上海图书馆藏

接到月之六日赐书。”（此札走了11天）“六月廿九日傅足来，又奉到月十七日手示。”（此札走了12天）“月廿二日午刻，徐足至，得月十二日赐书。”（此札走了10天）第六册：“月七日傅足来，接奉十月廿五日赐书。”（此札走了12天）计算传送时间时，还要考虑陈介祺信写完后，信使是否马上就出发，以及途中天气等原因。这个速度按照今天的标准来看自然是不快，但在晚清，这已属发达。陈介祺在1873年十一月望日致鲍康的信中说，送信人有时并不可靠，所以必须给足邮资方能托付：

> 徐足亦由利津过，想必更有书致，此等人待之少厚，即可为邮寄。但傅足人狡，常失信，未可深恃，交物必即赍致也。[1]

话虽如此，也正因为有自己的专足，陈介祺能够与京师的金石收藏家和学者保持着密切的联系，传递信息，交换拓片，交流学术心得。

陈介祺信中提到的利津，今属山东东营，黄河出海口在此。潍县距利津约一百五十公里，为陈介祺送信的人，应是先抵利津，然后坐海轮经渤海抵天津，再由天津前往北京，返程亦然。当时蒸汽轮船已经广泛用于中国沿江、沿海城市之间的交通，由于航行速度大增，运载量大，成本亦低，尽量走水路应是送信

[1] 陈介祺：《簠斋尺牍》，785页。

人普遍的旅行方式。

陈介祺和南方金石学者的交流则没有北京那样频繁。我们从吴云写给陈介祺的信中可知，陈介祺写给苏州友人的信，有时是派专足送信至扬州，再由扬州的友人转送吴云。有时则交由老乡韩伟功到南方做生意时，带给吴云。吴云给陈介祺写信，或由韩伟功带回潍县，或由轮船局的信局寄送。[1]

在没有学术刊物和学术研讨会发表自己的研究心得的时代，信札是学术交流最为及时和重要的方式。由于异地送信之不易，陈介祺写给友人的信通常都很长，如写给鲍康的信，经常都有七八页，甚至十多页，作为文言文信札，近千字或逾千字，包含的信息十分丰富。很多晚清学者之间的信札幸存于世，为我们了解当时的学术动态留下了十分珍贵的文献。

与民间通信的不便相比，晚清官员可以利用官方的文书专递系统来传送信息。吴云在1879年闰三月致正在河南任河北道道员的吴大澂的信中说："往后惠书，只须用马封递，由抚、藩署转交。既快且稳。"[2] 吴云是湖州籍的退休官员，长期住在苏州，苏州是江苏巡抚和布政使（藩）的官署所在地，吴云与官方关系密切，所以，他让吴大澂把信直接寄到上述官署，这样"既快且稳"。吴云在此后致吴大澂的一札中再次嘱咐：

[1] 吴云：《两罍轩尺牍》卷九，叶5a、6a、17b、25a等。

[2] 虞和平主编：《近代史所藏清代名人稿本抄本》第一辑"吴大澂档"，郑州：大象出版社，2011年，216页。

兵兴以后，邮政尚不废弛，如用官封驿递，由三大吏衙门转交，必无遗误，亦不迟滞。[1]

“三大吏”即指省级首长巡抚、布政使、按察使。吴大澂等高官正有这样的资源：利用官方的邮递系统来带送自己的私信。

1880—1883年，朝廷委派吴大澂赴吉林屯边，他在吉林期间所作的《北征日记》，[2] 记录写信极多，基本上每天都写，有公函也有私信，是日常主要工作之一。现存《北征日记》残本始于光绪壬午（1882）五月，我们就以这个月为例，看看他一个月写了多少信。这个月共有二十九天，其中有六天吴大澂或因巡查军营、或因接见从山东招募来垦荒的农民等事没有写信，其他二十三天都有写信，全月共写信66通。[3] 从吴大澂现存的信札来看，他的信通常不短，所以，写信要花去他大量的精力（虽然他有时借助幕友为其起草和誊录信札）。但是，这却是管理一个广袤的帝国所必需的信息流动的重要方式。由于朝廷允许官员的私信通过官驿递送，官员（包括退休官员）在通信方面要比

[1] 虞和平主编：《近代史所藏清代名人稿本抄本》“吴大澂档”，190页。

[2] 《北征日记》，稿本，现藏上海图书馆。

[3] 与吴大澂一样，曾任龙游、新昌知县的杨葆光（1830—1912）在其日记《订顽日程》中，凡写信必记载。可见写信是日常生活中极为重要的一件事。

一般士绅方便多了。[1]

晚清官员和古董收藏相关的许多信札正是通过官驿或折差传送的。1882 年九月二日，吴大澂在吉林致陈介祺信札云：

> 簠斋老前辈大人阁下：敝藏封泥八十种久欲奉寄，因无妥便，迟迟至今。兹交折差带至都中，由东甫同年处寄呈赏鉴。[2]

东甫即吴大澂的同榜进士、诸城徐会沣（1837—1905），他是陈介祺的外甥女婿，和陈介祺的关系十分密切。吴大澂在吉林时和陈介祺通信，有时通过递折子的系统带到北京交给在京任官的徐会沣，再由徐转寄山东。

在政府的文书传送系统中，奏折的传送最快。1889 年九月二十一日，人在河南的吴大澂给在京为官的表弟汪鸣銮的信中，专门谈到了用哪种方式送信最快：

> 惠书如有要事，由府尹官封递下，亦不甚迟。郑师处常用马封，间有至二十日始达者。究不如折差之速。以后路途

[1] 不过，在不发达地区，官方驿站也有废弛的。上海图书馆藏梁肇煌（1827—1887）致朱学勤手札："去年九月在昭通呈递折件交滇弁朱文德带京，至今十个月，尚未到曲。尊处覆函想交此弁带回，故至今尚未奉到。公事废弛如此，其他亦可想见矣。"见上海图书馆历史文献研究所编：《历史文献》第十辑，上海古籍出版社，2006 年，116 页。

[2] 谢国桢编：《吴窓斋（大澂）尺牍》，336 页。

> 无所阻滞，不过六七日即可接到（每月必有一次，九月发两次矣。公冗无暇时，即不必见复，或用废片写数语）。[1]

从北京往河南送信，普通的马封比折差要慢许多。吴大澂的信札不但告诉我们用哪种渠道递送书信最快，而且反映出，他们对与信息交流的效率直接相关的日常生活中书信的往返速度十分关切。

张宏杰在研究曾国藩日常生活中的收支的近著中指出：

> 在督抚们的诸多不合理费用中，有一项最具有代表性，那就是皇帝与督抚们的通信费用，或称‘督、抚赍折等差遣盘费’。封疆大吏经常要派人往返京城，递送奏折、表本等。奏折事关国家机密，需要干员专程护送，这笔路费每年平均不下千两，边远省份花费更多。……这些支出同样不在国家经费的报销范围内。[2]

不过，由于折差不仅为督抚传送官方文书，还为官员带私信，所以督、抚赍折等差遣盘费或可以与其他托带私信的官员分摊。官员利用这个系统传递私信要稳定、安全、便捷很多。

---

[1] 北京故宫博物院藏吴大澂致汪鸣銮的信札（稿本，编号00071315）。信中所言“郑师”，即潘祖荫。

[2] 张宏杰：《给曾国藩算算账：一个清代高官的收与支（湘军暨总督时期）》，89页。

晚清正处在中国邮政发生重要变革的前夕。此时的书信往还，除了托友人捎带，专足送达，官驿传递等方式外，一些大的钱庄、票号、洋行也兼办书信传递。1878 年海关也开始办理邮政，[1] 此外还有各种信局（如上面提到吴云通过轮船局的信局寄信给陈介祺）。官员们有时也会用这些机构送信。1879 年二月三十日，人在河南任官的吴大澂写信给其兄吴大根云：

> 大兄大人尊前，十二日在保阳泐寄一函，由阜康转寄，想已达到。昨接二月初二日手书，知正月内曾寄一函至今未到。[2]

阜康即为浙商胡雪岩（1823—1885）经营的著名阜康钱庄。而吴氏兄弟之间利用它来通信，还可追溯到更早。1871—1873 年吴大澂在翰林院任职期间，吴氏兄弟的通信主要是由阜康钱庄传递的，如 1872 年九月十九日吴大澂在致其兄的信中说："如有复信交到，望托阜康寄来，最速最妥。"[3] 而此时的阜康可能还有邮件加快业务。1873 年八月初五日，吴大澂在北京致吴大根的信中说："月朔曾发一函，交阜康速寄，想初十左右必可到

[1] 参见黄福才：《试论近代海关邮政与民信局的关系》，《中国社会经济史研究》1996 年第 3 期，74—82 页。

[2] 中国国家图书馆藏《吴大澂书札》（编号 4803），第四册，叶 14。

[3] 《愙斋家书》第一册，叶 10。原册并无页码，页码系笔者根据册页的次序所加。以下同。

达。”[1] 从北京到苏州的信件，通常先到天津大沽，然后走海路到上海，再从上海送苏州。如果真如吴大澂所说八到十日内必到，这在没有火车、飞机、汽车作为运载工具和现代邮政网络的时代，应该算是很快的了。

1880 年五月九日，第一次出关赴东北的吴大澂在辽宁给吴大根的信中说：“前月廿二日在通州泐布一函，由三弟带京交华洋书信馆转寄。”[2] 可知此时吴大澂也用海关督办的华洋书信馆传递信件。

1889 年八月十七日，时任河东河道总督的吴大澂在致陕西古董商杨秉信的信中写道：

> 实斋大兄阁下，前月由渭南县转寄六月廿八日手书，不过十余日即到，知有六月十六日一函并有韩继云书交与日升昌，至今杳无信息。即使票号由山西转寄，何至两月有余尚未即到？而所在天气畅晴，道途不致阻滞。何不雇一驴驮，五件并不甚重，只要有伴同帮，或有货车附便东来，较为放心。[3]

日升昌是著名的山西票号，由于有跨区域的网络，所以也

[1] 《愙斋家书》第一册，叶 15。

[2] 中国国家图书馆藏《吴大澂书札》（编号 17678），叶 22。华洋书信馆即 1878 年由海关督导开办的邮政。

[3] 中国国家图书馆藏《吴大澂书札》（编号 18862），第六通。书法是黄庭坚的风格，可见写于离开广东以后。专差云云，东来云云，应是在河南时所书，专差不必行路太远。

办理书信寄送。只是途中不知出了什么事故，从陕西六月十六日寄出的信走了两个月也没到河南。

1891 年二月二十四日，吴大澂在致子禾的信中写道：

> 去秋闻台旌荣旋珂里，文郎昆仲同撷芹香。曾沥一函奉贺，寄至旗昌洋行，交尹伯圜转呈。后接伯圜函，并未提及此书，或当随节赴粤之时，前信已付洪乔矣。[1]

旗昌洋行（Russell & Co.）是 19 世纪远东最著名的美资公司，1818 年由美国商人塞缪尔·罗素（Samuel Russell）创办于广州。在苏州守丧的吴大澂给广东的子禾写信，就是通过旗昌洋行递送。可见，当时寄送信件的机构很多，五花八门。由于传递书信是一个潜在的巨大市场，著名的票号和大的洋行也都开办了邮政业务。

陈介祺在去世前一年，亦即 1883 年，也开始用信局寄信。上海图书馆藏陈介祺致王懿荣的信札册的最后一札，写于 1883 年，信封上写满了如何递送此信的指示：

---

[1] 此札为山东大学图书馆藏。参见包云志：《刘墉、周永年、吴大澂、叶昌炽未刊信札四通考释》，《古籍整理研究学刊》2006 年第 3 期，68 页。作者考证此札书于 1888 年有误，此信吴大澂的署款“治愚弟制吴大澂顿首”，说明吴大澂此时正在苏州为其母守丧，时间在 1890 年。考证者认为是写给祁世长，很可能也有误。因为此札是写给一个广东籍的友人，祁世长是山西人。

> 内要信，即烦贵便并信资钱二百文同寄交天津招商信局，即妥寄京都南城外绳匠胡同，确交翰林院王大老爷（官印“懿荣”）开启。信到京时，酒资加给，并取复信，交津烟信局烟裕隆德行潍送信局收寄。[1]（图 2-7）

此时，陈介祺已经不再派遣“专足”往京师送信，而是通过潍县的信局送信至烟台的信局，由烟台经海路送到天津的招商信局，然后再送往北京。陈介祺似乎是尝试使用信局给北京寄信不久，所以在信封上写的指示甚是详细。由于有了蒸汽轮船在各大港口之间往还，1880 年代区域性的信局已经相当活跃。不过，这些区域性的信局还没有完全制度化。缪荃孙在 1889 年十二月二十四日的日记中记载：“复丁次郇淮安信，送至信局，信局不收，云各庄停汇信，船不行，甚为闷闷。”[2] 不过，此时已是中国邮政史开始步入现代化的前夕。

[1] 张佩纶致王懿荣信札：“昨由盐局寄上一书，当已入督。”（上海图书馆藏张佩伦后人捐赠张佩伦信札之致王懿荣信札册。）“盐局”可能是地方政府盐务总局的简称。

[2] 缪荃孙：《缪荃孙全集·日记》，南京：凤凰出版社，2014 年，101 页。

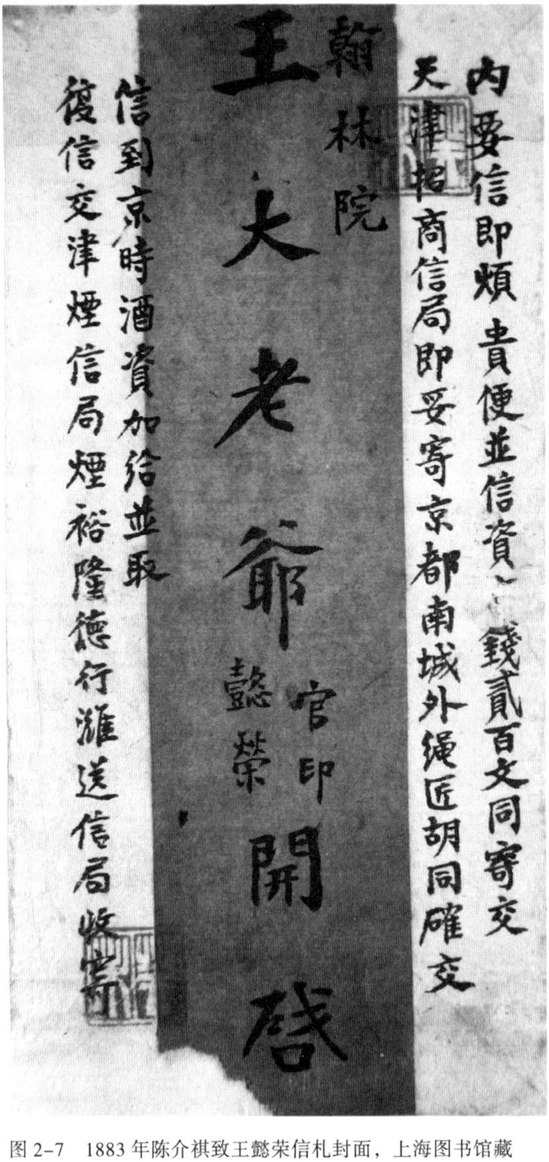

图 2-7　1883 年陈介祺致王懿荣信札封面，上海图书馆藏

二、票号[1]

当古董买卖的交易谈成之后，购买方就要付款。同城付款很容易，大笔的款项，也可以用现银支付。1875 年，翁同龢花了四百两银子购买王翚的《长江万里图》，他在日记中记载："还博古斋账，竟以白金四百易《长江万里》。"[2] 这四百两，有可能是现银。若是异地交易，支付款项就不会那么简单。1889 年六月初七日，正在开封任河道总督的吴大澂致信在烟台任山东登莱青兵备道道台兼东海关监督盛宣怀（1844—1816），信中提到：

---

[1] 关于票号和吴大澂收藏活动的关系，李军在《访古与传古：吴大澂的金石生活考论》一书中（参见 41—42 页），也简略地提到。

[2]《翁同龢日记》第三卷，1168 页。

潍县高家藏有古铜印六百三十方，已与言定价银壹千两。寄来印谱一部，存在兄处。若由汴专差往取，携带银两甚不放心，因思烟台号家与潍县俱有来往，乞代汇银壹千两，由尊处派弁至潍，凭函取印，凭票付银。便中交轮船带津。由何小山处委员带汴最妥（七月中有闽厂解铁柱，由津转解之便），汇款亦托小山寄还尊处，亦甚便也。兄大澂又启。外致王西泉一信，取印凭条一纸。[1]

吴大澂洽谈好的古印价格为一千两银子，若派人从开封到潍县去取，“携带银两甚不放心”，所以请他的结拜兄弟盛宣怀通过烟台的票号给潍县的票号汇款，这样方便安全。

烟台、潍县同在山东，这样的异地转账可能还会比较简单。若是跨省，即使是用票号，也多了一层麻烦，原因是各地的银两标准不同。中国货币史专家彭信威先生这样描述清朝币制中的银两：

旧日称砝不统一，同是所谓两，种类也很多，各地不一样。最重要的是库平两、海关两、广平两和漕平两。……由于银色的纷繁，我们可以想象流通时人民所感到的不便。尤其是

[1] 王尔敏、陈善伟编：《近代名人手札真迹》，第九册，香港：中文大学出版社，1987年，3824—3825页。

散碎的银子，一次交易，要把各种不同成色的银子折合计算，不知要花费多少心思。[1]

在这种情况下，各地的钱庄和票号就起了很大的作用。曾在中国工作多年的美国传教士、外交官何天爵（Chester Holcombe，1844—1912）曾这样描述晚清的货币和票号：

在中国，京城与其他城市或者地区所使用的银两标准互不相同。事实上，即使在同一座城市或者同一地区，也未必通用统一的银重和成色标准。全国各地根本没有统一称量银子的标准。显而易见，这种现象对于商业贸易的正常运行会带来极大的不便，造成某种不稳定性。银行和钱庄对于各个城市之间不同的银价标准必须做到了如指掌，他们在两地之间进行业务上的汇票往来或者现银交易时，都要为自己留出充分的余地。……专门经营汇兑业务的银号遍布全国各地。这些银号可以负责把汇款寄送到国内的各个角落。[2]

从吴大澂和友人往还的信札中可以看出，他使用的票号之繁多，不一而足。信中经常提到各地银两标准（“平”），也超过了彭信威先生所说的四种主要的银两标准。他在南方用的票号

[1] 彭信威：《中国货币史》，上海：上海人民出版社，2007年，575、577页。
[2] （美）何天爵著、鞠方安译：《真正的中国佬》，北京：中华书局，2006年，263、272—273页。

主要有蔚盛长票号（总号在山西平遥）和源丰润票庄，在北方常用的则是山西票号日升昌。吴大澂在致陕西古董商杨秉信（实斋）的信札里专门谈到了从吉林向陕西汇款一事：

实斋大兄足下，三月廿一日泐复一缄，递至粮道署，由毛子静转交，计四月中必可达到。兹托吉林票号源升庆汇去银五十两，由都中日升昌转汇西安。此间汇京费已付讫，由京汇陕之费，即属日升昌于原平内扣算，大约吉省市平较陕西公议平略大，汇费所用无几也。手此即问近祉。三月廿五日，愙斋手泐（以后寄信由日升昌交源升庆最妥）。[1]

从此信可以看出，吉林没有日升昌分支，所以款项由吉林票号源升庆寄到北京，再由日升昌从北京寄往西安。信中也反映出吉林、北京、陕西银两标准的不同，这些都是汇款时要注意的事项。

即便有票号专门办理汇款之事，晚清各地银色的纷繁也给汇款带来麻烦。吴大澂致杨秉信的另一通信札里解释为何他寄出的款项杨迟迟没有收到：

实斋大兄足下，三月十一日接诵来书，寄到玉印。当即

[1] 中国国家图书馆藏《吴大澂书札》（编号 18862），第三通。

> 沥函寄京，交日升昌汇去一款。又于廿一日手复数行，附入毛子静信内，托其转达。旋闻西号因银色参差，往复函询，致稽时日，不知何月寄到也。[1]

连委托日升昌这样的大票号汇款都“不知何月寄到”，异地古董交易的不便于此可见一斑。

[1] 中国国家图书馆藏《名贤尺牍册》（编号3832）。

三、运输

以下讨论的运输分为两类：一，古董交易过程中的运输，亦即已经成交的古董如何运到买家手中；二，在各地任职的官员收藏家，要欣赏自己的藏品，如何将它们运到为官所在地。

体积小的古董（如古印、封泥、拓片等）运输并不困难。票号代送、友人捎带都可以。吴大澂请杨秉信购买古董，有时就请票号托带。有信为证：

> 实斋大兄足下：前月泐复一缄，计已达览。所恳代留汉印作价，毛诗一部，又吾兄所购各种，日升昌号内信足可以托带。分作数起，每次带印三四十方，想无不可，望与梁笏臣商之。[1]

[1] 中国国家图书馆藏《名贤尺牍册》（编号 3832）。

但是，对于一些体积大、分量重的古董，运输就成为一个很大的挑战。我们不妨以1870年代大盂鼎由陕入京为例，[1]看看运输对古董收藏的重要性。大盂鼎铭文长达291字，是晚清金石圈中流传的最著名的西周重器之一（图2–8）。吴大澂《盂鼎考》记载：

> 右鼎于道光初年出土，为岐山令周雨樵所购得，旋归岐山宋氏。同治间袁筱坞制军以七百金购得之。今归吾乡潘伯寅师。癸酉冬大澂视学关中时，袁公督理西征，转饟驻节长安，获观是鼎。[2]

袁筱坞即袁世凯的叔叔袁保恒（1826—1878）。1873年冬，吴大澂在任陕甘学政时，曾在西安袁保恒处见到大盂鼎。此时，陕甘总督左宗棠（1812—1885）已有意从袁保恒的手中购得此鼎，送给京师高官潘祖荫（伯寅）。

左宗棠之所以花重值买大盂鼎赠潘祖荫，是为了报答潘当年的解救之恩。1862年十月二十三日，左宗棠致其子孝威信札中详细地叙述了事情的原委——当年他蒙冤被告，不曾谋得一

[1] 关于大盂鼎运送至京的讨论，读者亦可参见程仲霖的博士论文《晚清金石文化研究——以潘祖荫为纽带的群体分析》（中国艺术研究院，2013年），35—37页。

[2] 收入《愙斋公诗文考释手稿四十三叶》，上海图书馆藏稿本。一说袁保恒原本就是代左宗棠购此鼎。见上引程仲霖博士论文，31页。

2-8a　大盂鼎，清道光初年陕西岐山礼村出土，中国国家博物馆藏

2-8b　大盂鼎铭文

面的潘祖荫挺身相救：

> 官文因樊燮事欲行构陷之计，其时诸公无敢一言诵其冤者。潘公祖荫直以官文有意吹求之意入告，其奏疏直云：天下不可一日无湖南，湖南不可一日无某人。于是蒙谕垂询，而官文乃为之丧气，诸公乃敢言左某果可用矣。[1]

左宗棠向酷爱金石的潘祖荫赠送大盂鼎或许还有另一层打算。当时左宗棠正在谋划收复新疆，但是，朝廷经费拮据，对是否应该出兵新疆一直有争议。潘祖荫的家族成员（他的祖父潘世恩、伯父潘曾莹、本人）长期在京城为官，是皇帝所信任的近臣。左宗棠以报答当年的解救之恩为由，赠送大盂鼎，也为他的西北雄略争取更多的朝廷支持。

潘祖荫获赠大盂鼎的消息，迅速传遍了南北的金石圈，在当时金石学家们的往还信札中，多次提到并十分关心大盂鼎何时进京。人们都把这作为金石圈的一件盛事对待，毕竟这一重器到了京师，就有机会亲睹和获取拓片了。当事人潘祖荫对大盂鼎更是朝思暮想。但盂鼎体积巨大，高 101.9 厘米，口径 77.8 厘米，重 153.5 公斤，从陕西到京师，路途遥远，陆路运输，十分不便。左宗棠便委托掌管军粮转运的袁保恒来办理此

[1] 左宗棠著、刘泱泱注解：《左宗棠全集》“家书·诗文”，长沙：岳麓书社，2009 年，63 页。

事，他在致袁保恒的信中写道："伯寅侍郎书来，亟盼盂鼎之至。前函敬托代为照料，辇致都中。计已承筹措及之。"[1] 即便如此，大盂鼎也迟迟未能上路。潘祖荫久等大盂鼎不至，心中未免惴惴，他在致吴云的信札写道："盂鼎杳然，左相不通音问者四阅月，或中变耶？"[2]

由于潘祖荫来信急催，左宗棠便在1874年九月十八日致潘祖荫的信札中详细解释了原因：

> 伯寅仁兄大人阁下：前奉惠书，敬承奖饰有加，益增愧赧。盂鼎筱坞阁学拟以小车运致，适秋霖大作，野潦纵横，虑或损坏，故尔迟迟。旬内稍霁，当可启运。属题尊锲，因东南饷源顿塞，西北转馈正殷，日事筹维，并无佳想，恐一落纸贻笑方家，俟所事渐定，当有以报命也。手此敬复，即请大安，维亮察不宣。愚弟左宗棠再拜。九月十八日。[3]

在延宕数月后，大盂鼎终于到了北京，[4] 入城时的壮观居然成为京师一景！晚清著名金石学家杨守敬（1839—1915）在为吴昌硕所藏盂鼎拓片题跋时这样写道：

[1] 《左宗棠全集》第13册，书牍卷十四，叶17b，新页码11664页。
[2] 上海图书馆藏《潘祖荫与吴云手札》（稿本）。
[3] 任光亮、朱仲岳整理：《左宗棠未刊书牍》，长沙：岳麓书社，1989年，167页。
[4] 预计大盂鼎抵达北京那天，潘祖荫既兴奋又焦急，给鲍康写了一个短条子："盂鼎闻今日来，至今尚未至。"（见上海图书馆藏《潘伯寅致鲍子年札》稿本）

此器之大，罕有伦匹，袁侍郎保恒从关中以数十健卒扛抬入都，以赠潘郑盦者。余适在都中，亲见其事。余亦得数拓本，未及此之精也。甲寅春仲，邻苏老人记。[1]（图 2-9）

果然，志得意满的潘祖荫制作拓片广赠友人，杨守敬和吴昌硕都能沾溉其惠。

大盂鼎运京的例子，说明了官员收藏家可以直接动用政府资源来服务于自己的收藏活动。更为重要的是，在大一统的政治体制之内，官员们为自己的收藏活动建构起了一个覆盖广大地域的网络，使他们的收藏活动可以跨越地域之囿。这一社会机制又和人们当时的观念相符合，反映出在传统中国公私之间关系划分得不清晰。

大盂鼎由于其体积大、分量重，又无顺畅的水路可走，以致它的运输过程带有传奇色彩。但是，在日常生活中，官员收藏家利用官场资源来运送古董的例子俯拾皆是。1881 年吴大澂在致陈介祺信札中云：

古匋残字，不收复者，则佳者亦不可得。求为代收千余片，完器自二三至五六两均可留。上海阜康银号内设有转运局，王念劬大令（名书蕃）主其事。吉林所购外洋军火，皆念劬

[1] 见《金石齐寿——金石家书画铭刻特集》上卷，上海：上海三联书店，2016 年，172 页，图 137。

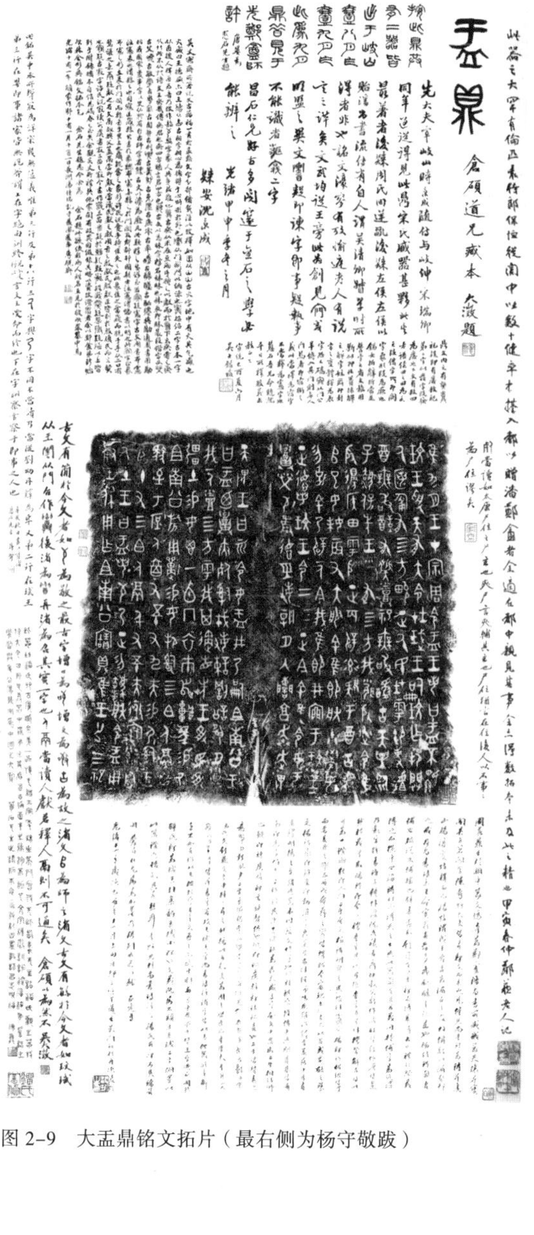

图 2-9　大盂鼎铭文拓片（最右侧为杨守敬跋）

> 经理。如有古陶器由尊处寄上海当不难也。营口亦有转运局，县丞李海帆（名庆荣）司其出入。如由烟台寄书营口，当可速达。海帆、念劬皆诚笃之人，必无失误。烟台上海当有相识之商人，亦乞示知，以便通函汇银，不必由都门转寄也。印举告成后，即专足至烟台，交轮船寄营口，亦甚便捷。每月必有解运机器军火之员，大小书匧皆有携带至吉者，从无损伤。日久则渐熟，愈用心愈周密矣。[1]

古陶器原器体积不小，但残破的带字古匋残片通常体积不大。吴大澂求陈介祺为其在山东代收千余片，数量可观。由于是古董而不是信札，所以吴大澂准备委托他的两个得力干将——在上海的王念劬和在辽宁营口的李海帆来操办汇款和运输事宜，走的依然是海路。值得注意的是，吴大澂在吉林期间，已经开始撰写他最重要的著作《说文古籀补》，而其中就根据先秦古陶器文增补了不少《说文解字》所没有的字。此书最初的版本在 1883 年刊行，距吴大澂请陈介祺为其代购陶文两年后。可以说，信息传递和古董运输的顺畅，为吴大澂在地域偏远的边地仍然能够从事前沿的学术活动提供社会机制方面的保证。

下面再举吴大澂向山东潍县古董商裴仪卿购买文物的例

[1] 北京故宫博物院藏吴大澂致陈介祺信札（稿本）。我将此札的书写时间订于 1881 年，是因为吴大澂在信中提到汪鸣銮补刻韩崇著作一卷，这年汪鸣銮重刊了外祖父韩崇的《宝铁斋诗录》，附“续录”。

子，来更为具体详细地显示晚清官员的社会网络在收藏活动中是如何发挥作用的。

大约从 1888 或 1889 年开始，正在河南开封任河道总督的吴大澂经王懿荣介绍，通过山东潍县古董商裴仪卿购买古董。1889 年除夕，吴大澂在致裴仪卿的信中写道：

> 仪卿大兄足下：顷得所示汉印，价值尚不甚远，古饰未免太贵，兹照单另开价值，如可脱手，便中交下可也。

此信后，吴大澂附上了几纸单子，列出了裴仪卿开的价格以及吴大澂的还价。在“唐墓志石三种”下，吴大澂专门注明：

> 此石不必送至汴梁，就近送烟台盛道台代收可也。另致盛道台信一函，想烟台与潍县常有大车往来，带送较为便捷。（图 2-10）

在“砖文四方半”下，吴大澂又注明：“此砖亦可送至烟台，交盛道台代收，转寄苏州。”（图 2–11）在单子的最后，吴大澂写道：“先付银三百两，由济南王藩台处代付。其余七百两俟各种送到再给。”[1] 王藩台即王毓藻（1837—1900），1887 年吴大澂

[1] 中国国家图书馆藏《吴大澂书札》，（编号 17737）。

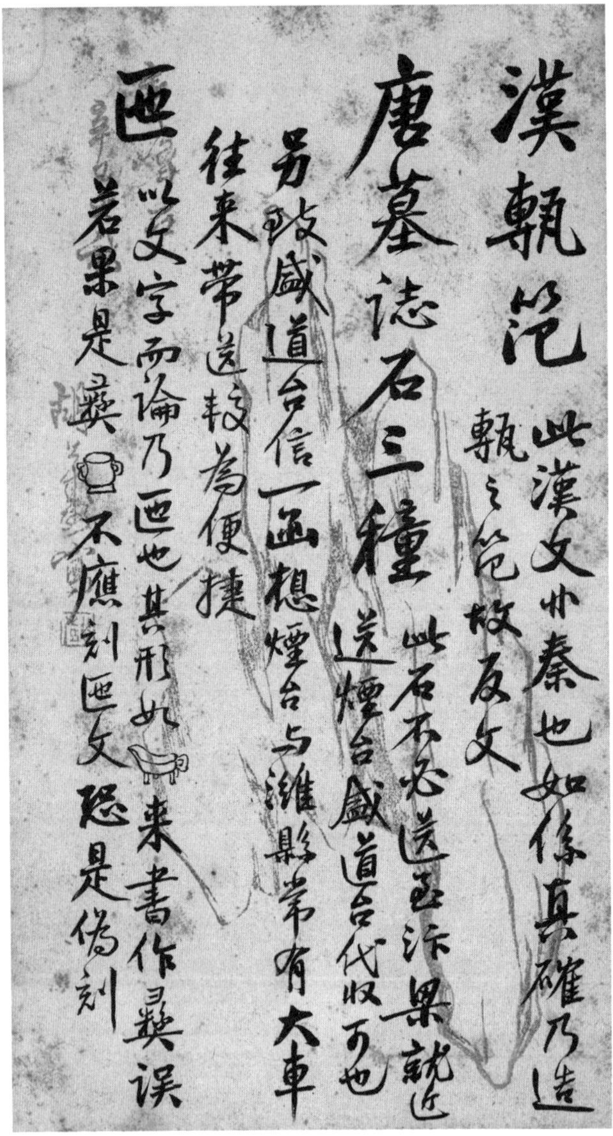

图 2-10　吴大澂致裴仪卿书札，中国国家图书馆藏

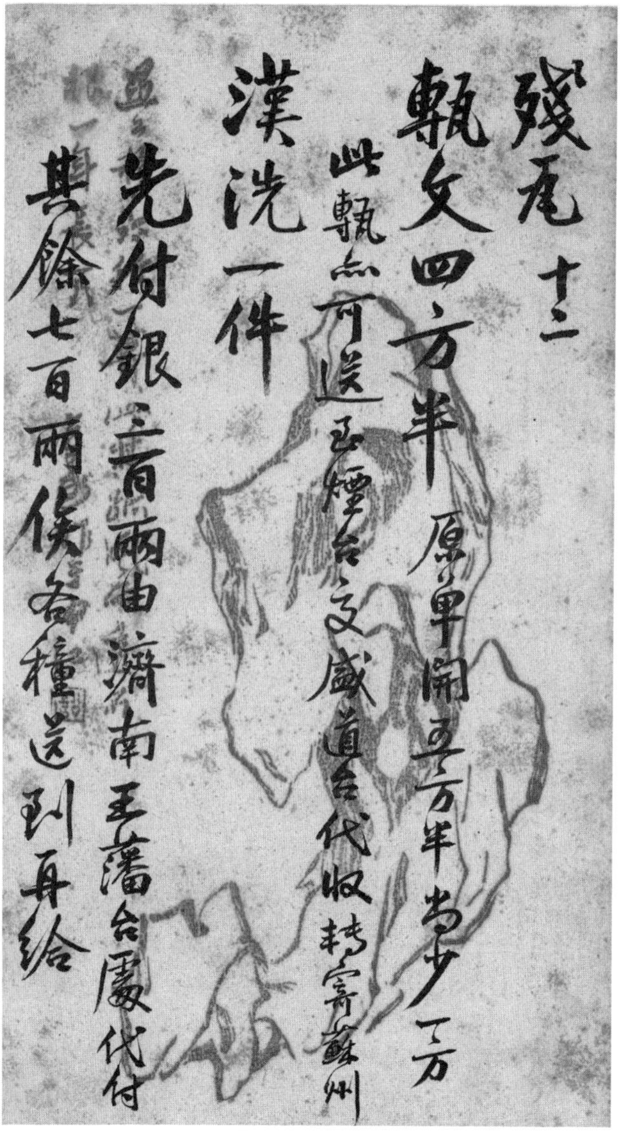

殘尾 十二
軓文四方半 原單開五方半尚少一方
此軓亦可送至煙台交盛道台代收轉寄蘇州
漢洗一件
先付銀三百兩由濟南王藩台處代付
其餘七百兩俟各種送到再給

图 2-11　吴大澂致裴仪卿书札，中国国家图书馆藏

任广东巡抚时，王毓藻任按察使，吴大澂写此信时，他在济南任山东布政使。吴大澂请他在济南先支付三百两的订金。古董则请裴仪卿用大车拉到烟台交给盛宣怀，由海路运往苏州。

半个多月后，亦即1890年正月十七日，吴大澂再次给裴仪卿写信：

仪卿大兄阁下，前复寸缄交来足带回，计已达览。新正十三日接去腊十七日手书，承示唐王士林墓志铭拓本，想系白石所刻。惜乎字不精，而刻手草率，如百二十金可得，乞为留定，送交烟台盛杏荪观察代收。前途不肯脱手，亦不勉强。此石不甚惬意，在可得可不得之间（如系精楷，即倍价亦愿得之。隋唐墓志，重在字不重在石）。廉生寄来隋邯郸令蔡君夫人墓志铭，真精品也（前示各印及古玉如尚未寄，暂可从缓）。手复即颂春祺。弟大澂顿首。弟因母病，乞假一月，如蒙俞允，须闰二月中旬回汴也。正月十七日。[1]

次日，吴大澂给盛宣怀写了信，通知他运唐墓志一事：

杏荪仁弟大人阁下：兹有潍县裴仪卿代购唐王府君墓志白石一方，属其送至尊处。乞代付银一百廿两。手恳敬请台安！

[1] 中国国家图书馆藏《吴大澂书札》（稿本），编号17737。

如兄大澂顿首。此石仍求寄交广菴弟代收为感。新正十八日。[1]（图 2-12）

信中提到的“广菴弟”即吴承潞（1835—1898），吴云之子，是吴大澂从小一起长大的好友，结拜兄弟，在太仓任知州。所以，吴大澂请盛宣怀把东西通过海路运往太仓，再从太仓运到苏州。墓志石虽重，但在抵达烟台后，由轮船运送（盛宣怀正是掌管轮船招商局的官员），问题不大。

1890 年正月二十二日，朝廷着吴大澂赏假一月，准其回籍省亲。二十三日，吴大澂的母亲去世。二十五日，吴大澂启程奔丧，由于被风雪所阻，二月十三日方抵家。闰二月二十四日，吴大澂在苏州收到了由吴承潞转来的盛宣怀从烟台寄来的古董。三月三日（上巳日），吴大澂给吴承潞（慎思主人）写信感谢：

> 慎思主人如手，前泐复书，虔伸谢悃，计邀青鉴。闰月廿四日，接奉手书并杏荪弟寄缄，又唐石二方，木箱蔴包各一件，胡开文代制墨一大匣，似此笨重之砖石瓦片，屡渎清神，好古之累，累及良友，无任歉仄。……如兄在苫吴大澂稽颡（复杏荪弟书乞交文报局转寄为感。上巳日）。[2]

[1] 陈善伟、王尔敏编：《近代名人手札精选》，香港：香港中文大学出版社，1992 年，142 页。
[2] 上海图书馆藏《吴愙斋尺牍》（稿本）。

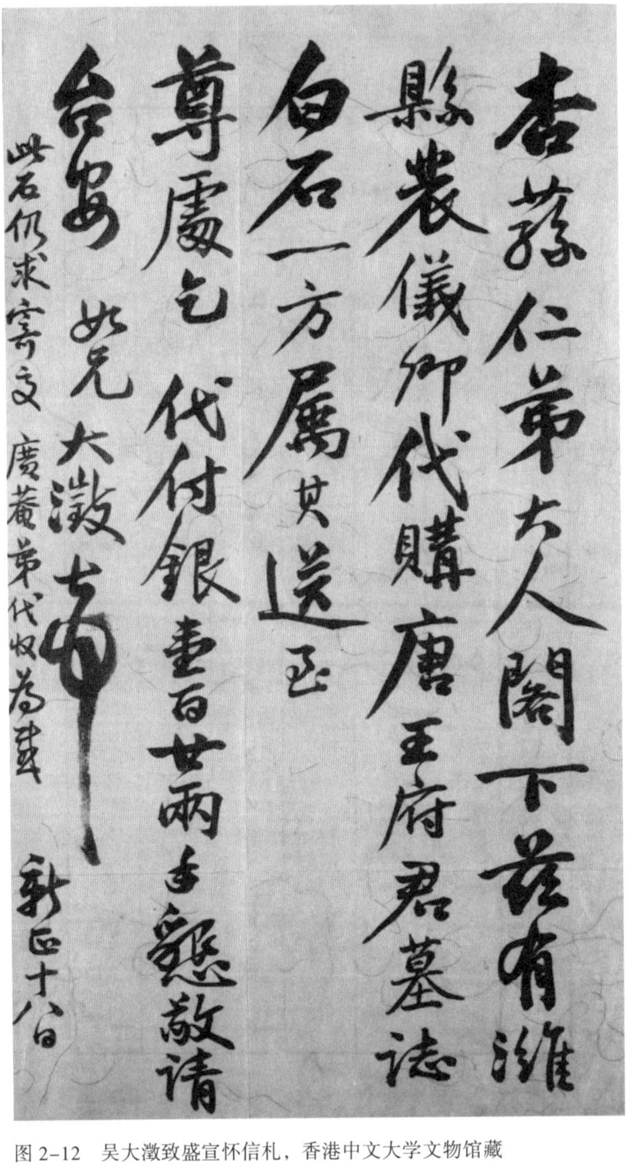
杏蓀仁弟大人閣下：茲有濰縣裴儀卿代購唐王府君墓誌白石一方，屬其送至尊處，乞代付銀壹百廿兩，手懇，敬請台安。如兄大澂頓首。新正十八日
此石仍求寄交廣菴弟代收為感

图 2-12　吴大澂致盛宣怀信札，香港中文大学文物馆藏

正如吴大澂在致吴承潞的信中所坦言："似此笨重之砖石瓦片，屡渎清神，好古之累，累及良友。"只不过，吴大澂的这两位兄弟都是政府官员，有能力帮助吴大澂运送古董。

在给吴承潞写信的同一天，吴大澂也给盛宣怀写了信（由吴承潞转寄）：

> 杏荪仁弟大人如手，前月肃复一缄，虔申谢悃，计邀鉴及。廿四日接广盦弟书，寄到惠缄，并裴仪卿代购唐石二方，包匣一件，大木箱一只，内古印砖瓦古玉各种，照单点检，均已收明。屡次渎神，且感且歉。外复裴信并开一单呈阅，款交票庄，另函寄上。先此泐复，敬请勋安。如兄在苫吴大澂稽颡。上巳日。[1]（图 2-13）

此信后附有吴大澂开的单子如下：

> 原购古印砖瓦旧玉刀铲铜钩，共银九百十二两。又旧玉圭一件，四十两。大铜印四方十二两。续寄玉印、官印、套印三十方，汉铜印八十五方；瓦诏二块，泥封三块，破瓦四块，瓦头五块；古玉八件，原开价银五百两，除退还古玉八件外，还价银三百二十两。又寄残石二块，汉砖四块，墓志

[1] 王尔敏、陈善伟编：《近代名人手札真迹》，第九册，3824—3825 页。

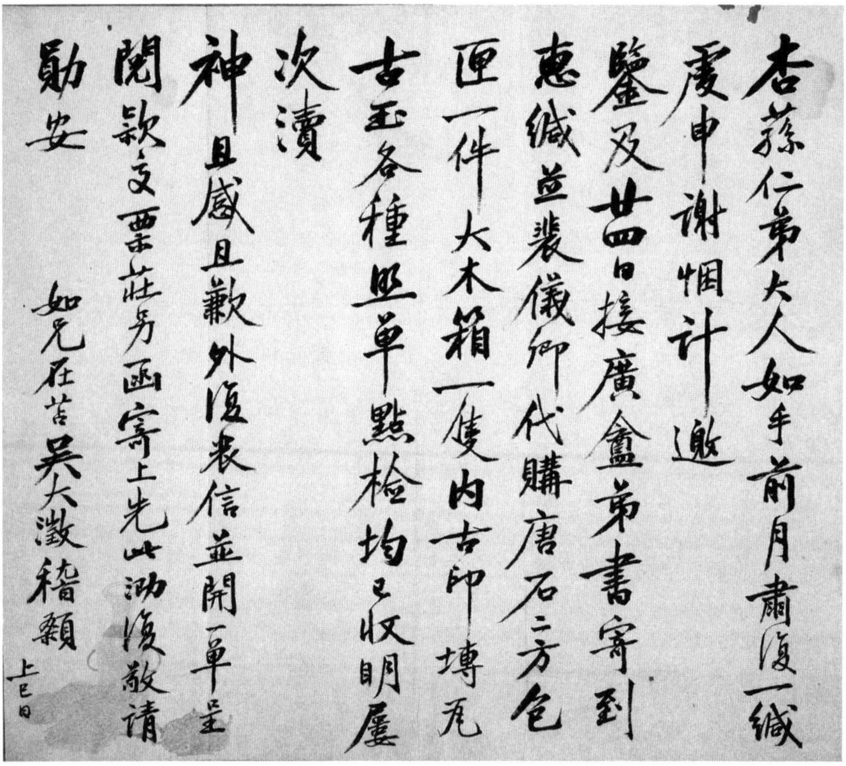

杏蓀仁弟大人如手：前月肅復一緘，
處申謝悃，計邀
鑒及。廿四日接廣盦弟書，寄到
惠緘，並裴儀卿代購唐石二方、包
匣一件，大木箱一隻，內古印、塼瓦、
古玉各種，照單點檢，均已收明。屢
次瀆
神，且感且歉。外復衷信，並開一單呈
閱。款乞票莊另函寄上。先此泐復，敬請
勛安。
如兄在苦吳大澂稽顙
上巳日

图 2-13　吴大澂致盛宣怀书札，香港中文大学文物馆藏

盖一块（原单未开价值），给银四十两。以上共应付裴仪卿银一千四百〇四两（照烟台通用之平），又代垫唐石价一百二十两，共银一千五百二十四两。[1]

吴大澂请盛宣怀按照烟台通用的银两标准支付裴仪卿货款。

吴大澂和裴仪卿的这笔生意，对我们所讨论的收藏活动中的网络因素颇具典型意义。这笔生意的数额超过一千五百两，内容包括古印、封泥、砖瓦、玉器、墓志原石等，数量和重量皆大。交易过程中，除了吴大澂和裴仪卿买卖双方外，还涉及人在济南的王毓藻、人在烟台的盛宣怀、人在太仓的吴承潞，异地付款也涉及济南、烟台、苏州、潍县等地。它充分显示出，官员收藏家在扩张自己的收藏规模时，由各地政府官员构成的人际网络所发挥的重要作用。

以上讨论的是古董交易过程中的运输问题，下面我们再来看看官员藏品的运输问题。张仲礼先生在谈到清代的官员和家乡的关系时曾这样写道：

按照清朝法律，官员必须到异地任职。在担任官职时，他们是代表政府而不是作为绅士来和各种社会打交道。但在

[1] 王尔敏、陈善伟编：《近代名人手札真迹》，第九册，3859 页。这一价目表在原书中的排列有问题。但从信笺上的木印字来看，应该是附在 3823 页的信札后，作于 1890 年吴大澂在苏州守制期间。

家乡，不论他们在家中还是身在遥远的任所，他们仍然保持着绅士成员的地位，来对家乡施加影响。[1]

官员不但要到异地任职，而且经常轮换。比如学政一职，通常为三年。以吴大澂为例，他在每一个职位上都没有超过三年。这就意味着，很多官员要不断地搬迁。那么，他们的收藏品怎么办？如果有收藏而不能研究和鉴赏，收藏又有何意义？

吴大澂在任官期间，会视任期的长短、路途的远近、水路还是陆路，来决定带多少、带什么样的古董。1880 年吴大澂在去吉林时，走的是陆路，吴大澂随身带的仅仅是一些图书、拓片和少量的小件古器。他在致陈介祺信中说："庚辰春间由豫来吉，大半拓墨多置行匧中。"[2]1886 年，吴大澂再次到吉林，与俄官共同勘界，由于认为在比较短的时间内就能完成任务，而且路途遥远，天寒地冻，所以吴大澂把自己的青铜器留在天津的家里，由幕僚尹元鼒（伯圜，卒于 1892 年）保管，自己只带着拓片到吉林，在那里题跋。[3]

1887 年，吴大澂出任广东巡抚，官署在广州。由于有海路

[1] 张仲礼：《中国绅士的收入》，上海：上海社会科学院出版社，2001 年，2 页。

[2] 谢国桢编：《吴愙斋（大澂）尺牍》，333 页。吴大澂的好友顾肇熙在《吉林日记》光绪七年辛巳正月三日记载："饭后携文衡山漪兰图与兰竹石三妙两卷过恒轩，并观古器。"初八日："与恂卿同过恒轩评古器。"参见顾肇熙：《吉林日记》（上海图书馆藏稿本），叶 34—35。吴大澂在吉林期间，通过陕西和山东的友人继续购买一些小件的古董。吴大澂：《北征日记》1882 年六月十九日："手拓金文各种寄簠斋丈。"

[3] 参见白谦慎：《吴大澂和他的拓工》，北京：海豚出版社，2013 年，61—66 页。

可走，轮船可以运大和重的古董，吴大澂便把自己收藏的部分青铜器带到了广东。1887年闰四月十六日，吴大澂在给苏州的侄子吴本善（讷士，1868—1921）的信中说：

> 翰卿新得鼎敦，先寄拓本一阅，问一实价，可定留否。若携器而来，未知能否合意。粤中古缘绝无可观也。

同年六月一日，吴大澂在致吴大根的信中说：

> 适翰卿来粤，带到铜器数种及零星字画，择其佳者留之，已费不赀矣。[1]

青铜器运到广州后，吴大澂把它们置放在官署中，时时观览。此时担任广东学政汪鸣銮幕僚的苏州籍学者叶昌炽在这年二月二十六日的日记中写道：

> 谒清卿中丞，并见仲平、同乡陆松生、皖中吴文伯、山左尹伯渊。清丈遍示所藏彝器，内外签押房罗列几满。[2]

吴大澂在广东任上仅一年多，便被朝廷任命为河东河道

[1] 吴大澂：《愙斋家书》第二册，叶14—16。信中提到的"翰卿"即苏州古董商徐熙。
[2] 叶昌炽：《缘督庐日记》第三册，南京：江苏古籍出版社，2002年，1287页。

总督，前往河南治理黄河。1889年八月十一日，已经离开广东的吴大澂给在上海担任招商局会办的友人沈能虎（1842—？）写信：

> 轶侪仁兄大人阁下：……弟去夏在粤时，曾借川沙沈氏旧藏宋拓刘熊碑，后有赵撝叔双钩本，精妙绝伦。因属歙人黄君穆甫（名士陵）即依撝叔钩本勒之端石。近已刻竣，远胜于翁覃溪阮文达摹刻汉碑。后有撝叔缩本全碑图，亦并橅刻于后，共石二十九方（碑文廿五方，图跋四方），尚在粤省。拟恳转属粤垣商局委员代为搬运至沪，暂存尊处，如阁下欲顾工精拓（以淡墨薄纸为宜），尽可多拓几分。俟广菴观察处有回苏之便，再讬带苏也。住址单一纸附览，即可凭此取石。[1]

吴大澂此时虽已在河南任官，留在广东的一些碑石，还要托沈能虎用轮船运到上海再转往苏州。

1892年四月，吴大澂为母亲守丧期满，五月二十二日，吴大澂赴京领命，启程时写给亲友的《壬辰北上留别》组诗中的第一首就写道：

---

[1]　吴大澂致沈能虎信札（嘉德2015年秋拍，11月15日，Lot 1714）

生平嗜古累纷纷，金石图书喜博闻。

綑载行装忙未了，出门一笑等浮云。[1]

这首诗很生动地说明了，有长物之累的官员在迁徙时，要为他们的古董操多少心！

六月，吴大澂被任命为湖南巡抚。七月十五日，吴大澂出京，抵天津后，坐船到上海，再坐江轮至武汉，再转至长沙。走水路毕竟方便得多。1892 年七月八日，人在北京的吴大澂在写给侄子吴本善（讷士）的信中，告诉他长沙到苏州的水路行程："长江轮船最为舒服，由湘还苏，六日即到，至为便捷也。"[2]

在 1894 年的日记中，吴大澂的友人缪荃孙（1844—1919）详细地记录了自己从上海坐英国太古公司的江轮"鄱阳"号从上海到汉口的路程：六月十二日寅刻（3—5 点）开船，亥刻（晚 9—11 点）到镇江。在镇江逗留三天后，换江孚，溯江而上，经江宁、芜湖、大通（今安徽铜陵西南）、安庆、九江、武穴（湖北黄冈），于十八日抵汉口。[3] 如果缪荃孙不在镇江停留，从上海到汉口要四天时间。从汉口到长沙，还需两天。这就是吴大澂说的由湘返苏六日（还要加上苏州到上海的路程）。

正因为往返长沙和苏州之间"至为便捷"，1892 年九月

[1] 吴大澂著、印晓峰点校：《窸斋诗存》，上海：华东师范大学出版社，2009 年，85 页。

[2] 吴大澂：《窸斋家书》第三册，叶 2。

[3] 缪荃孙：《缪荃孙全集·日记》，314—315 页。

二十三日，人在长沙的吴大澂致信吴本善，嘱咐他将家藏古董交由下属带到湖南：

> 兹派姜玉怀赴沪管带湘帆轮船来湘，属其到苏搬取古铜器十二件（开单附览），又乞代检瓦当文新奇者十六种，如有小木箱，装作一箱，交江玉怀带来甚便也。胡子英在署无事，大可属其拓瓦当条幅，前次仅带四瓦耳。吾侄所存九十八镜，内有辟雍明堂镜一匣，一并带下可也。[1]

吴大澂在光绪二十一年（1895）四月亲笔写了《带湘吉金类》清单，从中可知，他先后运到湖南的青铜器共有五十二件，其中包括钟、鼎、簋、盘等。[2]（图 2-14）在湖南，吴大澂像在广东那样，将他的青铜器陈列于公众可以见到的场所。他在《求贤馆藏古器记》一文中这样写道：

> 余承乏湘中，窃念以人事君之义，当以尊贤育才为己任。奏设求贤馆，以待天下之贤者。落成之日，同寮宾客相与宴饮于其堂，爰出所藏商周彝器及汉器之有文者十种，古器二十种，置之馆中，俾湘士大夫之好古者，知三代之真器至

[1] 吴大澂：《愙斋家书》第三册，叶 5。

[2] 参见上海图书馆藏有《愙斋公手书金石书画草目卅六叶》（稿本）。

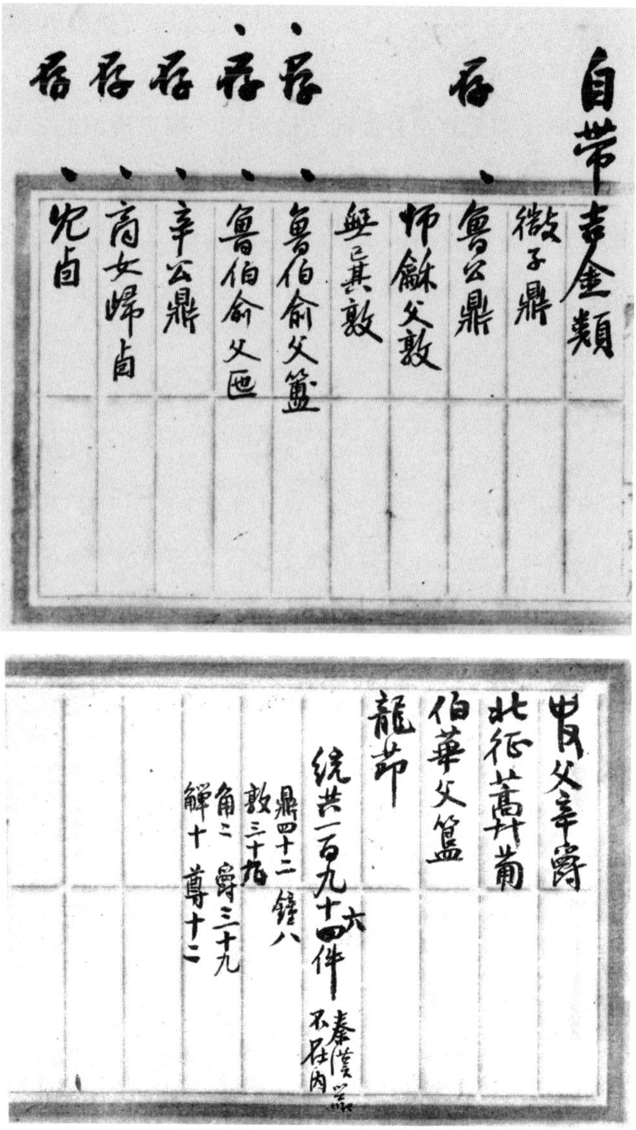

图 2-14　吴大澂带湘吉金目，上海图书馆藏

今犹有存焉。[1]

以上所谈都是官员方面的运输活动。难道晚清的古董商就不运古董吗？当然运。且不说北京琉璃厂出售的青铜器，除了传世古董外，很多都是从出土地运到北京的，古董商们也经常携带青铜器到吴大澂的家乡苏州兜售。吴大澂曾在自藏的井人钟的全形拓上题跋曰：

> 潍县陈簠斋丈所藏丼人残钟，与是钟文同而器略小。字当释妄，或即佞之省文。首行丼人二字下有重文，疑即妄之人旁也。第二行克质乃德之质，陈氏钟已漫漶不可辨矣。是钟与克鼎同时出土，陕估携至吴门，皆为大澂所得。[2]（图 2-15）

可见，这个钟是陕西的古董商带到苏州的。另一位苏州收藏家顾文彬在 1871 年正月初八日写道："河南客携来周邢叔钟，一见叹为真器，未知有缘能得之否？"次日，顾文彬"以二百十四元得邢叔钟"。[3]

[1] 吴大澂：《求贤馆藏古器记》（吴湖帆旧藏稿本）。
[2] 西泠印社编著：《吉金留影——青铜器全形摹拓捃存》，上海：上海书画出版社，2014 年，146 页。
[3] 顾文彬：《过云楼日记》，90—91 页。

图 2-15a　吴大澂题井人钟拓片，引自西泠印社编著《吉金留影——青铜器全形摹拓捃存》，上海：上海书画出版社，2014 年，146 页。

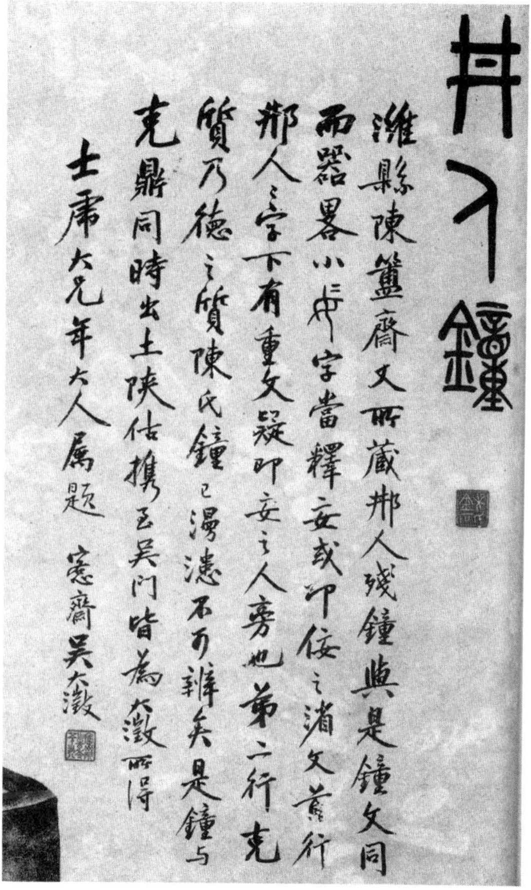

图 2-15b　吴大澂题井人钟拓片（局部）

既然古董商有时也会把东西带到收藏家聚集的地方，为何不叫他们直接带？但是，将古董带到北京、苏州等地，加上运费，价格肯定要比在原地购买贵得多。王懿荣曾致潘祖荫一信，讲到运输古董的费用：

> 此事（谦慎按：指从山东尹彭寿处买一铜器，见同信）唯仰求钧裁，姪不敢主。以欲取之必须由京师遣人去（来往不过廿金内外，然亦不菲，以在彼购之亦须用度，则两费也），若万一不真，则彼既浪费，而我们又狂花矣。[1]

虽然潘祖荫也是政府官员，但在委托诸城尹彭寿购买青铜器这件事上，如果没有便利的人际网络利用，从北京专门派人去取，运费起码就得十多两银子。在出土所在地买，竞争的人少，如果能够解决运输问题，价格肯定便宜很多。所以，当吴大澂委托陕西、山东等地的友人和古董商购买古董时，他应该已经盘算过有哪些人脉资源可以动用。

---

[1] 上海图书馆藏《王懿荣书札》，叶23。

四、余论

美国传教士丁韪良（William A. P. Martin，1827—1916）曾经在中国生活六十多年，并长期从事教育工作，曾谈到通讯与交通对中国现代化的意义：

> 中国的羸弱并不完全是因为它在技术和科学方面落后。它也是因为部分和整体之间的连接存在着缺陷，以及各个不同地方之间缺乏联系。因此中国人缺乏共同感，地方观念往往高于国家利益。关于这种疾病的治疗方案很快就会出台——铁路和电报正在把帝国各个互不相干的部位焊接为一个统一的整体。邮局也正为这同一结果作出贡献。
>
> 中国很久以前就已经拥有了一种驿站制度：骑马的信使

> 用来传递官方的急件，步行的信使则为私人信件提供传递服务。前一种服务是由国家提供的，后一种服务则属于商行。现代化的邮局目前在每一个行省都提供以上这两种服务。对于多数的大城镇来说，邮件可以用轮船或铁路送达——相对于骑马和步行来说，这会省下大量的时间。旧方法缓慢而不确定，新方法既安全又方便。[1]

在丁韪良看来，铁路、邮局、电报正在把广袤的大清帝国各个互不相干的部位焊接为一个统一的整体。受到西方邮政制度的启发，晚清的许多官员都曾发表过建立现代邮政体系的言论。吴大澂的友人、曾出使多国的外交家张荫桓（1837—1900）在致盛宣怀信中这样写道：

> 外国邮政岁获亦巨，开销亦多。中国可仿其意为官信局，官给士担。每年所收士担费不少，无伤国体，有益偏氓，即以此款济海军之用，不无小补。昨曾上书师相，如以为可，兄当博考善章，以备采择。吾弟觉其能否有成，既成之后，有无利弊。乞详示。果有把握，兄当具疏请行也。[2]

[1] （美）丁韪良著、沈弘译：《中国觉醒：国家地理、历史与炮火硝烟中的变革》，北京：世界图书出版公司，2010 年，157 页。

[2] 王尔敏、陈善伟编：《近代名人手札真迹》，第一册，134 页。这封信里还谈到，有西方人想在中国建电话（称为电筒）。

位居中枢的翁同龢也在 1887 年十二月初九日的日记中记载：

> 钟杰臣（英）来，以刘铭传致阁相函见示（用轮船运漕，台湾亦欲买轮船助运），裁驿站，仿北洋邮政。[1]

吴大澂也曾用过邮政局寄信。1890 年十二月初二日，吴大澂写信给在京师的表弟汪鸣銮，信中提及：“前月曾复一缄由邮政局寄京，亮早达览。”[2] 此时，吴大澂正在苏州为母亲守丧，不得用官方折差和马封，所以用邮政局寄信。只是吴大澂所说的邮政局，应是海关所办，而非清政府建立的全国性邮政局。不过，数年之后，全国邮政系统正式建立，中国邮政翻开了新的一页。

上引丁韪良的论述中还提到了电报在现代化中的重要性。电报在 1870 年代初传入中国，到了光绪年间，在那些发达的省会，封疆大吏之间用电报来互通信息已经相当普遍。[3] 电报也应用于商业和金融。1889 年，吴大澂在河南致徐熙的信札中谈到了电汇：“玉圜、玉璧即乞代付六十金。前次电汇之款计早收到，

---

[1] 《翁同龢日记》第五卷，2206 页。

[2] 北京故宫博物院藏（编号 00069140）。

[3] 吴大澂和张之洞之间的通电稿尚有许多存世。吴大澂的电报稿现存于上海图书馆。

此款有便再行汇还。”[1] 这说明吴大澂在支付文物商款项时也曾用电汇。次年，吴大澂向主持电报事业的盛宣怀推荐他的学生韩继云到陕西电报局工作，盛宣怀接受了吴大澂的推荐。[2]

也就在 1874 年左宗棠派士卒由陆路将大盂鼎运送至京的两年后，由英国人建造、我国第一条铁路——淞沪铁路正式通车运营。1905 年，亦即吴大澂去世后的三年，由詹天佑（1861—1919）主持设计的京张铁路开工。如果用铁路和公路在陆路上运送大盂鼎这样的重器，并非难事。

进入民国以后，中国政府为统一货币做了种种努力。如果我们读吴大澂的孙子吴湖帆的日记，会发现古董的买卖已经用银元结算。

无论是政府的驿站还是各种信局，蒸汽轮船还是铁路，票号还是洋行，银两还是银元，它们都不是为了古董收藏活动而设立和制作。但是，身处变革之际的晚清官员和学者却能利用既有的和新兴的社会网络和机制，在更大范围内以更快的速度开展他们的收藏活动，与此同时，与收藏活动密切相关的学术领域也呈现出新的规模和气象。这才是我们不能忽略收藏史上网络因素的原因。

[1] 《吴大澂手札》，上海：上海书画出版社，2007 年，47—48 页。

[2] 参见香港中文大学文物馆藏吴大澂致盛宣怀信札。

下篇

吴大澂的收支与收藏

在近年来的艺术史研究中，收藏史日益引起了人们的重视。在收藏活动中，除了家族递传、礼品赠送、彼此交换，以及随着时间的推移，本来无价的礼品成为有价的藏品外，购藏是文物流通最常见的模式。购买行为与收藏者的经济来源、实力直接相关，因而收支的问题便自然而然地出现在研究者的面前。

无独有偶，和收藏史的研究不断进展几乎同步的是，关于晚清官员收入的研究在近年也进入了一个新的阶段。从早期的张仲礼的《中国绅士的收入》[1]、张德昌的《清季一个京官的生活》，

[1] 张仲礼著，费成康、王寅通译：《中国绅士的收入——〈中国绅士〉续篇》，上海：上海社会科学院出版社，2001年。张先生的英文原著完成于1950年代初，于1962年出版。

到最近几年张宏杰关于曾国藩（1811—1872）的著作[1]和其他学者的论文，对晚清官员的收入和支出的研究越来越具体深入。在早期的研究中，张仲礼的著作使用的文献主要是地方志（包括省志、府志、县志）和家谱、族谱这类“公共性”的资料，所作的是一个社会学的综合性叙述，视野宏阔，高屋建瓴。与之形成鲜明对比的是张德昌的《清季一个京官的生活》，此书依据的主要文献是李慈铭的日记——一种“私密性”的文献。李慈铭虽为晚清享有盛誉的文人，但对日常生活中的收入和开销，无论多么细小，都有具体的记录。张德昌据此做了十分细致深入的研究，使我们对一个晚清京官生活的琐屑细节，包括每一笔具体的收与支都会有真切的了解。在晚近的研究中，张宏杰的著作最令人瞩目，他关于曾国藩收支状况的研究，除了援引当事者的日记、家书外，还有存世的账单。张宏杰的研究不但有可靠而又具体的文献资料为依据，还能广泛地援引清代的制度与种种惯例习俗，将深入而又细致的个案研究置于一个更为广阔的社会文化背景中去理解和阐发，堪称研究晚清官员收入和支出的力作，对研究晚清其他官员的收支深具启发性。

吴大澂和曾国藩相识，与李慈铭为友。但他既没有为我们留下收支的账目，在其残存的日记中，也几乎没有收支方面的

[1] 张宏杰：《给曾国藩算算账：一个清代高官的收与支（京官时期）》；《给曾国藩算算账：一个清代高官的收与支（湘军和总督时期）》，北京：中华书局，2015年。

记载。所幸的是，在存世的二百多通吴大澂家书中，[1] 他经常提到自己的各种收支，为我们大致了解他这方面的情况提供了一些原始资料（图 3-1）。家书同样属于“私密性”的文献，虽然不如日记那样每日都有记载，但在提及收入和支出时，常需向收信人解释前因后果，所以能提供比流水账更为具体的上下文。

需要指出的是，吴大澂本人留下的资料还不足以让笔者完成像张德昌和张宏杰那样比较准确的叙述，笔者对吴大澂为官时的收支情况只能做一些尽可能合理的推测。这些推测，虽然并不能确切地告诉读者吴大澂每年的收入究竟有多少，他花了多少钱来买古董，但通过直接援引本身带有叙述性的私密文献，读者或许能在本篇的引导下，对吴大澂的收入来源和具体开销有一些比较真切的感受。由于吴大澂是晚清活跃的收藏家，本篇的另一个重点便是尝试性地分析他的收支和收藏活动的关系。

[1] 存世的吴大澂信札主要有由吴湖帆收藏并装订的《愙斋家书》（共四册），始自 1871 年，迄于 1898 年，共一百六十一通（含附函），此为大宗，现藏上海图书馆。另外中国国家图书馆藏四十通，中国国家博物馆藏四通，北京故宫博物院藏四通，1996 年 3 月 27 日在 Christie’s 纽约分公司拍卖的十八通（目前藏者不详），上海麓斋藏九通，加上其他的公私收藏，已有二百余通。此处所说的“家书”，仅指吴大澂写给母亲、哥哥、弟弟、侄子的书札，写给叔叔、表弟、亲家、妹夫等的信札不包括在内。以古人写信的标准来看，吴大澂的家书通常相当长，包含的信息量也比较大。文本所引吴大澂信札，皆为稿本。其中吴大澂致徐熙信札，原件也存世，但文本已经整理出版为《吴大澂书信四种》，为便于读者查找，引用整理版。

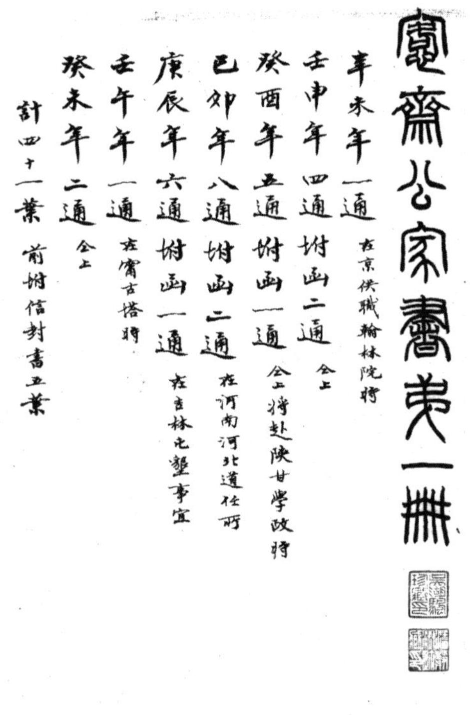
愙齋公家書弟一冊

辛未年一通 在京供職翰林院時

壬申年四通 附函二通 仝上

癸酉年五通 附函一通 仝上將赴陝甘學政時

己卯年八通 附函二通 在河南河北道任所

庚辰年六通 附函一通 在吉林屯墾事宜

壬午年一通 在甯古塔時

癸未年二通 仝上

計四十一葉 前附信封書五葉

图 3-1 吴湖帆旧藏《愙斋公家书》 现藏上海图书馆

一、吴大澂的收入

1. 吴大澂的家境

我们首先来介绍一下吴大澂的家境，因为财富也可能来自家庭财产（家族留下的田产和生意）的继承。关于吴大澂的家世，顾廷龙所编《吴愙斋先生年谱》有简略的介绍，李军的《吴大澂交游新证》讨论最详。吴大澂的祖上本为徽州人，明成化年间入吴。较之同城的顾氏、彭氏、韩氏、潘氏诸姓，科名虽不如其盛，但也是书香门第，吴中望族。[1]

我们虽没有具体资料来考察吴大澂的家族在他步入仕途前

---

[1] 李军：《吴大澂交游新证》，复旦大学博士论文，2011年，21页。

的财产规模，但是从已有的记载可知，他的祖父吴经堃（1794—1838）为监生，捐授州同，喜欢收藏书画。父亲吴立纲（1814—1857）因家道中落，弃儒从商，然不改书生好读本色。母亲韩氏出生于苏州的大家族，外祖父韩崇是甚为活跃的收藏家，家境应该相当殷实。韩崇的兄长韩崶（1758—1834）功名不高，但官至广东巡抚署总督、刑部尚书兼兵部尚书，是韩氏一族中的高官。如果从门当户对的角度来看，吴氏家族在当时的苏州算得上是大户之家。

但吴氏家族在吴大澂和他的弟弟吴大衡通过科举成为政府官员前，并不是豪富。吴大澂在中进士前，曾不时地向寓居苏州的退休官员李鸿裔借钱，为官后才逐步还清。1873 年八月，吴大澂被任命为陕甘学政，他在苏州聘请幕僚。所聘之人赴陕需要川资，苏州家中一时拿不出钱，吴大澂请哥哥吴大根向李鸿裔借五百两银子。[1]1879 年春，吴大澂被任命为河南河北道道台，他在五月初七日发给吴大根的信中说：

> 兹托日升昌汇去苏曹平银一千两，系还香严处借款。……都中借款均已清理，尚有各科团拜费及喜助、喜举未尽缴清耳。[2]

[1] 《愙斋家书》第一册，叶 13。
[2] 《愙斋家书》第一册，叶 23。

由此可见，吴大澂在翰林院时，仍常向他人借款，一直到当了一个有实权的地方官后才还清。吴大澂为官以后，一直努力实现父亲生前的愿望，建立吴氏义庄。这从另一个方面说明，在吴氏兄弟为官前，吴家的财产可以维持一个富足而体面的生活，但要购买土地建立义庄，却一直心有余而力不足。而建设义庄的计划，则直至1879年吴大澂担任道台这样有实质性权力的地方官后才开始实施。

2. 吴大澂为官后的收入渠道

俸禄

晚清官员的俸禄极低，一品官的正式年俸不足二百两，遑论其他。所以，当吴大澂在信中谈到自己的收入时，基本不提及俸禄。1871年至1873年，吴大澂在翰林院任编修，这个职务荣誉高，令人歆羡，但京官的收入总显微薄。不过，吴大澂总算是有了稳定的收入，加上各种补贴和礼金，经济状况总比入仕之前好了许多，收藏活动也在此时开始。

养廉银

从雍正年间开始，清廷实行养廉银制度。讨论清代养廉银的论著相当多，在网络资源丰富而检索又十分方便的今天，读者可以自己查找，此处不再赘述。在此只是指出，学者们都指出养廉银是比俸禄更为重要的收入，对于外放的京官及地方官而言，尤其如此。

1873—1876年吴大澂出任陕甘学政一职，这是他第一次被朝廷外派，可以得到较高的养廉银和其他费用。何刚德在《春明梦录》中写道：

> 从前，京官以翰林为最清苦。编检俸银，每季不过四十五金。所盼者，三年一放差耳。差有三等，最优者为学差。学差三年满，大省分可余三四万金，小亦不过万余金而已。次则主考，主考一次可得数千金，最苦如广西，只有九百金。[1]

也就是说，出任学政是清贫的翰林院编修和检讨发财的一个最佳机会，收入多少又和地区差别有关，大省份多得、小省份少得——差异很大。此外，学政还可以在所派省份将许多才俊纳入门下，其中的成功者日后可以增强自己的政治实力，门生们在经济上接济老师也是情理中的事。所以，吴大澂在翰林院时，一直盼望着被朝廷任命为考官。1872年九月十九日，吴大澂在致哥哥吴大根的信中写道：

> 都中传言李相密保四人，有弟在内，新放九江道之沈品

[1] 何刚德：《春明梦录》，载何刚德、沈太侔：《话梦集·春明梦录·东华琐录》，北京：北京古籍出版社，1995年，88页。

莲（保靖）亦在四人中。弟有“才堪大用”等语，此系枢府中传出，或非无因。然弟自入词林，不欲遽放外官。明年尚拟得一试差，此味不可不尝。若放一府道，为风尘俗吏，殊非所愿。此事能不发动最妙。况外官实不易做，未敢自信也。此说幸勿告人为祷。[1]

信中提到的“李相”即李鸿章，1870 年吴大澂曾短暂地在李鸿章的手下做幕僚。当吴大澂听到京师传闻李鸿章要推荐他当地方官时，他想的却是被朝廷外派当主考官。次年，吴大澂如愿，获得了比考官更为优越的陕甘学政一职。只是陕甘地处偏远，经济本不发达，长达十二年的“回变”刚刚平定不久，百业凋敝，不是何刚德笔下的“大省”，所入也自然受到影响。不过，倘若他这次得到的是“试差”（乡试主考官）而非学政的话，能剩下的钱也就几千两。而作为学政，他的收入结余会超过考官，理应知足。无论如何，在任陕甘学政期间，吴大澂的收入有了明显的改善，他利用陕西为古代文物主要出土地，古董价格便宜的地利之便，开始了有规模的收藏活动。

1879 年，吴大澂出任河南河北道道台，这是他第一次担任地方官，可以领道台的养廉银。1880 年正月，吴大澂被朝廷派往吉林。这年的三月十六日，他在赴吉林任之前写给吴大根的

[1] 《愙斋家书》第一册，叶 7。

信札中提到了自己的养廉银："现在道缺未开，尚可支领全廉，每季可领六百余金。"[1] 由于朝廷尚未派人来顶替吴大澂的空缺，所以他照领道台的全分养廉银。以每季六百余两来推算，吴大澂在河南任道台时的一年养廉银约二千五百两银子。[2] 但是，我们从吴大澂在河南任道台期间寄回家的钱来看，他的收入远远超出养廉银的数额。1880 年三月初八日致吴大根信云：

> 兹托日升昌寄去苏漕平银二千两，以五百归还庄尾款，其余千五百金，望交五叔父存典生息，以此息银为弟妇等月费。为数虽属无多，恐将来缓急所需，不能不稍留余地也。……定于初九日由汴起程，计二十前可抵津门。月杪到京，至多不过半月之留，一切应酬，概从删减。托日升昌汇京二竿（谦慎按："竿"为千两之别称，"二竿"即二千两银子）作为都门用度，想师友同乡亦必见谅。此次不敢过费，恐有亏累，无从弥补也。[3]

光是三月从河南寄出的钱就有四千两，吴大澂在养廉之外

---

[1] 《愙斋家书》第一册，叶 37。

[2] 耿茂华引光绪《清会典事例》，认为清代中期以后，河南的道员的养廉银在 3893—4000 两。见耿著《清代养廉银制度》，载《中国近代史史料学会学术会议论文集之七——中国近现代史及史料研究》(2007)，93 页。由于晚清的养廉银经常被扣减，这一记载和吴大澂信中所说有较大出入。

[3] 《愙斋家书》第一册，叶 34—35。

必然还有其他的收入来源，这其中之一便是“公费”。

公费（津贴）

晚清的地方政府官员，在日常工作中会有种种花费，补贴花费的津贴称为“公费”，既用于公务开销，结余部分也可充作私人收入。关于“公费”的研究，张仲礼的《中国绅士的收入》已有涉及，但极为简略。[1] 美国学者曾小萍（Madeleine Zelin）的《州县官的银两》对此也有专门讨论。[2] 近年来，史学界对晚清的“公费”问题研究颇有成果，其中关晓红关于晚清直省公费的讨论与本篇的关系最为密切。[3] 关晓红指出，“直至光绪时期，清廷的正式规制中，文职外官在俸禄之外有养廉银，却无公费”。由于养廉银经常用于一个官员日常办公的开支，上级官员便向下级收取津贴，“津贴除补助公务用途外，似有逐渐演变为官员个人额外收入的趋势”。[4] 虽然晚清的一些财政改革旨在使公费成为一种公开拨予的固定经费，但从吴大澂的书札所反映的情况看，在有的情况下，公费的多少可能是官员根据惯例和本人的需求自行申请，继由上级核准。核准后实行包干制，

---

[1] 张仲礼：《中国绅士的收入》，37—39 页。

[2] 曾小萍著、董建中译：《州县官的银两——18 世纪中国的合理化财政改革》，北京：中国人民大学出版社，2005 年，160—178 页。

[3] 关晓红：《晚清直省“公费”与吏治整顿》，《历史研究》2010 年第 2 期，65—80 页。其他讨论“公费”的论文，由于各种数据库检索论文方便，不在此一一列举。

[4] 关晓红：《晚清直省“公费”与吏治整顿》，67 页。

多余者，官员可以留作私用。

1879 年赴河南河北道任时，吴大澂在闰三月初九日致吴大根的信中提到自己的公费：

> 每月提用公费千金，署内约须用七八百金。四厅节寿照常致送。三府各县均未开征，不能不量加体恤。弟不欲居裁减之名。而于公事有碍之陋规，亦须核汰，于心稍安。约计都中用款及去年积欠，五六月间均可清理。[1]

对我们了解吴大澂作为一个地方官的收入来说，此札极为重要。其一，每月的公费可结余二百多两，归吴大澂自己。由于省下的公费归自己，所以吴大澂尽量节省。在同一通信中吴大澂还说：

> 历任往来舆从甚繁，用车至一二十辆。弟此次到工，只幕友一人，随员一人，跟仆两人，用车四辆，向无此清简者。其实体恤属员即体恤百姓，供应出自四厅，车马出自民间，何必以此为体面耶？[2]

其二，吴大澂提到了公费以外的几种收入：下属四厅在主

[1] 《愙斋家书》第一册，叶 20—21。

[2] 《愙斋家书》第一册，叶 22。

要节日（如端午、中秋等）和官员寿辰送的节寿礼金；但目前尚未向其他下属三府的各县开征各种“陋规”允许的费用。吴大澂既要“量加体恤”，于有碍公事的陋规有所核汰，但又“不欲居裁减之名”，因为这可能为自己和将来的继任者制造麻烦。因为依陋规所得到的“规费”很大部分用于办公费用。[1] 其三，在出任道台之前，吴大澂在京师任职翰林院，欠下了一些债务，也要靠当道台的所得来还清。

1880 年二月十三日，吴大澂在给吴大根的信中说：“刻下尚有养廉二季未领，公费一月，盘费之外，略有盈余，亦尚从容也。”[2] 可见养廉与公费的结余，是吴大澂主要的可支配私人收入。信中所言“盘费”是指吴大澂在这年春天被任命为吉林事务帮办后赴任的路费。

1880 年四月，吴大澂被朝廷派往吉林。他四月十七日在吉林致吴大根信云：“弟之公费，自行奏请每月五百金，亦可敷用。”[3] 吴大澂此次是作为吉林事务帮办派往吉林的，并非像道台那样是正式的地方官，所以公费并非按照朝廷已有的规定来核发，而是“自行奏请”。吴大澂在 1882 年七月十四日由吉林

---

[1] 关于陋规及其规费的讨论，参见瞿同祖著，范忠信、晏锋译：《清代地方政府》，北京：法律出版社，2003 年，46—57 页；曾小萍：《州县官的银两》，51—67 页；张宏杰：《给曾国藩算算账（湘军暨总督时期）》，90—163 页。

[2] 《愙斋家书》第一册，叶 34。中国国家图书馆藏有一通类似内容的信，也写于二月十三日，后附一纸：“前托日升汇去千金，阜康汇去四百金，未知已达到否？”见中国国家图书馆藏《吴大澂书札》（编号 4803），第四册，叶 15。

[3] 中国国家图书馆藏《吴大澂书札》（编号 17678），叶 18。

复其兄的信札中说：

> 连月不出门，一切用度较省，每月公费略有盈余，特属念劬汇去漕平银三百两，稍资挹注，乞收入。冬间喜用，容再另筹寄去可也。[1]

这后一通信除了说明节省下的公费归官员自己外，吴大澂或许还有其他渠道可以筹到冬天办喜事所需的钱。虽说渠道不详，但是晚清官员在俸禄、养廉银、公费之外，还有别的途径（如种种陋规）得到收入则是可以肯定的。正如瞿同祖所指出的那样："通过在每一个可以想象的场合收费，中国官僚体系每一层级的成员们都能补充他们的收入。虽然这种惯例是'不正常的''贱鄙的'，正如'陋规'一词本身所表示的；但它仍然被确立和承认，并成为广泛接受的事实。因此，它也在法律的默许之内。"[2]

不过，从上引吴大澂的家书来看，谈及自己的收入，吴大澂所言多为"养廉"和"公费"，而且在前引家书中他还提到要核汰不合理的陋规。可见，在"陋规"泛滥的时代，吴大澂还是一个具有自我约束力的官员，和他的"清流"名声吻合。

1887年吴大澂出任广东巡抚，成为一方诸侯，位高权重。

---

[1] 中国国家图书馆藏《吴大澂书札》（编号4803），第八册，叶2。

[2] 瞿同祖：《清代地方政府》，47页。

广东海关每年给巡抚官署送一万两的津贴，津贴是以节敬和寿礼的名义奉送的。吴大澂在五月十三日致吴大根的信札中说：

> 此间因海关为税司所并，一切酬应，将来恐难开报。现已陆续裁减。抚署本有津贴，每年一方（谦慎按：即一万两），分节寿五次。此时仅送午节，未知中秋有无变动耳。赫德因厘税并征，先揽六厂货厘之权，继夺海关六厂常税之权，监督所管各口。十去其八，甚为焦急，只得先裁本省之用款。或裁寿而不裁节，稍留余地，尚为平允，否则将军支持不下矣。[1]（图 3-2）

吴大澂原来以为，赫德在 1887 年三月的关税改革会导致广东海关所承担的巡抚津贴有所裁减，如果裁掉十分之八，每年要少掉八千两的银子，令他十分焦虑。如果只是“裁寿而不裁节”（亦即裁去寿礼，不裁节敬），情况稍好。不过，吴大澂的担忧后来被证明是多余的。当年十月吴大澂的母亲生日时，广东海关还是送来了礼金。吴大澂十月十八日致吴大根的信中写道：

> 母亲寿辰，海关送来祝敬二竿，照例受之。兹属票号汇去，

[1] 1996 年 3 月 27 日 Christie’s 纽约分公司拍卖吴大澂信札册。

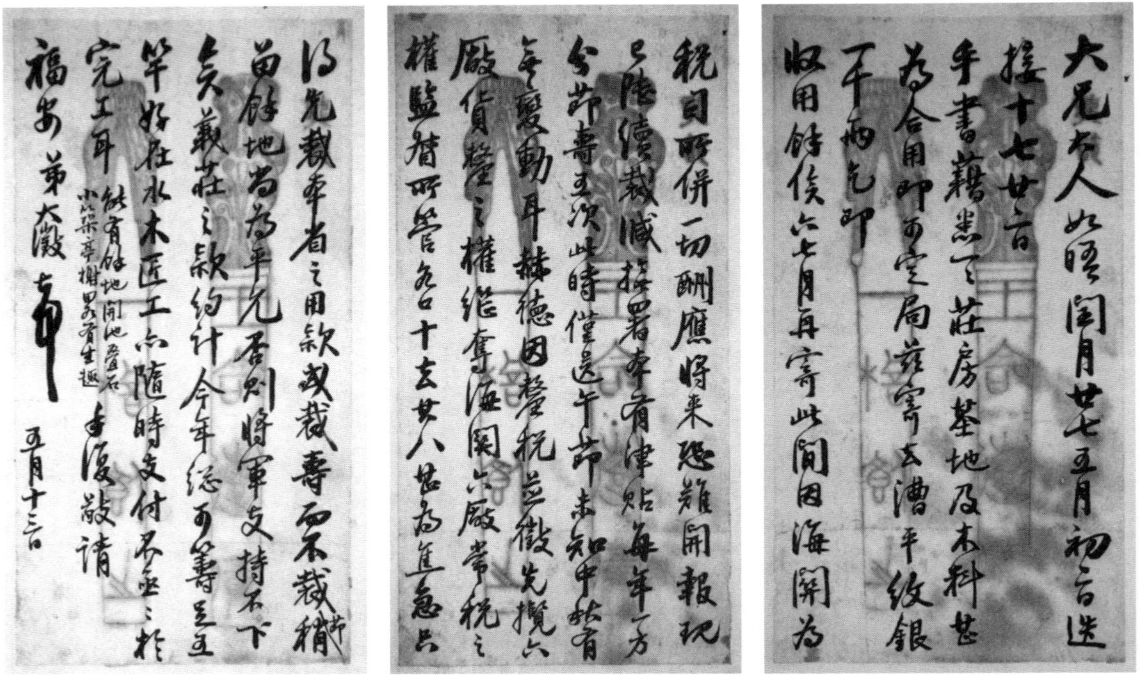

图 3-2　吴大澂 1887 年致吴大根信札　私人收藏　Mrs. Judith Smith 提供图片

请以一竿呈请母亲收用，以一竿归入修理义庄之用。尊意想亦以为然也。[1]

这一年是吴大澂母亲的七十四岁寿辰，并不是逢五、逢十的大寿，送礼多达两千金，而且吴大澂还是“照例受之”，可见，以节敬与寿礼为名的津贴并没有被裁去。如果不是吴大澂在下一年离任去河南治理黄河，他每年都能在母亲的寿辰得到两千两贺金，亦即前面提到的“每年一方”中的一笔。在同年十一月初七日致吴大根的信札中，吴大澂再次谈到了海关送的津贴：

海关每节二数现已照送，总可用一存一，因抚署每节送将军都统，亦须五百金。署中节敬、节赏，约需四百余，全赖海关一款为之挹注也。[2]

也就是说，广东海关送给巡抚署的一万两津贴，分五次支付，每次两千两。但吴大澂也需用差不多一半的津贴来作为送给他人的礼金。

[1] 《愙斋家书》第二册，叶 22。吴湖帆注曰：“丁亥十月十八日。廿二日为韩太夫人七十四岁寿诞。”

[2] 《愙斋家书》第二册，叶 24。

经营收入

很多晚清的官员为官时积聚财富，到手的银两扣除用项后的结余部分，通常会投入经营，致仕后更是依靠投资收入来维持生活。晚清大收藏家顾文彬的日记和家书中有大量涉及生意的内容，如1878年六月初四日日记记载：

> 新得潘和丰酱园，有东西两店，房屋、店货、生财，约共七千余金。先已成交，是日盘店，三儿、四孙及账房友俱往。[1]

我们从顾文彬的日记和家书还能看到，在典当业比较发达的晚清，苏州的退休官员收藏家如吴云、李鸿裔、顾文彬等，都参与了典当业的经营。[2] 钟佩贤（1850年进士）在做京官时，把钱放在苏州的典当铺，由吴云照管。需要钱时，由吴云寄到北京。[3]

吴大澂的经济实力与上述收藏家相比差了很多。但是，当有一些钱不是急用时，他也会存入典当生息。在前引1880年三月初八日致吴大根的信中，他就提到了要把一千五百两银子“存典生息”。

1887年七月初九日，时任广东巡抚的吴大澂在致吴大根的信中说：“兹寄去漕平纹银二千，乞代交典中存息（庞芸皋处如

---

[1] 顾文彬：《过云楼日记》，469页。
[2] 顾文彬：《过云楼家书》，叶158。
[3] 参见2014年12月14日西泠拍卖公司秋拍，“钟佩贤致吴云信札”，编号1133。

可存最好。数目不多,想易安置)。”[1] 庞芸皋即庞元济(1864—1949)的父亲庞云曾(1833—1889),湖州南浔富商,存入他的典当或许能获利较多。

礼金

关于礼金,在张德昌和张宏杰的研究中都多有涉及。李慈铭的日记详细记载了在京期间收到的各种礼金,张德昌制表列出,令人一目了然。张宏杰对曾国藩所收礼金的分析,则从体制、官场习俗、官员的心理等不同层面入手,更为深入。曾小萍曾这样描述官场的礼金文化:“所有的官吏,从最底层的县丞到总督,都定期向上司呈递已成惯例、数目确定的白银作为礼物。这些礼节包括上司的生辰规礼、新官到任的贺礼、拜见官员的表礼、每年主要节日的四节节礼。这些礼物数目可观,尤其是省里大员比如巡抚和布政使所收受的礼物。”[2]

我在上面讨论“公费”时,已经涉及了广东海关定期定额送给巡抚署的津贴。但是,晚清官场上不定期不定额的礼金馈赠名目远远多于曾小萍所述。正如张宏杰指出:“清代官场的基层官员需要向上级致送的礼金异常繁重复杂。”[3] 而礼金的收受

[1] 《愙斋家书》第二册,叶16。

[2] 曾小萍:《州县官的银两》,51—52页。

[3] 张宏杰:《给曾国藩算算账(湘军总督时期)》,110页。有兴趣的读者可参考张宏杰在此书中给各种名目的礼金的描述和分析,见110—118页。

可能还受制于很多我们依然了解不够的惯例和习俗。由于吴大澂的友人翁同龢的日记中记载的礼金甚为详细，我想从此入手，提出一个和晚清官员（包括吴大澂）收入相关的问题：礼金的收受与拒绝（特别是后者）受到哪些因素的制约？

读翁同龢的日记不难发现，晚清官场上礼金的赠送、收受、谢却的名目繁多，十分复杂。1858—1859年，翁同龢任陕西乡试的副考官，在任官期间和返回北京途中，一些地方官赠送的礼金他基本没有接受。[1] 翁同龢为何退回礼金，原因不详。而一向以廉洁自居的曾国藩，却在1842年担任四川乡试主考官后返回北京的途中，对各省地方官的馈赠基本来者不拒。[2] 同为清官，个人的处境不同，对礼金的认知有异，对礼金收受的把握尺度自然也就会有所差别。可是到了1862年，翁同龢出任山西乡试正考官，考试结束要返回京师时，对各方所送程仪却又都接受了。[3] 为何与三年前的所作所为截然不同，难道是正副考官的身份差别使之如此？

---

[1] “沈栋泉暨各房官均有赠，却之。”“王竹侯观察赠百金，却之。麟盐道赠五十金，却之。萧令赠百金，力却之。”“李惺夫赠百金，却之。”“永济令岳玉溪（号昆圃）来见，有赠，却之。”“张石卿大令来见，有赠，却之。”“仍食王静盦斋中，太守有赠，却之。”以上都是翁同龢从陕西回北京的路途上地方官员送的钱。见《翁同龢日记》第一卷，40、57、60—62页。“有赠”有时指赠物。

[2] 参见张宏杰：《给曾国藩算算账（京官时期）》，130—135页。

[3] 翁同龢1862年闰八月初六日日记：“九房公送折席银一百两。”十一日日记：“九房送程仪二百两，又磨勘费廿五两。”二十日日记：“是日同城各官送程仪八百两（随封一百）。”同月二十三日日记：“以千二百金托凌月槎会寄京师。”见《翁同龢日记》第一卷，257—260页。寄回北京的一千二百两银子即在山西所得各种礼金，包括程仪。

在此后的政治生涯中，翁同龢位居中枢，官场人脉绵密广泛，经常收到各种礼金（包括别敬、炭敬等等）。这在他的日记中，一般都会有记载，虽然难免遗漏。有意思的是，他经常收受礼金，也经常退回礼金。如 1869 年五月二十五日："英西林以二百金赠，却之（明日仍送来，使者三返，仍受之，伤廉矣）。"[1] 英西林即满族大臣英翰（1829—1876），此时正领兵剿捻军，暂时回京营葬，给翁同龢送礼金。翁同龢连退三次，最后觉得再退简直是太不给情面了，勉强接受，却说自己是"伤廉"了。

1874 年四月十二日，翁同龢在常熟为母亲守丧后，返回北京，途中路过苏州，"抚、藩、吴县、首府皆有赠，皆却之"。[2]

翁同龢为何对巡抚、布政使（藩）和其他地方长官的礼金"皆却之"，原因依然不详。京官收受地方官或外放官员的礼金，似乎有惯例可依。翁同龢 1877 年三月二十九日的日记写道："龙芝生来谈，赠六十金，却之，向来试差回京无此应酬也。"[3] 龙芝生即龙湛霖（1835—1905），1876 年秋任云南乡试正考官，回到京师后拜访翁同龢，送上礼金。翁同龢以为有违惯例，不予接受。这说明，送礼金和接受礼金皆有一定规矩。

翁同龢 1883 年元月十四日的日记记载：

---

[1] 《翁同龢日记》第二卷，727 页。

[2] 这条记载之下，翁同龢列了送行官员名单。《翁同龢日记》第二卷，1074 页。

[3] 《翁同龢日记》第三卷，1316 页。

李丹崖从家来，长谈，赠物受，赠金却之。粤海崇（光）君有赠，却之。[1]

五月二十一日：

薛叔耘（福成）、张屺堂（富年）两观察皆有赠，受之。裕寿泉京尹（长）有赠，却之。[2]

1885 年九月十四日：

李丹崖（凤苞，出使德国大臣，从海外归）来谒，余曾识于雨生处，盖崇明诸生，精洋学者也，临行怀中出二百金为赠，力却之。李相国、王鲁芗观察皆有赠，受之。[3]

上引三条日记都在同一天里对礼金有受有却，却没有告诉我们背后的原因。

在吴大澂其他友人的日记和书札中，也不时能见到类似的记载。张佩纶的日记记载：1885 年五月十三日，“胡守三寄百金来，作书却之”。九月二十八日，“周子玉寄百金，璧之”。1888 年春，

---

[1] 《翁同龢日记》第四卷，1757 页。
[2] 《翁同龢日记》第四卷，1877 页。
[3] 《翁同龢日记》第五卷，2008 页。

张佩纶返乡，三月二十四日，“伯平遣记来，赠赆二百金”。三月二十六日，“午后张令遣使来送赆，却之并复一书”。[1] 胡守三乃胡传（1841—1895），曾为吴大澂幕僚，虽无甚功名，然为人干练。吴大澂与张佩纶友善，胡赠送礼金或许也有建立关系之考虑。周子玉即周懋琦（1836—1896），1885 年任福州船政局提调，张佩纶曾在 1884 年任福建船政大臣，但在同年十二月就因马江之战的失败而被革职，两人在公务上似无交集。这些礼金为何被退，原因依旧不明。

香港中文大学文物馆收藏了吴大澂的结拜兄弟、晚清官办商人盛宣怀的友朋信札逾万通，其中一些涉及退还礼金。曾官至吏部尚书、文渊阁大学士的孙家鼐致盛宣怀信札云：

> ……八月间由某号寄来之件，弟缘深知阁下之累，当由该号璧回。来函未曾提及是否收到，祈便中示及。[2]

孙家鼐又有致盛宣怀信札云：

> 承惠多仪，岂敢固却。惟闻阁下积累尚多，正需清理廉泉分润，实觉不安，仍交原号寄回。伏希鉴收。叨在世好，

[1] 张佩纶著、谢海林整理：《张佩纶日记》上册，59、86、184 页。
[2] 王尔敏、陈善伟编：《近代名人手札真迹》，第六册，2689 页。这通信是次年初写的，因为落款时提到新禧。

不敢效世俗之交际也。[1]

盛宣怀寄来的礼金全被孙家鼐原封不动地退回。吴大澂的老师俞樾（1821—1907）谢绝盛宣怀礼金之赠的信札写得更妙："阁下虽有金玉，幸勿见投，省两边费事。"[2] 译成白话便是：我知道阁下很有钱，但是请不要汇款为盼，免得你寄来我再退回，两边费事。

在绝大多数的情况下，上引日记和信札只记载着"受""受之""却""却之""力却之""璧回"……至于为什么有些人的礼金收，有些人的不收，在大多数情况下并没有给出具体的理由。"受之"通常易于理解，因为这毕竟是实实在在的银两，世上有几人不喜欢？可这"却之"又是为何？似乎更应该有它的道理。我们对送礼的习俗都比较熟悉，但是对退礼的各种惯例却知之甚少。在中国古代的礼品文化中，全部或部分退还被赠与的物品，是常见的礼品文化实践。[3] 礼金是"钱"，钱可以如物，当作"礼"来送。钱便于储存，使用方便，为何拒之？是赠礼金者求其办事，他不愿意办？还是有违送礼惯例，无法接受？由于

---

[1] 王尔敏、陈善伟编：《近代名人手札真迹》，第六册，2694 页。

[2] 王尔敏、陈善伟编：《近代名人手札真迹》，第九册，4086 页。

[3] 关于这点，读者可参见陈智超：《美国哈佛大学哈佛燕京图书馆藏明代徽州方氏亲友手札七百通考释》（合肥：安徽大学出版社，2001）一书，书中送礼的信极多，涉及退礼的信札亦复不少，如：第 1 册，70、177、242、265、456、603 页；第 2 册，751、754、758、767、919、955、995、1030、1044、1087、1088、1089、1095、1102、1123 页。

记载简略，要回答这些问题实属不易。但如果我们能够把大部分送礼的官员的背景（包括科举、官职、籍贯、家庭）都查出来，找出和“受”“却”对应的、带有一定规律性的东西，则会对这一问题的理解有相当的推进。虽然这个工作量很大，但在“E考据”的时代，未必不能做到，做到了将会是一个很有意义的贡献。以我目前读到的资料，似乎同年和门生的礼金经常被接受。例如翁同龢罢官后，馈赠礼金的人大幅减少，友人（特别是门生）赠其礼金，则多收之。[1]可以推想，是收还是拒，和赠与人的背景及收受者的当下处境很有关系。

通过上面的例子不难看出，在吴大澂的时代和他的政治文化圈子，接受和退还礼金都是十分普遍的现象。那么，吴大澂在翰林院任职时，是否也会收到各种礼金和团拜费呢？他出任学政和道台时，是否收受过地方官吏、学生和其他人送的礼金呢？在他的日记和信札中，基本没有这方面的信息。不过，我在上面不厌其烦地介绍他的友人收受和拒绝礼金的例子，就是想说明：按常情来推断，吴大澂应该收过礼金。比如说，他在任陕甘学政的最后一年（1876）时，曾写信给表弟汪鸣銮，谈到他离开陕西时会收到“程仪”，而且他会接受（详细讨论见后）。但是，吴大澂和翁同龢、张佩纶等同属晚清政坛的“清流”，平

[1] 翁同龢1899年十月二十八日日记：“柳门遣仆送广西学政刘元亮（己丑朝殿，号菊农）函，并馈六十金，受之，知吾贫也，可感可感。”《翁同龢日记》第七卷，3288页。翁同龢是光绪己丑恩科的阅卷大臣，故刘元亮（1861—1908）为翁的门生。又见同书3356页。

素自我约束甚严，他大概也经常会退还礼金。只是数据阙如，我们不清楚他在礼金这部分收入的大约数额。

晚清官员可以接受他人一定数额的礼金，但若是利用职权向人索取银两，则被认为是索贿，触犯朝廷的律令。翁同龢在日记中这样记载：

> 衡司阿（克占）、刘（笃康）来回，军直房经承余翼朝向不安分，今闻向山东解硝委员索巨贿（三千），已革之。[1]

作为官员，特别是掌握大权和实权的官员，还有各种机会被人行贿，行贿也会以各种礼金的名义进行，关键在于是否接受这些贿赂。吴县张一麐在其撰写的《吴大澂妻陈夫人墓志铭》中这样写道："尚书抚湘，有武人介所亲行赇万金，夫人立斥去之，其明于义利如此。"[2] 吴大澂担任湖南巡抚期间，有武官送上一万两银子，走的是姨太太的路子，但陈氏深明大义，认为此乃行贿，不为金钱所动，毅然拒绝。总其一生，吴大澂是个相当清廉的官员，张一麐所述基本可信。

---

[1]《翁同龢日记》第四卷，1863页。

[2] 此墓志铭由武进庄蕴宽书丹，吴县汪荣宝篆盖，篆盖为"清故貤封一品夫人吴副室陈太夫人墓志铭"。

其他

甲午战败，吴大澂被罢官，晚年的收入受到严重影响。他开始变卖部分收藏，这也可以视为一种特殊的收入。1895 年闰五月十五日，战败后回到湖南的吴大澂在致吴大根的信中写道：

> 弟致莱臣一书内有书画单。弟思古画文玩皆身外之物，不如做些好事积德，以贻子孙。湘中五月无雨，步祷半月不应，旱象已成，弟劝乡民掘井，每口津贴钱二串。又直隶水灾，捐银五百两。望属莱臣汇银四千，以资应用……书画随后再寄，如不愿留，即作暂抵亦可。[1]

两个月后，在七月八日致吴大根的信中，吴大澂谈道：

> 六月廿七日接奉十五日手书并莱臣所寄苏漕平银二千两，当先付收条一纸。[2]

在八月初二日写给侄子吴本善的信中，吴大澂又说：

> 拟送庞莱臣四王恽吴二十轴，兹交许鋐带去十轴。其余

[1] 《窓斋家书》第四册，叶 21—22。
[2] 《窓斋家书》第四册，叶 26。

在家者，乞为检齐，一并送去。前寄二竿已收用，如有续交之款，乞留苏用（葬费即在此款内动用），不必汇湘也。[1]

以上是对吴大澂各种收入的一个粗略的描述。张仲礼在《中国绅士的收入》一书中这样写道："官员收入的构成……非固定的但经实行和习惯而变成合法的额外收入，远远超过规定的并记录在案的正式俸禄和津贴。"[2] 他还估算了主要的汉族地方官员每年的额外收入，认为一个道台每年的额外收入在七万五千两，布政使及漕督、河督每年的额外收入为十五万两，总督和巡抚每年的额外收入为十八万两。[3] 吴大澂担任过道台、河督和巡抚，但是若从他的家书涉及的收支，以及与友人、古董商因购买古董的通信（见以下的讨论）来看，张仲礼的估算远远地超出了吴大澂的实际收入，很可能存在严重误算。

那么吴大澂的年收入究竟多少呢？他在河南任道台期间，综合考虑其所得养廉、公费及寄回家的款项，他的年收入可能在二万至二万五千两两之间。他任广东巡抚后，收入应该有所

[1] 《愙斋家书》第四册，叶 32。吴大澂在信后附了二十轴的单子："王烟客绢本山水轴。王烟客金笺山水轴（在家）。又设色山水轴（在家）。王廉州仿巨然大障。又仿范华原立轴。王廉州仿黄鹤山樵万松萧寺图（在家）。王麓台水墨山水二轴（在家。一轴维扬道中作，一轴七十三岁作）。设色山水一轴。王石谷松石立轴。送旸谷山水轴，仿李营丘（在家）。又仿痴翁夏山图。写苏子美诗意。恽南田秋水征帆。又梅花竹石。恽南田仿黄鹤山樵玉山草堂图（在家）。吴渔山湖山春晚图（在家）。吴渔山为两公作山水轴（在家）。吴渔山水轴（苏邻题签，在家）（吴渔山五轴均未带来，送去十轴皆有圈，未圈者在家）。"

[2] 张仲礼：《中国绅士的收入》，32 页。

[3] 同上，39 页。

提高。乾隆年间规定广东巡抚的养廉银为一万三千两。如果这一规定没有很大变化的话，光是养廉银加公费就超过了两万，如果还有其他收入的话，年收入达到三万至三万五千两是完全可能的。由于对各类礼金的收受情况不详，我们很难准确地计算出吴大澂每年的收入。

二、吴大澂的主要支出

吴大澂的支出可以分为几大宗：1. 日常生活费用；2. 寄回家乡苏州的钱；3. 建设义庄的款项；4. 购买南仓桥新宅的款项；5. 聘请幕僚的支出；6. 红白喜事开销；7. 编书、刻书费用；8. 各类善款；9. 礼金及送给京官的炭敬、别敬、团拜费；10. 收藏古董的支出。

日常生活费用（包括应酬）

从记载来看，吴大澂是比较节俭的。他为外官后，可以住在官署，所以本人日常生活费用占整个开支的比例不大。吴大澂1868年就已成进士并选为翰林院庶吉士，在苏州为继祖母守丧后，于1871年回到北京翰林院，参加散馆考试。初抵京后，吴大澂在二月二十九日致其兄吴大根的信中说：

> 此间租屋后，事事创始，共费百数十金，尚多不备。日用一切，均照柳门处所定，包饭每桌七百文，煤火每日九百文，饭米每人十二两，至为省俭。每月总须四十金外。目前仅余三百金。[1]

看得出来，吴大澂的日子过得相当简朴。在 1872 年九月十九日致吴大根的信中，吴大澂甚至提到，他准备在京招生，辅导举子业，以此来增加收入。[2] 以后吴大澂的经济改善后，依然过着简朴的生活。

在吴大澂的日常开销中，有一项我们还不是很清楚，就是应酬费用。晚清官场的应酬十分频繁，尤以京师为著。李慈铭的日记和总理衙门章京杨宜治（约 1845—1898）的《惩斋日记》都记载了相当频繁的饭局，以至于私人应酬比公事还要繁忙，这自然也开销不小。[3] 吴大澂的挚友顾肇熙（1840—1910）在其日记中，也记载了 1870 年代初北京频繁的聚会和饭局，当时吴

[1] 《愙斋家书》第一册，叶 3—4。
[2] 《愙斋家书》第一册，叶 5。
[3] 李文杰：《总理衙门章京的日常生活与仕宦生涯——〈惩斋日记〉与杨宜治其人》，《中央研究院近代史研究所集刊》第 70 期（2010），65—71 页。

大澂经常参加这类活动。[1] 在张佩纶的日记中，则记载了 1878 年十月至 1879 年正月期间，吴大澂在北京时与张佩纶、张之洞、汪鸣銮、顾肇熙、曾之撰等甚是频繁的雅集。[2]

寄回家乡苏州的钱（包括过年的年敬和给下人的赏钱）

吴大澂是大孝子，为官后经常给母亲、哥哥、侄子写信，与家乡的亲人保持着密切的联系，并一直汇款供养老母，接济家用。吴大澂在 1880 年三月十六日致吴大根的信中说："家中用款，仍托日升昌按月汇寄百二十金。"[3] 1880 年六月十八日，吴大澂致吴大根的信中说：

> 前托日升昌汇寄家用，每月壹百二十金，可作四月底截止。五月以后，即由念劬处寄去，如苏市有可就近划用之处，望与念劬商之，弟由此间陆续寄还阜康可也。[4]

以每月一百二十两计算的话，吴大澂每年寄回家的钱约一千五百两。

除了每月寄苏州的钱外，到了年底，吴家送给亲友和下人的

[1] 参见苏州图书馆藏《顾肇熙日记》（稿本）第五册（同治辛未五月朔日，讫同治壬申十二月十三日）。

[2] 张佩纶著、谢海林整理：《张佩纶日记》上册，1—11 页。

[3] 《愙斋家书》第一册，叶 37。

[4] 中国国家图书馆藏《吴大澂书札》（编号 4803），第八册，叶 6。

礼金，亦由吴大澂汇寄。吴大澂在 1879 年十月二十八日致吴大根的信中说："今年用款较繁，一切未能宽裕。家中年敬拟托日号汇寄五百金，乞为换洋分送。"[1]

这一年为建义庄，吴大澂已经给家乡寄了很多钱，所以在年底寄钱回家时嘱咐将送礼的"银两"改为"银元"（一个银元约为银 0.72 两），如果原来送三十两，现在送三十元，依然是个整数，但实际上礼金的费用却减少了。1880 年十一月十一日，吴大澂给苏州寄了六百两，其中五百两用作年敬，请哥哥"换洋代为分送"。[2]1887 年十二月十四日，又到了要给家里汇年敬的时候，吴大澂写信给吴大根，再次提到"换洋"：

> 银二百两转呈母亲大人年敬，以资零用。外四百两乞代换洋，以五百元为馈岁之需。亦请母亲大人酌量分送，或增或减，皆无不可，愧不能丰耳。小坪曾叔祖曾有书来，应否于岁暮另送三十元？乞酌之。今年署中用度较费，又有意外之捐款。[3]

由上可见，吴大澂每年寄给家里的年敬在四百两至六百两之间。

[1] 《愙斋家书》第一册，叶 33。
[2] 《愙斋家书》第一册，叶 39。
[3] 《愙斋家书》第二册，叶 28。

吴大澂还常接济在京师为官的弟弟吴大衡（运斋）。1880年十一月十一日，吴大澂告诉哥哥，弟弟吴大衡请他在下一年开始每月寄四十两以资家用。1887年三月十七日致吴大根的信中说：

> 此间用度，除家用、署用及京寓汇款外（运斋处月寄百金），每月约可余三四百金。[1]

从1879年开始，如果没有特殊的红白喜事，吴大澂每年寄给家人的生活费约为二千两（包括年敬），1881年后约为二千五百两。

建立义庄的款项

前面已经提及，吴大澂的父亲在世时，一直希望吴氏家族能有自己的义庄。吴大澂从1879年担任道台后，就开始寄钱回家建立义庄。一直到1889年，还在为义庄的建设寄钱（见下引1889年二月二十五日从河南致其兄吴大根的信），先后为此花费了很多钱。义庄和家族的事，全由吴大根操办。吴大澂在1879年闰三月初九日致吴大根的信中，第一次提到了建义庄之事：

[1] 此札提到“柳门于前月十九日出棚，按试高州”，正是汪鸣銮任广东学政时，所以写于吴大澂在广东巡抚任上。此札见1996年3月27日在Christie’s纽约分公司拍卖吴大澂信札册。

以后节省用度，略有赢余，拟置义田五百亩为建庄之本，大约秋冬之间，此愿可偿。再筹三四竿，置一庄房，小小规模，立定基址，俟光景积裕，再为扩充。吾兄预为留意次第布置，以承先志。其款当于七八月间陆续汇寄。趁健帅任内代为奏定，可省一切零费。此亦吾兄弟平日心愿，急欲办理之第一事也。[1]

五月初七日的信中说：

中秋节后，约可凑寄四竿为义庄之用。[2]

六月初七日，吴大澂把“四竿”改为了“五竿”，想必筹款相当顺利：

……所购八百亩甚为凑巧，中秋可寄五竿。年底有寄都之款，未识能余三四数否？[3]

四天后，亦即六月十一日，吴大澂又给吴大根去了一信：

---

[1] 《窓斋家书》第一册，叶 21。

[2] 《窓斋家书》第一册，叶 23。

[3] 中国国家图书馆藏《吴大澂书札》（编号 4803），第四册，叶 7。

兹托日升昌汇去库平足纹银二千两，乞先收入，余俟中秋前再寄。[1]

六月二十九日寄大根的信中谈到义庄规条，又说：

古市巷基地，索价若干，如尚宽展，不妨购定。多筹一二千金，尚不十分竭蹷，中秋节前当属日升昌汇寄五竿，年内总可凑足一草（谦慎按："一草"为一万的别称），购定地址，将来逐渐兴工，较为容易。[2]

吴大澂是在1879年三月六日接印的。当道台三个多月后，就估计自己年内能凑足一万两寄回家办义庄，可见地方官收入之高。况且吴大澂任官之地，属于经济比较贫穷的地区，又正值水灾，依然可以有如此之高的收入。九月十七日，吴大澂致吴大根的信中说：

兹寄上苏漕平足纹银三千两，又下人分账壹百六十两（内给蓝宝三十两），望即察收。以后须年底再寄。都中用款，约须三四数，年内未能宽裕也。[3]

[1]《愙斋家书》第一册，叶24。
[2]《愙斋家书》第一册，叶27。
[3]《愙斋家书》第一册，叶30。

十月二十八日，吴大澂致大根信中说：

> 月初托日号寄去两竿，又振之寄还五十金，计冬月中旬必可达到。[1]

这“两竿”应该用于（或部分用于）义庄建设。

在此后的十年中，为了义庄之事，吴大澂陆续向苏州寄钱。1880年二月十三日，吴大澂在给吴大根的信中说：

> 兹托日升昌汇去苏漕平银三千两，以了庄田一款。刻下尚有养廉二季未领，公费一月，盘费之外，略有盈余，亦尚从容也。[2]

三月初八日致吴大根信中，又提到寄去的二千两中的五百两用于“归还庄尾款”（见188页）。十月初五日，已在吉林的吴大澂在给吴大根的信中写道：

> 昨接九月十七日手书，藉悉一切，所需八竿之数，前月

[1] 《愙斋家书》第一册，叶35、37。

[2] 《愙斋家书》第一册，叶34。中国国家图书馆藏有一通类似内容的信，也写于二月十三日，后附一纸：“前托日升汇去千金，阜康汇去四百金，未知已达到否？”见中国国家图书馆藏《吴大澂书札》（编号4803），第四册，叶15。

在省已先汇去三竿，想十月望后必可寄到。兹又托日升昌汇去两竿，计须出月始到。余俟明春再寄，因年节一款，尚须留作都门炭费，约在三竿左右也。[1]

吴大澂九月（即信中所言“前月”）所寄三千两银子，当用于支付义庄建设之款。1880年，吴大澂从河南和吉林共给家乡寄了八千五百两银子，用于义庄建设。

存世作于1881年到1886年期间的家书不算少，但是，寄款回家建设义庄的信息阙如。1880年三月十六日，吴大澂在浚县舟次写信给吴大根一札与前引三月八日一札内容相似：

前托日升昌汇京二竿，伲此用之实有不敷，不过再借数百金，恐亏累难以弥补耳。前寄两竿内，以五百金归还庄田尾款，其余拟托五叔父存典生息，俟到津后，再于盘费内提出五百金，凑足两竿，以此息银为弟妇等月费，恐至吉林未能源源接济耳。[2]

最后一句似乎告诉我们，他在吉林的收入低于河南。1886年三月初六日，吴大澂在吉林珲春写给吴大根的信中说：“新盖

[1] 《愙斋家书》第一册，叶38。
[2] 《愙斋家书》第一册，叶36。

花厅如有需款，望属念劬垫汇，将来划算。”[1] 这是目前笔者仅见的汇自吉林的建设之款。

1887 年二月，吴大澂抵达广州任广东巡抚，又开始加快了汇款的速度。四月二十三日，他写信给吴大根说：“义庄之款，久未得寄，兹托日升昌汇去漕平银一千两，并母亲节用银二百两。”[2] 不到一个月后，吴大澂又给家里汇了建庄之款。他在五月十三日致吴大根的信中说：

> 闰月廿七（谦慎按：是年闰四月）、五月初二日迭接十七、廿二日手书，藉悉一一。庄房基地及木料甚为合用，即可定局。兹寄去漕平纹银一千两，乞即收用。余俟六七月再寄。……义庄之款，约计今年总可筹足五竿。好在水木匠工亦随时支付，不亟亟于完工耳（能有余地，开池迭石，小筑亭榭，略有生趣）。[3]

六月一日，吴大澂在致吴大根的信中说：

---

[1] 1996 年 3 月 27 日在 Christie's 纽约分公司拍卖。由于吴家在 1884 年购置南仓桥新居（详见下），我们不能确定这新盖的花厅是属于义庄的还是南仓桥新居的。

[2] 《愙斋家书》第二册，叶 12。

[3] 此札见 1996 年 3 月 27 日 Christie' s 纽约分公司拍卖吴大澂信札册。上海图书馆藏《愙斋公遗墨第三册》（有“吴氏家藏”白文印）所收一残札：“五月中旬曾泐一函，并汇去义庄地价银一千两，票号已将收条寄到矣。”信中提到“弟自己巳年在家度夏后，一十八年不见……”由此可以推算出，此札书于 1887 年，可与纽约拍卖的信札互证。

> 五月中接奉手书，知前汇一竿已收到。端阳节后本可再寄一竿，适翰卿来粤，带到铜器数种及零星字画，择其佳者留之，已费不赀矣。义庄之款，拟于望后再汇一竿，属崧孙交票号寄去可也。[1]

吴大澂本计划在五月十五日（端阳节）之后寄一千两，但因为买了古董，未能实现。七月初九日，吴大澂写信给大根："建庄之款，八月再寄。"[2] 八月是否如约寄见庄之款，因无家书为据，不详。但在九月十五日的家书中，吴大澂提到：

> 兹托票庄汇去千金，备义庄工程之用。[3]

七天后（九月二十二日），吴大澂在家书中又写道：

> （义庄之款）十月内有余款，再行汇上。[4]

吴大澂所说的十月内可能有的余款，即为广东海关送给母亲的寿敬。他在十月初八日的家书中写道：

---

[1] 《愙斋家书》第二册，叶14—15。"崧孙"应即为松孙，吴大澂夫人陆氏的胞弟，名保安。

[2] 《愙斋家书》第二册，叶16。

[3] 《愙斋家书》第二册，叶19。

[4] 《愙斋家书》第二册，叶19。

> 月之十三日为母亲寿辰，粤海关有例送祝敬，想未必裁。俟有余款，当寄作修庄之用。[1]

不久，广东海关果真送来了寿敬。吴大澂在十月十八日家书中写道：

> 十三日母亲寿辰，海关送来祝敬二竿，照例受之。兹属票号汇去，请以一竿呈请母亲收用，以一竿归入修理义庄之用。[2]

十一月初七日，吴大澂在给哥哥的信中谈到，他已经得知义庄的房屋工程已完成五六分，甚为欣慰。他估计年底能汇去一千两。[3]一个月后，他果真如期汇款。在十二月十四日致吴大根的信中，吴大澂写道：

> 兹属崧孙交票庄汇去银一千两，乞收入。义庄用款，如年底开发工作尚有不敷，望将前存之两竿先行提用。本以备缓急之需，非图此区区生息也。[4]

---

[1]《愙斋家书》第二册，叶21。
[2]《愙斋家书》第二册，叶22。
[3]《愙斋家书》第二册，叶24。
[4]《愙斋家书》第二册，叶28。

1887 年这一年，吴大澂给家里共寄了五千两用于建设义庄，如果动用了七月已经存典生息的二千两，这一年用于义庄的银子可能为七千两。

1888 年汇寄义庄之款的记录阙如。目前能见到吴大澂最后一笔用于义庄的钱是 1889 年二月二十五日从河南致吴大根的信中提到的："义庄公费，迟至春莫，必可汇寄一笔。"[1] 这一年寄的义庄款保守估计也有三四千，只是没有留下相关的家书。

义庄建设的费用是吴大澂为官以后最大的开支，始于 1879 年，迄于 1889 年，前后历时十一年。其中，第一、第二年为购买八百亩土地，花费最大。1879 年吴大澂寄回家一万两，1880 年八千五百两。此后九年，除了已知的 1887 年七千两外，其他八年汇了多少不详，如以每年二千两计算的话，为义庄支出的费用总计在四万两左右，这在吴大澂的支出中占去了很大的比例。

购置南仓桥新宅

1884 年，吴家在南仓桥购入新宅。吴本善在《瑞芝堂记》中写道："光绪甲申，先人以子姓渐繁，旧居偪仄，买宅于十梓街东，因颜堂曰瑞芝，不忘其朔也。堂建自宋代，梁栋虽微倾欹而材实坚好，雅不欲以六百余年旧庐轻事改作，乃粉饰涂泽

[1] 《愙斋家书》第二册，叶 49。

以居之。”[1] 据吴湖帆所言，此乃清宋牧仲抚吴时旧居。虽然我们不知吴大澂究竟花了多少钱，但是此宅原为清初江苏巡抚宋荦的旧宅，价格必定不菲。这或许也能说明为何在吴大澂赴吉林至任广东巡抚前这段时间很少提及义庄之款，大概也和购买南仓桥新居所费不少有关。

聘请幕僚的支出

官员出资自行招募幕友协助办理公务，是清代政治的一个重要特点。吴大澂在被任命为陕甘学政后的第一件事，便是在苏州招募幕友。1873 年八月初五日，吴大澂在家书中写道：“惟学政所赖者幕友，所难者亦惟幕友。同乡在京下场者，皆愿赴豫，不愿赴陕。”[2] 所以，他在家乡请幕友时，要先派专人送上聘金十两，另给盘费（川资）五十两或一百两，共聘五人（见同信）。次日吴大澂在写给吴大根的信中谈到了以自己的收入聘请幕僚：

> 向例学政幕友每年修金，秦关之数若陕甘，地远而事烦。修少，断不肯去。至少须二十金一月。计第一任廉俸及棚费所余，未必能多，然应用不能不用。譬得试差，能剩三四千金，

[1] 转引自吴湖帆：《吴乘》，载《古今》48 期，叶 12。参见邹绵绵：《晚清学者、湖南巡抚吴大澂故居逸事》，《中国文物报》2014 年 2 月 12 日。

[2] 《愙斋家书》第一册，叶 11。

亦不为少也。[1]

吴大澂在信中谈到，因为陕甘路途遥远，从家乡聘请幕友要贵许多。如果一个幕友的年收入为二百四十两的话，五个幕僚的修金就要一千二百两，加上川资和聘金，大约在一千六百两。此外，吴大澂还要自费印《弟子箴言》等书（是否最终由学生购买，不详）和带六七个仆人同赴陕甘。[2] 因为开销不小，吴大澂预计自己的养廉银和出棚费（亦即监考所得费用）将所剩不多。

幕友酬薪多少和幕主的养廉银、路途、当地生活水平有关。1892 年七月八日，吴大澂在被任命湖南巡抚后，写信给侄子吴本善（讷士，1868—1921）说：

> 湘省只有养廉，折实银七千两，幕友不能多请。已订楚卿叔专办钱席，厚甫教读兼书启，约送每月八两。姚荷卿屡言愿就外馆，邀之同去，亦送八金，令其学习书札，如有阅卷等事，两人皆可加修也。胡子英亦愿随行，京官中多为推毂，只好位置账房一席，兼管书画金石，最相宜耳。[3]

1873 年聘请幕友每月二十两，1892 年每月八两，聘金非但

[1] 《愙斋家书》第一册，叶 12。从吴大澂的信中所知，其所聘幕友多为苏州人。
[2] 《愙斋家书》第一册，叶 13—14。
[3] 《愙斋家书》第三册，叶 2。

没有涨，反而降了。但是需要注意的是，学政幕友的主要工作之一是阅卷，所以聘金高。所以吴大澂说，幕友如有阅卷之事，可加修金。

红白喜事开销

中国传统社会多是大家庭，讲究人际关系的维系。亲友、老师、上司、同僚的家中有人结婚，要送喜敬；有人去世，要送赙仪；自己、亲兄弟的子女结婚，也要花费，红白喜事的开销着实不少。翻开《李鸿章全集》的书札卷便可看到，1892 年夏季，李鸿章的继配赵小兰逝世，他写了许多信感谢那些送了挽联、祭幛、赙仪的人。[1] 吴大澂家书所记载的红白喜事都和家族成员有关，其中提到的银两让我们可以推测这方面花费的大概。

吴大澂在 1880 年三月十六日致吴大根的信中提到："伟如、柳门两处奠分，拟各送五十金，五妹处甥女喜分亦送五十金。"[2] 友人潘霨（伟如，1816—1894）、表弟汪鸣銮家中有人去世，吴大澂送去了奠分各五十两。1888 年，吴大澂的舅舅去世，他送去一百两。[3]1893 年六月，吴大澂的五妹、沈树镛（1832—

[1] 《李鸿章全集》第 35 册，合肥：安徽教育出版社，2007 年。

[2] 《愙斋家书》第一册，叶 37。

[3] 1888 年，吴大澂被调任署理河东河道总督，这年的年底他在写给吴大根的信中说："本拟还柳门代送母舅奠分百金，如未扣除，由苏划还可也。""柳门"即汪鸣銮，吴大澂的表弟，他俩的母亲为亲姐妹，母舅去世，吴大澂送一百两银子作为奠分。见上海图书馆藏《清人手札》之四《吴大澂信札》。

1873）夫人去世，吴大澂送奠分一百两。[1]可见，送人的奠分在五十至一百两之间，依亲疏来定多少。

吴大澂五妹的女儿结婚，吴大澂送了五十两贺礼。但若是亲兄弟的子女结婚，送的银两要多得多。1887年，弟弟吴大衡的儿子吴本齐（卓臣，1868—1923）结婚，吴大澂在三月十七日致吴大根的信中说：

> 卓臣喜事择定八月廿四日吉期。届时弟妇小女辈亦可到苏，必形热闹。所需六百金，已属源丰润划交运斋。如留京寓之用，当再另汇亦可。[2]

七月十一日吴大澂在致吴大根的信中又提及吴本齐的婚事：

> 卓臣喜用前由京号划去一竿，如不敷用，由兄处酌量垫付，念劬处尚存五百余金，留备缓急取用耳。[3]

[1] 《愙斋家书》第三册，叶20。

[2] 此札见1996年3月27日在Christie's纽约分公司拍卖吴大澂信札册。其中提到"柳门于前月十九日出棚，按试高州"，这正是汪鸣銮任广东学政时，所以写于吴大澂在广东巡抚任上。

[3] 《愙斋家书》第二册，叶17。前一年的九月二十八日，吴大澂在致吴大根信中谈及，侄子吴本善结婚，他请人电汇喜敬。虽未及数额，大概总也和吴本齐婚事的喜用相当。见《愙斋家书》第二册，叶7。

这已经不是简单地送喜分了，而是吴本齐的结婚费用差不多全由吴大澂来负担，所花超过一千两。吴大根的儿子吴本善结婚时，吴大澂想必也寄出了数额相当的银两。

1893 年，吴大衡的女儿结婚，吴大澂的女儿也和张之洞（孝达）的儿子订了婚，置办嫁妆的预算各为一千两。1893 年三月十五日，吴大澂致吴大根信谈及侄女和女儿的婚嫁：

> 小女吉期尚未诹定，达公来书约在明春，亦未便过催，制备衣服稍可从容。四月以前养廉、公费提出千金，寄运斋嫁女之资。五、六、七、八月又可省出千金为小女制备嫁衣，无须动用存款也。愙斋善于筹公而不善图私，惟有一味节省而已。一笑。[1]

吴大澂有六个女儿，长女早夭。如果每个女儿的嫁妆花费一千两银子的话，他先后得花五千两嫁女。而他弟弟（运斋）的女儿出嫁，置办嫁妆也由他出钱。上海图书馆藏《愙公手书杂件另片及各家名片等等》中，有一张纸片，从字迹辨认，似为吴大澂生命最后几年的书迹，上面写着：“前存折印三千两，拟提五百两为六女嫁资，留五百两为七女嫁资，以一千两作为小妾养赡之费，以一千两给三官。”此时的吴大澂，经济拮据，最

[1] 《愙斋家书》第三册，叶 11。

后两个女儿的嫁资只有各五百两。[1]

1894年是慈禧皇后的六十大寿。为了庆典，从上一年的下半年开始，官员的养廉银扣二成。1893年七月初六日，吴大澂在写给侄子吴本善的信中提到："自七月起，养廉须扣二成，报效庆典也。"[2] 吴大澂在十二月十八日致顾肇熙的信中也说："敝处俸廉所入，勉可敷衍。近以庆典报效，一律核减二成，岁事峥嵘，正形竭蹷。"[3] 扣了两成的养廉银，吴大澂每月花费之后的结余就不多了。1894年正月吴大澂在写给吴本善的信中说："每月养廉约可余二三百金。"[4]

为了慈禧太后的庆典，各省大员不但养廉银被扣了两成，还要奉上贡品。吴大澂1894年六月二十八日写给吴大根的信中详述如何应对此事：

> 迭接运斋来书，知郎亭代捐知府，用去二千金。由仁昌汇苏，若须报捐指省，必得另为筹借。昨已电致杏荪，代借两竿，由弟处归还。今年正值嫁女，湘中无款可筹，因思浙省应备万寿贡品，如未配齐，可为代配铜器、玉器一十八件（弟

[1] 俞樾撰吴大澂墓志铭称吴大澂有六个女儿（见顾廷龙编著：《吴愙斋先生年谱》所附拓片），吴大澂称最小的女儿为"七女"或有他因。

[2] 《愙斋家书》第三册，叶20。1894年是慈禧太后的六十大寿。1893年春，光绪下令成立庆典处，专门办理庆典事宜。吴大澂此处所说的庆典，应是此事。

[3] 中国国家图书馆藏《吴大澂书札》（编号4803），第六册，叶3—4。

[4] 《愙斋家书》第三册，叶48。

处尚有整玉如意，色甚白，而尺寸亦大）。函致越儴，属其一询縠翁。倘须代备，属卓臣检齐，交翰卿为之装潢可也。玉器可备六七种，尚须托翰卿再配一二件，亦尚容易（前翰卿有信，苏地有一玉瓶，约值六十两），俟有便轮，当寄汉口。属施子卿代寄上海春华祥，遇便即可寄苏，如不用，即存家中亦可。……前为方伯代备贡品，以自藏铜器、玉器、瓷器凑入，余银千数百两，留作今冬嫁女之需（鼎元捐官用四百数十金，亦在此款内划去）。因思运斋捐款无着，再为縠士凑配数种，想其到任未久，贡品未必备齐也。[1]

这通家书内容丰富，需要仔细解读。“郎亭”即汪鸣銮，时任工部左侍郎。他在京为吴家人捐官先垫付了钱，吴大澂说这笔钱由他出。但吴大澂手头紧，只得向结拜兄弟盛宣怀（杏荪）借钱。这年吴大澂要嫁女，在湖南筹不到款，只能绞尽脑汁想办法。在写此信之前，吴大澂代湖南布政使（谦慎按：信中“方伯”即布政使之别称）何枢（1824—1900）打理送慈禧太后的贡品，将自己收藏的青铜器和玉器凑入，省下了一千多两银子作为嫁女之资。吴大澂的亲家廖寿恒（仲山，1839—1903）的胞兄廖寿丰（縠士，1836—1901）正好在1893年十二月被任命为浙江巡抚，因年底要封印，到浙江上任最早大概也要在二、三

[1] 《愙斋家书》第三册，叶64—65。

月间。[1] 吴大澂想起廖寿丰刚上任不久，或许尚未备齐贡品，便去函询问是否可以代劳。如果廖寿丰同意，吴大澂也能得一千余两银子，用于偿还汪鸣銮代垫的捐官银两。为了吴氏家族的利益，吴大澂真是操尽了心！

编书、刻书费用

吴大澂一生著述甚多，刻书、印书都是一笔不小的费用。他为官后，还曾赞助了族谱的修撰和刻印。1879 年吴大澂在致吴大根的信中说：

> 所示修谱一节，极应早办。酌订数人分任其事。藉资津贴一举而两善，将来付梓后校对错字最为紧要，可属俊卿、润之互相参酌，须校两三遍，舛误或可略少也。经费先捐弍百金，拟于月内交日升昌汇去。[2]

1886 年七月初四日致吴大根的信中说："家谱刻印甚精，三年心血，成此巨观，亦家政中第一要务。"[3]

---

[1] 为了准备献给慈禧太后的寿礼，许多封疆大吏都为此费劲脑筋。读者可以参见茅海建：《张之洞的别敬、礼物与贡品》讨论张之洞送礼的问题，《中华文史论丛》2011 年第 2 期，1—100 页；陆德富：《对〈张之洞的别敬、礼物与贡品〉的一点补充》，《中华文史论丛》2015 年第 1 期，391—395 页。

[2] 《愙斋家书》第一册，叶 19。

[3] 北京故宫博物院藏《吴大澂手札》（编号 00081529）。

吴大澂刻印的书，除了赠送友人之外，也销售。1880 年代末，吴大澂在致王懿荣的信中提到：

> 都门如有同志欲得敝藏印谱尚有七八部，可以分售：《十六金符斋印存》廿六本，每部四十金。《千㺿斋古㺿》九百余纽，订成八册，每部八金。所费纸张印泥工本亦不少耳。[1]

吴大澂在 1890 年七月初二日致吴承潞的信中说：

> 毛上珍刷印《古玉图考》能否于日内订就，兄拟初六日送舍侄赴白门应试，欲带往销售耳。[2]

至于他销售的书籍能拿回多少本钱，就不得而知了。

各类善款

从青年时代起，吴大澂就一直积极地参与地方的慈善事业，为官后依然如此，办育婴堂、节妇馆……他为此投入了不少精力和钱财。他在 1879 年十月二十八日致吴大根的信中说："弟

---

[1] 此札无署款，裱在吴大澂 1884 年冬月初四日致王懿荣信札之后，但信笺、书法风格并不相同，书法为黄庭坚体，当书于 1888 年之后，与《十六金符斋印存》成书的时间也吻合。

[2] 中国国家图书馆藏《吴大澂书札》（编号 4803），第五册，叶 31。

在山西赈案内，陆续捐过七百余金。”[1]

1892 年，吴大澂在记录自己的支出时，写下了善款一项："三百两。”[2]1892 年冬月二十一日，吴大澂在致吴大根的信中写道："保节堂年内可竣，已捐三千余金。”[3]1895 年闰五月十五日，吴大澂在致吴大根的信中说："直隶水灾，捐银五百两。”[4]

虽然类似的记录不多，但吴大澂不时捐款赞助慈善事业，却是可以肯定的。

礼金及送给京官的炭敬、别敬、团拜费

吴大澂为官时，会收到各种津贴和礼金，但是他也须从中拿出相当可观的数额用作赠送将军都统官署人员的节敬。上引吴大澂在广东巡抚任上于 1887 年十一月初七日致吴大根的信札云：

> 海关每节二数现已照送，总可用一存一，因抚署每节送将军都统，亦须五百金。署中节敬、节赏，约需四百余，全赖海关一款为之挹注也。[5]

[1]《愙斋家书》第一册，叶 32。

[2] 上海图书馆藏《愙斋公手书金石书画草目不分卷》（稿本，编号 859762）。

[3]《愙斋家书》第三册，叶 42。吴大澂此处所说的捐款，似是他募捐到的款项，但他本人起码是参与其中的。

[4]《愙斋家书》第四册，叶 22。

[5]《愙斋家书》第二册，叶 24。

也就是说，凡是吴大澂在广东每年收到海关送的一万两津贴中，有三千两左右在当地就作为送他人的三节节敬了。

除了送给当地的官员和署僚的节敬，吴大澂还有几宗大的礼金开销，都是送往京师的。吴大澂的老师、晚清重要的思想家冯桂芬（1809—1874）在《厚养廉议》中曾这样写道：

> 大小京官莫不仰给于外官之别敬、炭敬、冰敬。其廉者，有所择而受之；不廉者，百方罗致，结拜师生、兄弟以要之。[1]

这段话既写出了京官收入对外官馈赠的依赖，也说明了外官对京官送礼金的“义务”。吴大澂外放或任地方官后，每年年底都会往京师寄炭敬；离开京师时，也会有别敬，且数额可观。

吴大澂寄往京城的炭敬，现存最早的记录出现在1879年他在河南的道台任上。六月初七日吴大澂致吴大根的信提及：“年底有寄都之款，未识能余三四数否。”[2] 虽然吴大澂并未言明这是什么用途，但是从时间和汇款的目的地来看，当为炭敬无疑。九月十七日的信又说：“须年底再寄都中用款，约须三四数。”[3] 也就是说，吴大澂计划在年底寄往北京炭敬三四千两。

1880年吴大澂任吉林事务帮办，他在十月初五日致吴大根

[1] 葛士浚辑：《皇朝经世文续编》卷十六，“吏治一”，台北：文海出版社，1972年，12页。
[2] 中国国家图书馆藏《吴大澂书札》（编号4803），第四册，叶9。
[3] 《愙斋家书》第一册，叶38。

的信中说：

> 年节一款，尚须留作都门炭费，约在三竿左右也。[1]

当手头拮据时，吴大澂便会减少寄往京师的炭敬。1887年三月十七日，时任广东巡抚的吴大澂在致吴大根的信中说：

> 此间用度，除家用、署用及京寓汇款外（运斋处月寄百金），每月约可余三四百金。大约都中酬应，不能周密。香帅向不送炭，只可仿法之。否则入不敷出矣。[2]

“香帅”指时任两广总督的张之洞，他和吴大澂同属清流，平素也甚是廉洁。[3]

同年十二月十四日，吴大澂写信给吴大根说：

> 今年署中用度较费，又有意外之捐款。……都门炭敬，仅寄千五百金，师门及三邑同乡略为点缀而已。仆人节赏五十

[1] 同上。

[2] 此札见1996年3月27日在Christie’s纽约分公司拍卖吴大澂信札册。此札提到“柳门于前月十九日出棚，按试高州”，正是汪鸣銮任广东学政时，所以写于吴大澂在广东巡抚任上。

[3] 但是，张之洞有时也会送礼的：如翁同龢1869年四月二十八日日记记载：“张香涛寄五十金。”《翁同龢日记》第二卷，723页。茅海建的《张之洞的别敬、礼物与贡品》专门了讨论张之洞送礼的问题。

金，又赏沈贵十金，一并寄去。[1]

1893年十一月十八日，正在湖南巡抚任上的吴大澂致信在京师任官的汪鸣銮，请其代送炭敬：

昨交折弁带去一缄，计封印前必可达览。兹托蔚盛长汇去京松银二千两，以柏叶一尊（谦慎按：即一百两的雅称）聊佐椒盘，乞哂存之。令单一纸，敬祈饬纪分送。附去四信并察入，余信陆续寄去，或后信到迟，年敬亦可先送也。同乡能否普送，尚未能定。[2]

此札附有一张礼单：

大戴五百；额、张、许、孙各二百。以上五信交折差先寄。

[1] 《愙斋家书》第二册，叶28。

[2] 北京故宫博物院藏吴大澂致汪鸣銮信札（新00071315）第八札。这通信札应书于1890年后，因为潘祖荫1890年卒，年敬给的是“潘师母”。由于1890和1891年吴大澂都在苏州守制，并无俸禄，所以，应该不是这两年的十月（关于清代汉官守制没有俸禄的讨论，参见徐雪梅：《清朝丁忧制度中的满汉畛域》，《历史教学》2014年第22期，13页）。信是通过折弁带走的，应是吴大澂任官期间。1892年吴大澂守制期满，旋被任命为湖南巡抚，七月十五日出京前，向平素送炭敬的官员送了数量可观的别敬。目前存世的信札中，不见吴大澂1892年冬寄炭敬的记录。很可能是因为七月离送通常别敬的冬月（十月）仅为三个月，而他八月初才在湖南接印上任，所以他这一年很可能并没有向京师寄炭敬。而且信中提到的炭敬总数两千两，和下引吴大澂在1893年十一月致侄子吴本善提到的炭敬“二竿”数字吻合，所以，这封信应该是1893年十月所写。只是信中提到了祁子禾师，祁世长是1892年八月去世，吴大澂没有提到送给祁师母。

常熟、仲山亲家、守拙各一百，贺信续寄。潘师母五十，信后寄。祁子禾师分五十，信后寄。鹤巢三十、廉生二十、胜之二十（书院修金四十）、晏海臣（书院修金三十）皆有信。凤石三十、芾卿三十、康民二十，此三信续寄。以上共银一千九百两，计十七分。

此时吴大澂的手头并不宽裕，只能动用公款代垫炭敬。他在1893年十一月十八日致侄子吴本善的信中提到：

都中炭敬，已寄二竿，只好由厘局代垫，从缓再还。一年所亏，惟此一款。善后局向无此款，不肯代出耳。[1]

所以他在上引致汪鸣銮的信中还专门提到："同乡能否普送，尚未能定。"

送炭敬之类的惯例一直是困扰官场的陋习，很多有志之士都尝试改革的方法。1893年腊月十二日吴大澂在致吴大根的信中写道：

津贴京员经费，翰林每人五十两，内阁四十两，部曹三十两。本年筹寄银三千五百两，定为年例。[2]

[1] 《愙斋家书》第三册，叶40。

[2] 中国国家图书馆藏《吴大澂书札》（编号4803），第八册，叶13。

这笔款是湖南省内筹到的款项，而非吴大澂私人的钱。在这封信中，吴大澂谈到了多笔省内的筹款，此为其中之一。吴大澂还解释道："京员津贴，创自鄂省，去年新例，湘省继之。"[1]看来，此时各省尚在摸索给京师官员津贴的方法。

现存最后一次寄炭敬的记录是1894年（甲午）腊月二十日吴大澂致汪鸣銮的信，他在信中说：

> 昨交折差带上一缄并贺函九封，想已达览。兹托票庄汇去京松银二千八百两，乞察入。前单遗漏冯辛垞一分（二十两），乞代送。[2]

吴大澂所说的"炭敬单子"尚存世：

> 恭邸五百两，礼邸五百两，翁二百两，李二百两，孙二百两，徐二百两，刚二百两，庆邸二百两（以上八分，共银二千二百两，信八封）。张中堂壹百两，廖仲山壹百两（有信），钱密翁五十两，徐寿蘅五十两，徐颂阁五十两，绵佩卿师五十两，郎亭主人壹百两，陆凤石五十两，王茀卿三十两（以上九分，共银五百八十两）。[3]（图3-3）

[1] 中国国家图书馆藏《吴大澂书札》（编号4803），第八册，叶14。

[2] 北京故宫博物院藏《吴大澂手札册》（稿本，编号新00071309）。

[3] 同上。

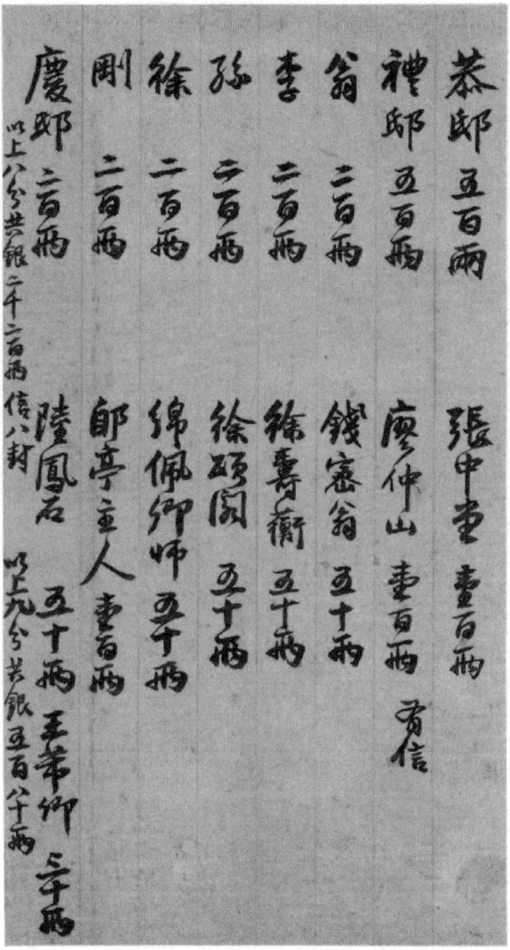
恭邸 五百兩　張中堂 壹百兩
禮邸 五百兩　廖仲山 壹百兩 有信
翁 二百兩　錢密翁 五十兩
李 二百兩　徐壽蘅 五十兩
孫 二百兩　徐頌閣 五十兩
徐 二百兩　綿佩卿帥 五十兩
剛 二百兩　郋亭主人 壹百兩
慶邸 二百兩　陸鳳石 五十兩 王茀卿 三十兩
以上八分共銀二千二百兩 信八封　以上九分共銀五百八十兩

图 3-3　吴大澂致汪鸣銮信札　北京故宫博物院藏

吴大澂写此信时正在山海关，准备带兵出关和日军作战，但还是不能忘记这一年寄给京师官员的炭敬。出现在吴大澂炭敬名单中的人，有满族亲王（礼邸、庆邸），他的老师、朝中重臣、亲戚（汪鸣銮、廖寿恒），大多位居中枢，位高权重，其中不乏甲午战争的积极主战者（如翁同龢、刚毅等），由此可见炭敬用来维系官场人脉关系之重要性。

如上所述，存世的吴大澂的炭敬共有五笔记录：1879 年的三千至四千两，1880 年的三千两左右，1887 年的一千五百两，1893 年二千两，1894 年的二千八百两。吴大澂在京城外为官大约十五年，送炭敬的年份当远远多于上述五个年份，只是很多信息没有留存下来。不过，从上述几笔炭敬来看，他送炭敬的金额大致在一千五百两至四千两之间。[1]

除了炭敬，在吴大澂送给京官的礼金中，还有两个大宗：别敬和团拜费。1880 年，吴大澂被任命为吉林事务帮办，三月初九日从开封启程入京。启程前一天他在致吴大根的信中写道：

> 定于初九日由汴起程，计二十前可抵津门。月杪到京，至多不过半月之留。一切应訓，概从删减。托日升昌汇京二竿，

[1] 这一数字或是同治、光绪年间送炭敬的大概之数。1864 年十一月初一日，时任广东巡抚的郭嵩焘发十封京信寄炭敬。最高者一百两。共由新泰厚兑京平松江银二千两（库平九百三十两兑）。参见《郭嵩焘日记》第二卷，长沙：湖南人民出版社，1982 年，182—183 页。1872 年十一月初三日，顾文彬在其家书中说：“接砚生信，将炭敬清单开来，大约两竿有零。”《过云楼家书》，193 页。

作为都门用度，想师友同乡亦必见谅，此次不敢过费，恐有亏累，无从弥补也。[1]

吴大澂寄往都门的两千两银子，相当大的部分应用作在京师的应酬出京时别敬。由于手头不宽裕，吴大澂要删减在京师的应酬活动。

1892年四月，吴大澂为母亲守丧期满。五月入都候命，闰六月被任命为湖南巡抚。七月离京赴任前，依惯例给京师的一些亲王和官员送了别敬。幸运的是，别敬单存世：

别敬：（光绪壬辰秋七月）礼邸（礼亲王世铎）五百两，张中堂（之万）式百，额中堂（额勒和布）式百，许星叔（赓身）式百，孙莱山（毓汶）式百，庆邸（庆亲王奕劻）式百，柳门（汪鸣銮）壹百，文卿（洪钧）壹百，仲山（廖寿恒）壹百（圈去），董老师（恂）壹百，福中堂（福锟）壹百（圈去），翁叔平（同龢）壹百，潘师母（潘祖荫夫人）壹百，张师母壹百，容峻峰（山）壹百，陆凤石（润庠）五十，盛伯熙（昱）五十，王廉生（懿荣）五十，王胜之（同愈）六十，晏海臣（安澜）五十，王芾卿（颂蔚）五十，徐荫轩（桐）壹百，徐寿蘅（树铭）五十，徐颂阁（郙）五十，徐小云（用仪）五十，张樵野（荫桓）五十，昆

[1]《愙斋家书》第一册，叶35。

筱峰（冈）壹百，李兰荪（鸿藻）壹百（圈去），钱子密（应溥）五十，薛云阶（允升）五十，祁子禾师（世长）壹百，松寿泉（松淮）五十，立豫甫（山）五十，乌达峰（乌拉喜崇阿）五十（圈去），崇受之（礼）五十（圈去），孙燮臣太老师（家鼐）五十，徐季和（致祥）五十，杨蓉圃（颐）四十，善世兄五十（圈去），伊立布壹百，常太太五十，延世兄五十。熙续庄（敬）五十（圈去），裕寿田（裕德）五十（圈去），周生霖（德润）四十，李芍农（文田）四十，左丰孙（左袞侯）四十，龙芝生（湛霖）四十，李苾园（端棻）四十，许鹤巢（赓扬）三十，顾康民（肇新）三十，吴蔚若（郁生）三十，张吉人（度）二十，延煦堂（煊）二十。以上共银三千二百八十（四千〇五十）。[1]（图 3-4）

由于这个单子几经涂改，吴大澂书写的总数和实际相加的总数并不相同，实际相加的总数应为 3880 两。名单上的 45 人（圈去者不计入）中有满族亲王（礼亲王、庆亲王）、老师（董恂、潘祖荫）、中枢（孙毓汶、翁同龢、李文田）、同年（洪钧）、亲戚（汪鸣銮、廖寿恒）、好友（王懿荣、盛昱、顾肇熙）、门生（王同愈、晏安澜）等，可见要照顾的面相当广。

紧接着这个别敬单后，是其他的礼金：

[1] 此单附在上海图书馆藏《愙斋公手书金石书画草目不分卷》最后（稿本，编号 859762）。吴湖帆在别敬单上一一注明了收礼人的名字，括号内的名即根据吴湖帆的注补充，并非原文所有。

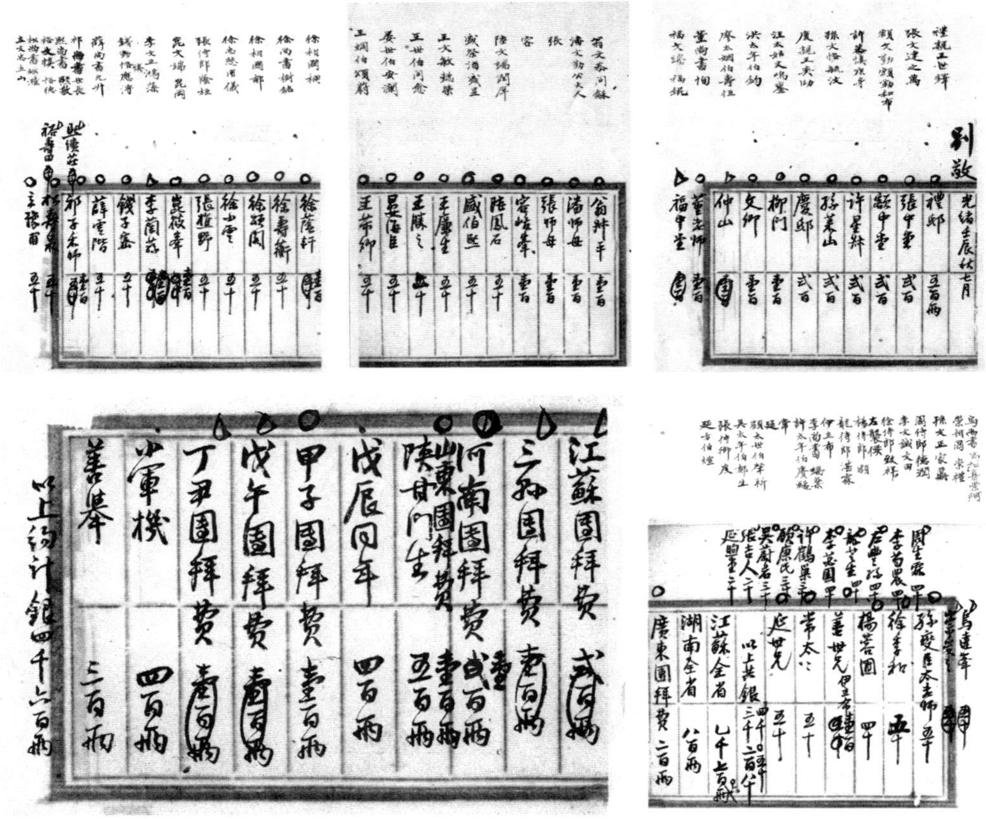

图 3-4　吴大澂 1892 年的别敬单和团拜费单　上海图书馆藏

> 江苏全省乙千七百〇六两，湖南全省八百两，广东团拜费二百两，江苏团拜费式百两（圈去），三县团拜费壹百两（圈去），河南团拜费壹百两，山东团拜费壹百两，陕甘门生五百两，戊辰同年四百两，甲子团拜费壹百两，戊午团拜费壹百两（圈去），丁丑团拜费壹百两（圈去），小军机四百两，善举三百两。以上约计银四千六百两。

吴大澂的团拜费可以分为地域、同年、门生三类。“地域”包括吴大澂的家乡江苏（单中的“三县”即苏州府的吴县、长洲、吴江，因已有江苏全省，吴大澂将“三县”划去），曾任道台的河南，曾任河道总督的山东，即将上任的湖南；“同年”包括戊辰会试的同年，甲子（1864）江南乡试的同年；[1]“门生”则是京师官员中由吴大澂担任陕甘学政时擢拔的人才。可以看出，每一次重要的考试，都会制造出一个同年利益集团；每到一地当官，又结交了一批当地的官绅和这个地区出生的京官；每当一次学政和考官，便收获一批门生。这种通过老乡、任官之地结交的官绅、不同时期的同年、门生的纽带建立起来的关系网，构成了晚清官场错综复杂的政治生态。

---

[1] 吴大澂对送团拜费甚是重视。他和表弟都是同治甲子（1864）乡试的举人，是同年。在1889年十二月十五日，他在致汪鸣銮的信札中写道：“甲子团拜费，下次即汇，此亦年例所应有也。”（北京故宫博物院藏，稿本，编号00071315）四天后，即十二月十九日，他在致汪鸣銮的信札中提到：“甲子团拜费六十金，乞交汉三同年。”（同上）可以想见，吴大澂每年都会给京师寄去各种团拜费。

1892年七月，被任命为湖南巡抚的吴大澂在离京前送别敬3880两，这年的团拜等费送出4600余两，共8480两。而此时吴大澂守制刚刚期满，就送出了数额相当可观的礼金，可以看出礼金作为官场的润滑剂存在的必要性，再廉洁的官员也难免其俗。

收藏古董的开支

在现存吴大澂的书札和题跋中，留下了一些购买古董的记录，将零零星星的记载汇聚起来，涉及古董价格的总不下百十条。本篇下节专门讨论收支与收藏的关系，此处不赘述。

如果将吴大澂的支出做一概述的话，我们可以这样说，在吴大澂二十五年的仕宦生涯中，他最大的支出就是汇往家乡苏州的钱。“家族观念”这四个字，在这里不仅仅是平安家书中的嘘寒问暖，还是实实在在的经济责任。从家族的义庄、母亲的日常用度、给下人的年敬，到侄子结婚的喜用和捐官的款项……吴大澂在月复一月、年复一年通过票号汇往苏州的一笔笔银两中，实践着“孝悌”的理念。友人们谈起吴大澂，说他将汉宋之学融于一身[1]：在学术上，他继承了汉儒注重实证考据的传统；在社会实践上，他深受宋儒理学影响，高悬道德理想，努力践行，对自己约束甚严。他既是清官，也是孝子。收藏固然是他最重

[1] 吴大澂去世后，翁同龢曾撰挽联：“文武兼资南海北海，汉宋一贯经师人师。”见谢俊美编：《翁同龢集》下册，北京：中华书局，2005年，944页。

要的爱好，但是当他拒绝利用陋规放肆地积聚财富时，当他把自己的大部分收入寄回家乡时，购藏古董的财力自然也就大大削弱了。

三、收支与收藏

吴大澂的财力

当古董的收藏主要经由市场购买时，经济实力便起着极为重要的作用。1887年七月，大收藏家沈秉成被任命为广西巡抚。[1]广西地处边远，经济上也不够发达，加之养廉银不高，所以在这年的十二月十四日，吴大澂在给吴大根的信中提到：

> 仲翁粤西一席，所入大减，每月不过一竿，有入不敷出之虞，似无暇留心博古矣。[2]

---

[1] 沈秉成于1887年七月任广西巡抚，1888年十月调任安徽巡抚。参见钱实甫：《清代职官年表》第2册，北京：中华书局，1990年，1728页。

[2] 《愙斋家书》第一册，叶27。

早在十五年前任上海道台时，沈秉成便以五千两白银巨资购入西周重器虢叔钟，成为当时收藏圈的佳话。如今每月所入仅为一千两，何来余力购买古董。吴大澂的这段话直接说明了一个官员的收入和他的收藏之间的密切关系。

自从1868年成为进士后，吴大澂先后在江苏书局和李鸿章的淮军内短暂供职，直到1871年重返翰林院任编修，才可以说是官宦生涯的真正开始。翰林院编修是京官，收入不高，即使会有些礼金，但吴大澂资浅而又没有实权，额外收入不会很多。他在京师购买的古董，通常单价都不是很高。

1873年至1876年，吴大澂出任陕甘学政，这是他的收入第一次有比较大的提升并开始积极收藏古董的时期。陕甘三年，吴大澂与陈介祺、王懿荣等学者之间许多具有很高学术价值的书信都保留下来了，可是现藏于上海图书馆、原由吴湖帆收藏并装订的《愙斋家书》中基本缺失了这一时期的家书，散存于其他地方的家书也很少有作于陕甘时期的，这给我们了解他在担任学政时的收支情况造成了相当的困难。三年学政期间，吴大澂结余的存款似乎不多。1876年是吴大澂任学政的最后一年(他在这年的十月卸任)，三月十九日，他在写给汪鸣銮的信中谈到，一个叫迪甫的友人请他在经济上予以帮助，自己却心有余而力不足：

计至交卸时，尚有亏累，而皞民代垫之款尚未清了，善愿亦多未缴。此间濒行，例有程仪，恐未能留压归囊，殊堪自笑。如晤迪甫，费神代为道意，鄙性素不悭吝，此时迫于境地，未敢轻许耳。[1]

由于要聘用幕僚，向苏州家中汇款，购买古董，向慈善事业捐款等，吴大澂预计到他离开陕西时，虽有“程仪”入账，但也将所剩无几。

学政卸任后，吴大澂回苏州省亲，1877 年春又回到翰林院。此后，他曾被朝廷派往山西救灾。1879 年后，他被擢为道台，首次成为一个名副其实的地方首长，但所辖为贫穷地区，又值灾害频仍，所入不可能与南方富裕省份的道台相比。尽管如此，他的收入还是比以前高了许多，并开始汇款回家乡建立义庄。只是一年后便被朝廷派往吉林筹边去了。

从 1880 年到 1886 年，吴大澂都是以朝廷的使节被派往吉林，筹边、勘界，赴朝鲜，协助李鸿章与日本官员谈判。现存这一时期的书札所及收支的信息依然不够丰富。此时虽有养廉银、公费等，但所入很可能低于任道台时。不过，他与陕西的友人仍保持着密切联系，请他们代购古董。

1887 年，吴大澂出任广东巡抚，成为封疆大吏，收入应有较大的提高。这一年寄往家乡的义庄之款就达七千两之多。

[1] 吴大澂致汪鸣銮信札。北京故宫博物院藏（橱本，编号新 000713091）。

这年的六月十六日，吴大澂在致吴大根的信中对未来十年的家庭财政安排提出了自己的设想：

> 此间公费虽不甚宽裕，每年撙节数千金似尚不难。弟年过半百，精力渐不如前。服官十年，亦当作归田之计。拟每年酌存三四千金，存典生息，作为不动之款。再以三四千金为起造义庄之费（三年当可竣工），如此则公私兼尽。一旦解组，尚有薄田可耕。弟之志愿并不甚奢。以十年计之，能积四五方，亦为可娱老之资矣。吾兄以为然否？[1]

写此信时，吴大澂五十三岁。他说自己年纪不小了，精力也不及从前。他打算除了每年给苏州寄家用和年敬外（信中虽未言此，但已为惯常），在未来的三年内，每年寄三四千两银子，完成义庄建设。再为官十年，每年为自己存三四千两，告老返乡时，能有四五万两的积蓄生息养老。最后那句反问意味深长："哥哥，您觉得这个计划怎么样啊？"吴大澂以征询意见的口吻提醒哥哥：虽然自己为官多年，但至今本人名下并没有什么积蓄，是时候为自己今后的退休生活做些经济上的安排了。这一安排自然意味着：他今后汇往苏州的钱将会减少。

一年后，亦即1888年的七月，朝廷任命吴大澂署理河东

[1] 此札见1996年3月27日在Christie's纽约分公司拍卖的吴大澂信札册。

河道总督，赴河南治理黄河。1888 年十二月黄河郑州段的决口合龙后，吴大澂被任命为河东河道总督并加兵部尚书衔。河道总督位高权重，加兵部尚书衔后官阶更高。[1] 不过，这一时期有关收入的具体记录却不多。

1888 年的十月或十一月，吴大澂在家书中写道：

> 硕卿来电，粤中应领半廉一千二百廿两，余现已汇苏，以千金交母亲大人外，本拟还柳门代送母舅奠分百金，如未扣除，由苏划还可也。徐翰卿书画价二百六十两，尚未汇去，如伊需用，乞先垫付（十月分两道公费，尚未送来。近日道库亦支绌耳。郑工不提公费，一尘不染）。[2]

这条信息说明，养廉银和公费依然是吴大澂收入的重要部分。

次年（1889）二月二十五日，吴大澂在致大根的信中写道：

> 翰卿携来山谷墨迹手卷及古玉大鉢，皆难得之品。杨椒

[1] 郑民德指出："清代河东河道总督是管理山东、河南段黄运两河，以及附属河流、湖泊、闸座、泉源等水利设施的最高行政长官。其不仅担负着黄运两河的防洪、修缮、挑挖等任务，而且还负责附近区域的治安、巡防、催攒漕粮等责任，是一种行政与军事职能并举的部门。"见郑民德：《略论清代河东河道总督》，《辽宁教育行政学院学报》2011 年第 3 期，21 页。

[2] 上海图书馆藏《清人手札》（四），吴大澂残札。

山先生、周忠介公遗墨，亦可遇而不可求。恽、王画轴，名人卷册，无一不精。择其精而又精者留之案头，已成鉅富。惟价值只可分期汇还，三两月内亦可清偿。[1]

1889年吴大澂购买古董的兴趣很高。他委托北京琉璃厂的德宝斋、山东潍县的裴仪卿、上海的吴承潞、苏州的徐熙、陕西的杨秉信、韩学伊广收玉器、印章、砖瓦、墓志，由此来看（详细讨论见后），他在任河东河道总督期间的收入很可能高于广东巡抚任上。但是从他在徐熙处购买书画还要分期汇款来看（在汇出义庄之款和为退休留下的款项外），吴大澂手中的现银并不充裕。

吴大澂在河东河道任上只做了一年半不到，就因母亲去世回苏州守制。1892年五月服阕，吴大澂重返官场，闰六月被任命为湖南巡抚。七月出京时，光是别敬和那年的团拜费，就花掉了八千多两银子。而湖南巡抚的养廉银本来不高，加上要为慈禧太后祝寿，扣掉二成，所以吴大澂在湖南时的收入低于任广东巡抚和河道总督期间。这一时期，吴大澂的古董收藏不很活跃。任湖南巡抚两年后，甲午战争爆发，吴大澂率湘军出关和日军作战。战败后，短暂地回到湖南，但不久便被革职。此后，吴大澂非但不能继续收藏古董，反而还要变卖收藏来接济生活。

[1]《愙斋家书》第二册，叶48—49。

同时代的大收藏家

吴大澂同时代的几位收藏大家，经济实力都明显比他雄厚。在北京，收藏大家是吴大澂的老师潘祖荫。[1] 潘祖荫是京官，如果仅靠俸禄，日常开销都成问题，遑论收藏。但潘家已经数代为官，潘祖荫的祖父潘世恩曾任户部尚书、武英殿大学士，地位崇高。在 1870 年代初开始收藏青铜器之前，潘祖荫就早已是朝廷高官，曾任会试同考官、陕甘正考官、山东正考官、户部右侍郎、吏部左侍郎、工部右侍郎等职。1870 年后，曾任礼部右侍郎、吏部右侍郎、工部右侍郎、户部左侍郎、礼部尚书、工部尚书、刑部尚书等职，还经常同时署理他部的侍郎或尚书。有关京官养廉银的研究指出，乾隆年间，户部尚书的养廉银比其他京官更加丰厚、优渥，和级别相当的外官的“养廉银大体相当”。[2] 潘祖荫虽未曾任过户部尚书，但曾任职户部侍郎和其他各部的尚书、侍郎，兼署他部的官员有时可以得到本官之外的收入。如果同治、光绪年间的京官养廉银也基本如乾隆年间的话，加上他多次任考官，门生众多，[3] 地方官晋京也会送上各种礼金，潘祖荫自然具有雄厚的经济实力。[4] 在同治、光绪年间，

[1] 目前研究潘祖荫的论文基本没有涉及他的收入。

[2] 李娜：《清代京官的“养廉银”》，《中国文化报》2016 年 9 月 27 日第 6 版。

[3] 潘祖荫在世时，吴大澂每年都会寄炭敬，出京时也会奉上别敬。潘祖荫去世，吴大澂还会给潘师母寄钱。

[4] 同治、光绪年间，京官里还有一个大收藏家——景其浚。景其浚曾任安徽和河南的学政，他的收入情况我们也不详。参见陈雪：《一个被遗忘的晚清大收藏家——关于景其浚的初步研究》，《海外汉学研究通讯》第 11 辑，北京：北京大学出版社，2015 年，235—279 页。

潘祖荫无疑是京师最重要的收藏家。1889年八月二十五日，吴大澂在致徐熙的信中说：

> 都中吉金价值日增，然亦只有郑盦司空（谦慎按：即潘祖荫）一人闹哄。此外，亦无肯出重价者。鄙人力有不逮，即价廉亦不暇及。所示一鼎一尊只可割爱矣。[1]

1890年冬，潘祖荫去世，王懿荣十二月八日写信给山东潍县的文物商裴仪卿："潘尚书前月仙逝，吾兄所拓之盘可不必买矣。此后古物不可再出大价收矣。"[2]潘祖荫生前和去世都直接地影响到了京师青铜器市场的价格。

就地方官而言，巡抚虽为一省的最高行政长官，但实际收入未必高于道州府县官员。居住在晚清收藏重镇苏州的收藏大家吴云、李鸿裔、沈秉成、顾文彬，[3]都曾在富庶地区任知府或道台。吴云在1859年署理苏州知府，虽然上任仅一年就因太平军攻陷苏州而避居上海，但是他在1844年便已经在江苏任官，

---

[1] 吴大澂致徐熙此札目前由上海朵云轩收藏。参见陆德富、张小川整理：《吴大澂书信四种》，南京：凤凰出版社，2016年，170—171页。但由于册页的装裱前后次序有颠倒，有一封附信窜入其他的信中，笔者根据信札的内容、书法特点、用印来考订它们的书写时间，重新编排上述顺序。

[2] 中国国家图书馆藏《四家书札》。

[3] 对于吴云和顾文彬，研究收藏史的人通常比较熟悉，对于沈秉成和李鸿裔，则鲜有研究成果，但是从晚清人的日记和信札（包括吴大澂的信札）中，我们不难感觉到，他们是实力雄厚的收藏家。

曾署理宝山知县、镇江知府，正如俞樾在吴云的墓志铭中所说："君官江苏，三宰剧邑，两典名郡。"[1] 他在经济发达地区积聚了丰沛的人脉、可观的财富，加之善于理财，吴云在隐退后依然很有经济实力，所以在战后依然能积极搜罗金石书画。他在致顾文彬的信中说："兵燹以后，东南巨迹，我二人所得不少。"[2]

寓居苏州的另一位大收藏家李鸿裔，曾是曾国藩最信任和亲近的幕僚。太平天国平定后，曾国藩权重一时，李鸿裔也官运亨通，在富裕的江苏省先后任徐海道台（1866 年任），署理江安督粮道，官至江苏按察使。致仕后，他在苏州购买园林，广收金石书画。1879 年四月，吴大澂在致吴大根的信札中提到，李鸿裔给灾区的一次捐款竟高达八千两银子。[3] 如果没有极为雄厚的经济实力，即使再慷慨，也断断拿不出这样的巨款来赈灾。

苏州耦园的主人沈秉成曾在 1872—1873 年任苏松太道台（又称上海道台），是当时上海地区的最高长官，上海海关（江海关）也由其管辖。这一官职可以说是大清帝国最大的"肥缺"之一。前此，沈还曾担任常镇通道台，所辖常州府和镇江府也属经济发达地区。1872 年冬，沈秉成以五千两银子的巨款买下了曾由

---

[1] 俞樾：《江苏候补道吴君墓志铭》，载《春在堂杂文》（1899 刻《春在堂全书》本），四编三，叶 21a。

[2] 吴云：《两罍轩尺牍》卷七，叶 22b，新 494 页。

[3] 中国国家图书馆藏《吴大澂书札》（编号 4803），第八册，叶 10。

张廷济收藏的虢叔钟，创清代青铜器市场价的最高纪录。这笔银子在当时差不多能买下苏州著名园林网师园和留园。[1] 沈秉成手笔之大，令人咋舌。

近年来，由于《过云楼日记》和《过云楼家书》的出版，使我们对晚清东南最大的书画收藏家顾文彬的收入有了相当具体的了解。顾文彬的财富在他担任宁绍道台时（1871—1875）急遽上升。在写给儿子顾承的家书中，顾文彬经常提到汇苏之款。如 1872 年正月初八日：

> 三竿仍托阜康汇寄，昨已向致，到日收明，存款交去，大票必须赶紧收回，切勿大意。[2]

十月十四日家书云：

> 前月汇苏之款，共三次，初六汇五竿，二十汇五百，二十四汇五竿，俱有收条。[3]

---

[1] 顾文彬 1872 年二月十八日致顾承家书中写道："网师园许缘仲以四千金得之，今缘仲已故，此园不知肯让否？此园我从前颇爱，取其结构周密，得价亦便宜，若起造此园，恐万金亦不够也。" 见《过云楼家书》，140 页。顾文彬 1876 年五月初一日日记："余为介绍，以卧云所购刘园售与旭人，议价五千六百五十金。是日在余家成交。余不取中费，程藻安亦在中保之列。" 见《过云楼日记》，392 页。"刘园" 即苏州著名园林留园，旭人即盛宣怀的父亲盛康。

[2] 顾文彬：《过云楼家书》，128 页。

[3] 顾文彬：《过云楼家书》，188 页。

不到二十天就汇往苏州10500两!

1873年五月十一日的家书又记录了一笔不小的款子:

> 得田有需巨款,即日汇苏六竿,到日收明可也。[1]

七月十六日:

> 所需用四竿已嘱阜康汇寄。[2]

以上所引只是顾文彬家书记载的向苏州汇款的一部分,根据艾俊川的研究,统计汇苏记录,同治十年四万三千四百两,十一年二万六千两,十二年五万一千六百两,十三年三万八千两,光绪元年一万八千两。四年多合计十七万七千两。[3]

这还不算顾文彬的儿子顾承从宁波以及其他渠道带回去的钱。"将有据可查的支出和汇款简单相加,顾文彬的收入已在二十万两上下。"[4]也就是说,在扣除各种开销后,顾文彬每年仍然能够寄回家约四万两银子。这一数目远远高于吴大澂能够寄回苏州的钱。

---

[1] 顾文彬:《过云楼家书》,245页。
[2] 顾文彬:《过云楼家书》,291页。
[3] 艾俊川:《顾道台的十万雪花银》,《文汇报·学人》2017年3月3日。
[4] 同上。

山东潍县的陈介祺是晚清学林公认的金石收藏第一人。他出生官宦家庭，父亲陈官俊（1782—1849），曾任工部、兵部、礼部、吏部尚书，官至协办大学士。陈介祺在1845年成为进士，但是九年后，他厌恶京师官场的倾轧，致仕隐退故里。[1]陆明君分析了陈介祺富于收藏的原因：陈官俊为一品大员，家财殷富，陈介祺为其独子，享其财富，很多青铜重器便是陈介祺在道光末年和咸丰初年（约1854）就在京师购入。[2]陈家在潍县有地产，在京城还有生意。[3]读陈介祺和友人往还的书札，不难看出陈介祺是一个善于经营的收藏家。加上潍县距古物遗存集中的齐鲁古都大邑很近，又是重要的古董集散地，陈介祺遂得地利之便。

在山东，还有一位活跃的收藏家与吴大澂交好。李宗岱是广东人，道光年间的副榜贡生，功名不高，但是有干才，仕途顺畅，曾任山东济东泰武临道道台，署理山东盐运使、布政使，后又在李鸿章的支持下在山东开金矿。从这一履历，我们可以大致想象他的经济实力。李宗岱的收藏兴趣主要在青铜器，容庚先生根据《南海李氏宝彝堂藏器目》《宝召斋吉金目录》等著录，计算出他收藏的青铜器在二百五十四件，其中不乏重器，如大保方鼎、颂簋、虢叔编钟等。[4]在吴大澂《窸斋集古录》著

[1] 笔者对陈介祺家世及其经历的描述，参考了陆明君撰：《簠斋研究》（北京：荣宝斋出版社，2004），12—17页。

[2] 晚清古董市场价格飞涨发生在1870年之后，陈介祺早已占得先机。

[3] 陆明君：《簠斋研究》，44—46页。

[4] 容希白：《商周彝器通考》，《燕京学报》专号之十七，1941年，249页。

录的商周青铜器中，注明李宗岱所藏或是拓本上有李宗岱收藏印的有五十余件。每当吴大澂向友人提及李宗岱，语气总是十分歆羡。大约在1877年，吴大澂写信给王懿荣说：

> 拟于中秋后薄游贵乡，访寿老、山农，许以绘图摹款，只要得千金之馆，不复吃长安尘土。两公必能为兄力图之。陈李书成，极天下之大观，而无憾矣。人生碌碌，能得一种笔墨流传不朽，亦足千秋，何必与眼前人争功名富贵耶？[1]

吴大澂将陈、李并提，可见李宗岱收藏之富。1872年，当虢叔钟在市场出现时，各方有实力的藏家都觊觎这一西周重器，金石圈内传闻李宗岱准备出一万两银子将之收入囊中。虽然虢叔钟最终被沈秉成购得，但这一传闻却告诉我们，李宗岱是一个经济实力雄厚的收藏家。

概言之，吴大澂为官的收入不可望以上几位藏家的项背。加上他家族观念强，将相当大部分的收入寄回家乡孝敬母亲、建设义庄。正因为如此，他财力有限，必须根据经济状况、爱好、学养、人脉来形成自己的收藏策略。

[1]《吉林省图书馆藏名人手札》，第二辑，176页。此札只有“十三日”而无年月，当时吴大澂和王懿荣同城时所书。从笔迹看，似在1874年后，故订此札的书写时间在1877—1878年左右，时吴大澂任职翰林院。

吴大澂的收藏策略

作为一个清廉且家族观念很强的官员，吴大澂自知财力有限，因此在收藏方面表现得相当节制。从目前能见到的吴大澂谈及购买金石书画的价格来看，还没有发现购买时单价超过三百两者。1888 年四月二十四日在致吴大根的信中说：

> 弟在京时，以三百金购得顾亭林先生稿本，每卷有先生手补码页，小行书甚精。其中改字及每本题签皆先生真迹。本系黄荛圃所藏。[1]

这是目前能见到的吴大澂收藏中单价最高的一件藏品。

在购买青铜器方面，目前能见到吴大澂所出最高价是一百二十两。大约在 1872 年，吴大澂在致王懿荣的信中说：

> 昨有事过前门，归过�清，亦未见孙四，前卣还百金，渠云百金必不允。兄许以酌加一二十金，渠云日内即送去。鄙意以为说定，怪某连日不送来，岂孙四昏头搭脑，竟以鄙言为游移乎？兄之始意以为百金以内可得，欲效宋芝山耳。一笑。[2]

[1] 《愙斋家书》第二册，叶 34。

[2] 《吉林省图书馆藏名人手札》第二辑，195 页。此札无年款，应是吴大澂与王懿荣同在北京时所作，从书迹来看，应在 1872 年左右。

此时吴大澂在翰林院任官，一个卣的价格超过一百两，对他而言实在是很高了。

吴大澂也曾有过单笔达到一千两银子的生意，但都是购买一批东西。1889年六月七日，正任河道总督的吴大澂在开封致信在烟台任山东登莱青兵备道道台兼东海关监督的盛宣怀，信中提到：

> 潍县高家藏有古铜印六百三十方，已与言定价银壹千两。寄来印谱一部，存在兄处。若由汴专差往取，携带银两甚不放心，因思烟台号家与潍县俱有来往，乞代汇银壹千两，由尊处派弁至潍，凭函取印，凭票付银。便中交轮船带津。由何小山处委员带汴最妥（七月中有闽厂解铁柱，由津转解之便），汇款亦托小山寄还尊处，亦甚便也。兄大澂又启。（外致王西泉一信，取印凭条一纸。）[1]（图3-5）

一千两买630方古印，每方不足二两。

1889年农历除夕，吴大澂给山东潍县的文物商裴仪卿发出一信并购物单，上面有讨价还价的具体内容。信后吴大澂附言：

> 先付银三百两，由济宁王藩台处代付，其余七百两，俟

[1] 王尔敏、陈善伟编：《近代名人手札真迹》，第九册，3846页。

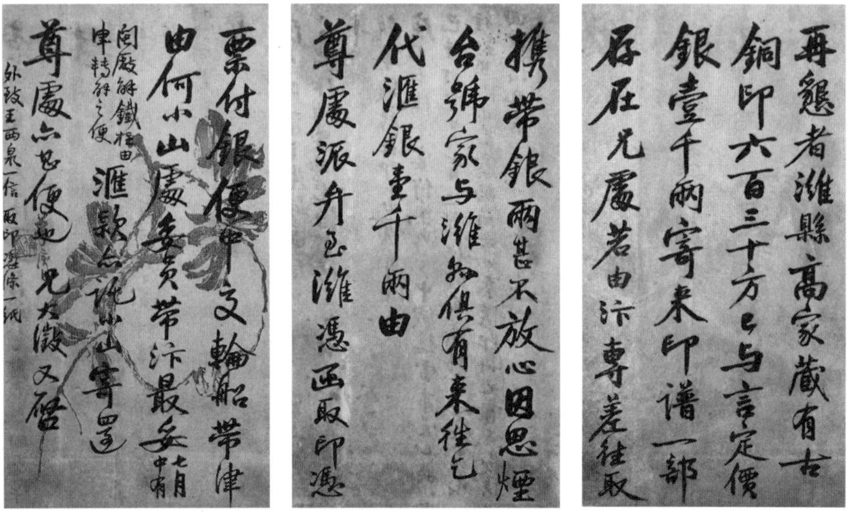

再懇者潍縣高家藏有古銅印六百三十方已與言定價銀壹千兩寄來印譜一部存在兄處若由汴專差往取攜帶銀兩甚不放心因思煙台歸家與潍縣俱有來往乞代滙銀壹千兩由尊處派弁赴潍憑函取印憑票付銀便中交輪船帶津由何小山處妥員帶汴最妥 七月中旬 滙款亦託小山寄還 尊處亦甚便也 兄大澂又啓

外致王西泉一信 取印憑條一紙

图 3-5 吴大澂 1889 年致盛宣怀信札　香港中文大学文物馆藏

各种送到再给。[1]

这一千两要买古印 119 方（五百两），汉印 220 方（三百五十二两，每方一两六钱），此外还有砖瓦等（图 3-6）。平摊下来，每件古董的单价并不高。

1890 年三月初三日，在苏州为两个多月前去世的母亲守制的吴大澂致信盛宣怀：

[1] 中国国家图书馆藏《吴大澂书札》（编号 17737），第三册，叶 6。

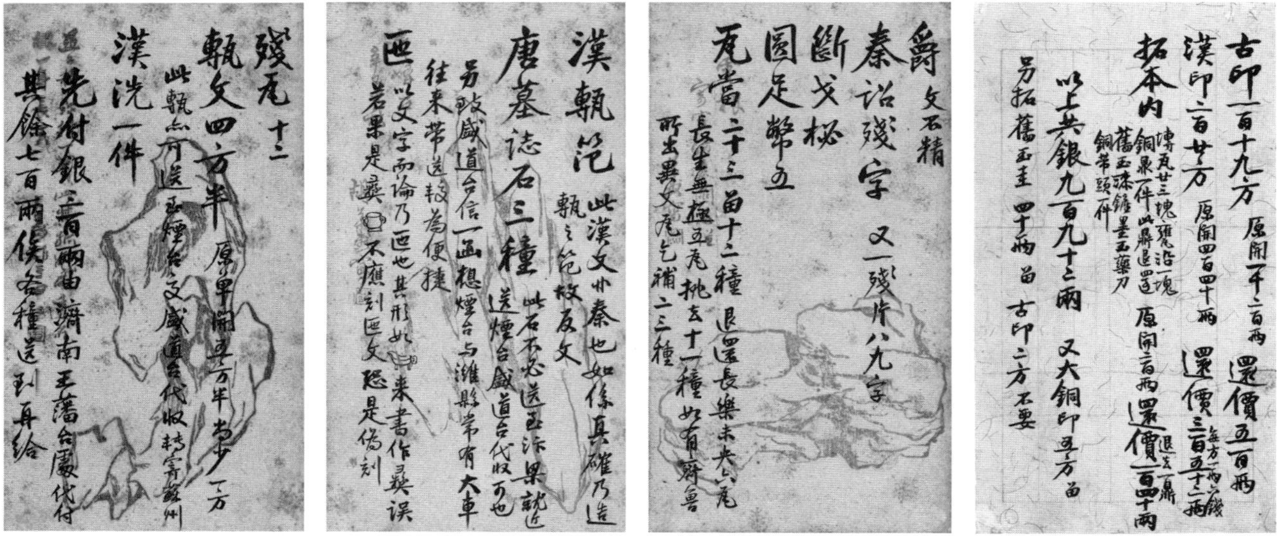

图 3-6　吴大澂 1889 年致裴仪卿信札　　中国国家图书馆藏

廿四日接广盦弟书，寄到惠缄，并裴仪卿代购唐石二方，包匣一件，大木箱一只，内古印、砖、瓦、古玉各种。照单点检，均已收明。屡次渎神，且感且歉。外复裴信并开一单呈阅，款交票庄，另函寄上。[1]

吴大澂开的单子如下：

原购古印、砖、瓦、旧玉刀、铲、铜钩，共银九百十二两。又旧玉圭一件，四十两。大铜印四方，十二两。续寄玉印、官印、套印三十方，汉铜印八十五方；瓦诏二块，泥封三块，破瓦四块，瓦头五块；古玉八件，原开价银五百两，除退还古玉八件外，还价银三百二十两。又寄残石二块，汉砖四块，墓志盖一块（原单未开价值），给银四十两。以上共应付裴仪卿银一千四百〇四两（照烟台通用之平），又还代垫唐石价一百二十两，共银一千五百二十四两。[2]（图 3-7）

同样，每一古董的单价并不高，其中最贵的便是唐墓志原石（二方？），价格是一百二十两。

但是，这并不意味着吴大澂的收藏中没有精品。吴大澂

[1] 王尔敏、陈善伟编：《近代名人手札真迹》，第九册，3824—3825 页。

[2] 王尔敏、陈善伟编：《近代名人手札真迹》，第九册，3859 页。这一价目表在原书中的排列似有问题，放在上引之信之后或较允当。

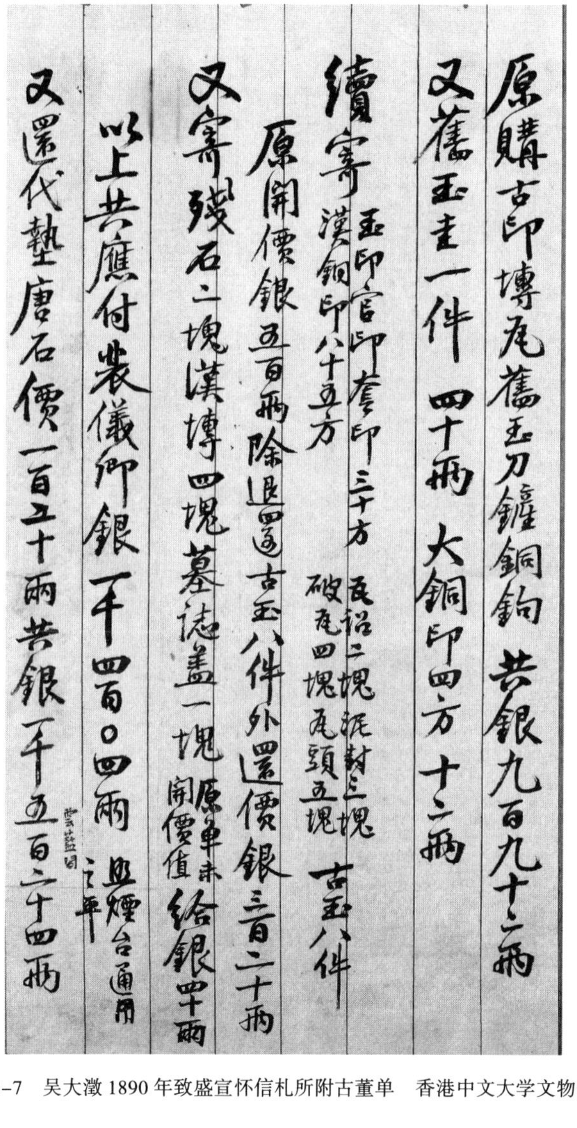
原購古印塼瓦舊玉刀鐘銅鈎 共銀九百九十二兩
又舊玉圭一件 四十兩 大銅印四方 十二兩
續寄 玉印官印套印三十方 瓦詔二塊泥封三塊
漢銅印八十五方 破瓦四塊瓦頭五塊 古玉八件
原開價銀五百兩除退還古玉八件外還價銀三百二十兩
又寄殘石二塊漢塼四塊墓誌蓋一塊 原單未開價值 給銀四十兩
以上共應付裴儀卿銀一千四百〇四兩 由煙台通用之平
又還代墊唐石價一百五十兩 共銀一千五百二十四兩

图 3-7 吴大澂 1890 年致盛宣怀信札所附古董单 香港中文大学文物馆藏

于 1876 年三月获窸鼎于长安，在拓题上写道："是鼎为凤翔周氏所藏，其友人携至三原，余以百金购之。"[1] 在同年四月四日致王懿荣的信中，吴大澂说："兄以重值得此鼎，为所藏诸器之冠。"[2] 可见当时吴大澂以一百两买了窸鼎，他都认为是"重值"了。窸鼎铭文不长，仅 28 字，所以在价格上和毛公鼎、盂鼎、虢叔钟等无法相提并论。但是吴大澂在研究过铭文后，考证出此鼎为周朝宋国的始祖微子所作："宋祖法物，至今完好，洵为千古瑰宝。"[3]（图 3-8）能以一百两白银买下"千古瑰宝"，实因为吴大澂购自窸鼎的出土地，价格自然会比京师或其他地方便宜许多。

正因为如此，吴大澂离开陕西后，一直与数名陕西官员和文物商保持着联系，委托他们购买古董，他们是杨秉信，韩惠洵（古琴）、韩学伊（继云，生于 1850 年）父子，苏亿年（苏七），赵乾生等。

1880 至 1883 年，吴大澂被朝廷派往吉林，作于这一时期的《北征日记》（仅存 1882 年五月初一日至 1883 年八月十九日）记载了吴大澂和杨秉信之间相当频繁的书信往还，如 1882 年六月二十二日，"复杨实斋书"；七月十六日，"复杨实斋书"；十月二十一日，"致杨实斋书"；十二月二十三日，"复杨实斋书"；

[1] 顾廷龙：《吴窸斋先生年谱》，59 页。
[2] 吴大澂：《吴窸斋尺牍》，上海：商务印书馆，1923 年（影印本）。原札现藏上海图书馆。
[3] 吴大澂：《窸斋集古录释文剩稿》下册，14 页。

图 3-8　吴大澂旧藏窓鼎　南京博物院藏

1883年二月初十日,“复杨实斋书”;四月二十二日,“复杨实斋书”;七月二十八日,“致杨实斋书”。大约平均两个月就有一次书信往还,其所言之事当然都和购买古董有关。[1]

吴大澂致杨秉信的书札大约有十通存世。在1881年八月十三日致杨秉信的信中,吴大澂提到托日升昌汇去四百两银子,这是他支付给杨购买印章和其他古物的款项。[2]1881或1882年的三月二十五日,吴大澂写信给杨秉信:

> 兹托吉林票号源升庆汇去银五十两,由都中日升昌转汇西安。此间汇京费已付讫,由京汇陕之费,即属日升昌于原平内扣算,大约吉省市平较陕西公议平略大,汇费所用无几也。[3]

上引两通信札都是目前存世的吴大澂在吉林任官期间和陕西文物商保持联系的文献。

1889:舍吉金而求古玉

吴大澂另一个策略便是利用学术研究的视野和艺术鉴赏的眼光,另辟收藏的“主战场”。吴大澂在1880年代末开始积极

---

[1] 中国国家图书馆藏吴大澂致杨秉信信札六通,也有写于吉林时期的(编号18862)。关于吴大澂在陕西的访古以及后来与陕西古董商的联系,参见李军:《访古与传古——吴大澂的金石生活考论》,济南:山东画报出版社,2014年。

[2] 中国国家图书馆藏《吴大澂书札》(编号18863),叶4。

[3] 中国国家图书馆藏《吴大澂书札》(编号18862),叶3。

收藏玉器、印章、兵器等。在 1889 年五月十一日致杨秉信的信中，他谈到了自己“舍吉金而访求玉器”的收藏策略：

实斋大兄阁下，前复一缄，由陶方伯处转送。又交日升昌汇去银四百两，专备代收古玉之资。愙斋舍吉金而访求玉器，犹南田避石谷之画，弃山水而专攻写生也。都中、历下搜罗古玉，颇得宝器数十种。前寄凤翔所出玉炉乃周之玉敦，盟誓歃血所用。又于济南购得二玉敦，与此相类，特非新出土之器耳（此等古物以二三十金得之，实不为贵）。费神访求玉药铲，无论大小，方首、圜首皆可得之（玉斧、玉刀大者皆可取）。又有两头似刀而中间有数孔（谦慎按：吴在此画一图像），不知其名，决无伪作者，皆为留之（药炉铲有一孔，有二孔，一面大一面小者，的真古物。后世无仿造者，亦不能仿制）。色泽不论，价值之贵贱亦不论（药铲有黑玉，色泽纯黑，其光可鉴者，即重价亦可得）。至钉头，以大者为贵（近日所得有高七八寸者，有高一尺外者，亦不易得），寻常小钉头价值在十金内外，亦可收大器，则不惜价也。[1]

---

[1] 北京故宫博物院藏吴大澂致杨秉信书札（编号新 00180785）。信中所言陶方伯即陶模（1835—1902），光绪十四年戊子（1888）三月庚辰由直隶按察使迁陕西布政使，护理陕西巡抚，1891 年二月迁新疆巡抚。陶模是吴大澂的同年进士，官至新疆巡抚、陕甘总督。所以此札在陶模 1888 年任陕西布政使之后，但不会在 1890 年的夏天，因为那时已经守制，信中署款会用“制”。由此判断，此札写于 1889 年五月，可与下引 1889 年五月十日致韩学伊书札互证。

有意思的是，吴大澂在信中以清初两位大画家王翚（石谷）和恽寿平（南田）为例，来说明自己为何会由收藏青铜器转向玉器。王翚和恽寿平为至交，恽寿平见王翚在山水画方面成就卓著，遂专攻花鸟，终成一代大家。吴大澂的意思是：他虽然喜爱青铜器，收藏亦近二十年，但终因财力所限，无法和潘祖荫等大藏家竞争，故放弃青铜器，以玉器作为收藏重点。所以，在八月十七日致杨秉信的信中，吴大澂又说："古玉药铲，不论玉质好坏，仍乞代收。九十月后或由此间专差往取亦可。"[1]

除了杨秉信外，1889 这一年，吴大澂还广托各地的友人为其罗致玉器。在陕西，他委托了韩学伊（继云）；上海、苏州一带，他委托友人吴承潞和古董商徐熙（翰卿）；在山东，他委托丁艮善（少山，1829—1893）和潍县的古董商裴仪卿；在北京，他委托琉璃厂德宝斋的李诚甫。值得庆幸的是，他和这些人在1880 年代末的通信还有不少存世者，让我们有机会了解他在那一年的收藏活动。

1889 年五月十日，亦即在上引写给杨秉信书信的前一天，吴大澂已先行给自己在陕西的学生韩学伊写了一信：

> 张祥回汴，得手书，承示布泉拓本二种，莽范之最精者。惟兄近日于吉金不甚着意，钟鼎大器既不能与都下士大夫力

[1] 中国国家图书馆藏（编号 18862），叶 6。

争，其零星小品不足以资考证，因专心访购古玉。已编成《古玉图考》一书，寄沪石印，秋初即可印成，于经传注疏、《说文》考核甚详，实发汉、唐以后诸儒所未发。并以古玉求得周尺度数，多有实在证据，与凭空臆断者不同。长安市上旧玉伪者亦不少，惟古玉药铲无人假造，价亦不甚昂贵，无论色泽之佳与不佳，兄愿得之。乞于友人中代为访求（只看一孔两面打者，或一面大一面小、中有旋刀文者，皆三代古物），如有所得，交杨实斋专人送汴，价亦由实斋代付。此南田不画山水之意也。[1]

在信中，吴大澂说起自己在青铜器方面无力与潘祖荫等都下士大夫竞争，只得效仿恽寿平（南田）主攻花鸟之意，汇聚财力，专收古玉。[2]

六月初十日，吴大澂又给韩学伊发出一信，再次叮嘱其代购玉器：

[1] 藏者不详，稿本图片取自网络。以下所引致韩学伊信札皆同。给韩学伊的信应和给杨秉信的信同时寄出，都是寄到韩学伊的父亲韩惠洵处。吴大澂早在从陕西回到京城重回翰林院后，就已无力在京师收购青铜器。他在1877年八月十八日致陈介祺的信中就说："大澂入都后，力不能得彝器，亦惟日求拓本，为古人传此不绝之一脉。"《吴大澂书信四种》，45页。

[2] 晚清早于吴大澂而注意搜集古玉的是景其浚（剑泉），惜其去世甚早。吴大澂在1878年五月五日致陈介祺的信中说："闻景剑翁所收旧玉甚富，亦未见。秦中尚易得，都下则无佳者。"《吴大澂书信四种》，61页。

继云贤弟左右，前有复令尊一函，托杨实斋代觅古玉各器，想关中旧家必有藏者，恐实斋不肯放手代购耳。大梁一隅之地，亦陆续收得数十种，且有精品宝器，最可贵者，牙璋及璇玑耳。敝藏各器之精者，遣周仆拓出寄览。[1]

吴大澂担心杨秉信不愿放手收购玉器，所以嘱咐韩学伊也在陕西代为购买。此信还告诉我们，吴大澂还就近在其为官的河南购买玉器。

韩学伊很快便在陕西为吴大澂物色到一些古玉。吴大澂在1889 年八月二十一日致韩学伊的信中说：

承示代购玉铲十一种，既佳且廉，三十金之一铲，从来未见此等色泽。无文拱璧，亦系三代物。玉奁一器，制作亦工。又二十四字之白玉佩，虽似唐宋时物，而制作精妙可喜，亦可绘入图中，务乞代为购定。约计垫款已在百金以外，兹托西号汇寄银一百五十两，由杨实斋处转交，乞察收。[2]

这年的十一月二十二日，吴大澂收到了杨秉信和韩学伊代购的古董。吴大澂在二十三日分别给杨和韩写了复信，复杨的信尚未发现，复韩的信尚存世：

---

[1] 藏者不详。

[2] 藏者不详。

昨日华友于回汴，带到手书。承代购之大小圭十六器（小者非珽即瑁，《相玉书》云：“珽玉六寸，明自照。”见《考工记》郑注。今以所得古珽证之，有适合六寸者。天子执瑁四寸。见《周礼》）、玉环一器（制精似新莽物）、拱璧二、环三，合璧三件（即配璜），玉奁一器，苍玉宏璧一圜、元玉大珽二器，均已点收。实斋所购各件，亦一一收明。圭璧之光，烂然斗室。……银款仍属票庄书券排递任紫卿转交，当可速达。电局事已致周守矣。[1]

吴大澂这次得到韩学伊所购玉器27件。四天之后（二十七日），吴大澂再次致书杨秉信：

廿二日华友于带到古玉、古兵、铜印、封泥一百四件，陈之斗室中，古色古香，心醉数日。曾于廿三日泐复一缄，交门人宋信卿带陕，腊八日后当可达览。玉管确系律管，是汉、是周尚未考定。此物从何处得来？是否长安故家所藏？如有续见玉管，在三四寸以上者（二寸以下者非律管），仍乞代留。四足玉爵、凫壶二器，皆可留。双鱼玉洗及虞庭十二章之璧圭，制作太精，系近代物，在可得可不得之间。如有三足爵与铜爵相类，古玉圭瓒与熨斗相似者，虽价昂，亦必得之。……

[1] 藏者不详。

附上会券五百两，乞以百两交继云，还尊处三百五十两。余存五十两再算。[1]

值得注意的是购买古玉的银两。吴大澂请杨秉信转交给韩学伊的一百两银子是用来购买上面提到的27件玉器吗？如果是这样的话，平均一件古玉不到四两银子，确实便宜。吴大澂在1889年除夕写给韩学伊的信中说：“九寸拱璧以二金得之，至廉矣！”[2]但是，在上引八月二十一日致韩学伊的信中，也有“三十金一铲”之语，在当时玉圭常被称为“玉铲”，27件玉器中仅圭就有16件。而且吴大澂在十一月二十三日致韩学伊的信中说：“银款仍属票庄书券排递任紫卿，当可速达。”[3]并没有提到这笔钱由杨秉信转，所以也不排除这一可能：托杨秉信转交的一百两，并非是用来支付十一月二十二日华友于带回的27件玉器的。

不过，我们应该对古董交易的特殊性有所认识。和其他商品如大米、布匹、麻油之类的商品不同，古董价格有很强的操控性，文物商开价的空间很大，开得越高，并且能卖掉的话，利润自然就越大。韩学伊并不是古董商，而是官宦子弟，其曾祖是韩克均（芸舫、芸昉，1766—1840），山西汾阳县人，在嘉庆、道光年间曾先后任贵州、福建、云南等省的巡抚。其父韩惠洵

[1] 中国国家图书馆藏《名贤尺牍册》（编号3832），致杨秉信第二札。

[2] 藏者不详。

[3] 藏者不详。

在陕西为官，他也因此定居陕西，并以祖荫获得监生资格。吴大澂任陕甘学政时，与韩氏父子结识，韩学伊也成为吴大澂的门生。吴大澂离开陕西后，和韩氏父子一直保持着联系，委托他们在陕西物色古董。吴大澂对这位门生也颇为照顾，1888 年任河道总督时，曾短暂地招韩学伊入幕，参与郑州黄河决口合龙之事。1889 年，商办西安电报局创设，由周少彝任总办。韩学伊欲谋一职位，吴大澂为此向周推荐。这就是吴大澂在上引十一月二十三日所说的“电局事已致周守矣”。但周少彝不敢擅自做主，请吴大澂和掌管电报总局的盛宣怀沟通。吴大澂致盛宣怀书札今存香港中文大学文物馆：

> 敝门生韩继云府经（名学伊）系芸舫中丞之曾孙，随其父古琴大令游秦中。其为人精细有才，谨饬不浮，长于书算，可谓少年老成，前年曾调郑工差委。去冬函荐周少彝太守，如西安电局需才，大可委用。前日又电恳吾弟转告少彝。旋接少彝电，知蒙俯允派差，兄可力保该员，必不有负委任也。[1]

后来，韩学伊果然得到了这一职位。韩学伊在陕西为吴大澂代购的古玉，是为老师效力而非谋利，所以价格“至廉”，或属特例。

---

[1] 王尔敏、陈善伟编：《近代名人手札真迹》，第六册，3826—3827 页。

吴大澂在陕西的门生不少，为何独独选韩学伊为其代购古董？这是因为数代为宦的韩氏家族有收藏的传统。虽然我们今天对韩克均的收藏规模不详，但可以肯定的是，他收藏青铜器。存世一件周代方鼎，著录为韩克均所藏。[1] 韩惠洵的收藏不详，但从吴大澂不时将自己藏品的拓片寄给韩惠洵来看，韩应该有些收藏。至于韩学伊，在近年的拍卖会上，我们也能见到他经手过的金石书画，如《书札集锦册》(2016 年 6 月 8 日匡时拍卖)、《秦琅琊台刻石》拓本（东京中央拍卖，2016 年春季）等。正因为韩学伊是玩古董的世家子弟，吴大澂嘱其向长安故家搜罗古玉。

吴大澂在委托陕西友人购买古玉之前的数个月，已经委托北京的古董商为他在京物色古玉。1889 年暮春，德宝斋为吴大澂在京收得一些玉器。吴大澂在三月二十九日致德宝斋李老板的信中说：

> 如有大药铲、玉圭、玉斧等物，代为留意。厂中有赤刀如五六十金（玻璃盖上有御题诗），可得。[2]

四月二十三日，吴大澂收到了从京师返回的折弁带到的玉

[1] 吴荣光：《筠清馆金石文字》(1842)，卷四，叶 9b—10a。此鼎现名为“亚矣方鼎”，2017 年在纽约拍卖市场亮相。

[2] 顾廷龙：《吴愙斋先生年谱》，188 页。

器，他在复信中写道：

> 玉器四十三号已留三十七件。闻韵古有人在济南购得红白玉大圭，约有尺许长，已带进京。原价百二十两，望代为留之。[1]

一次所得玉器竟多达 37 件。而在济南发现的红白大圭，吴大澂愿出价 120 两，这在古玉交易中属于相当昂贵的了。

六月十六日，吴大澂再次写信嘱咐德宝斋为其在京购买古玉：

> 前承代购之大拱璧、大釭头、大药铲，皆难得之品，颇可爱玩。如有此等大件玉器，务乞代留；小件有精品，亦所乐得。拱璧不论大小，皆为搜罗得之；药铲有大者，不妨稍宽其价，想此时都下尚无争购之人也。铜器则无从下手矣。十二日折差回，收到大璧一器，釭头三件，玉虎一件，勒子铜印两件。厂中各铺如有旧玉药铲，无论贵贱，均乞代留。有玉色纯黑者更好，白玉药铲亦未见。釭头、拱璧有极大者，皆欲得之。[2]

值得注意的是，吴大澂在信中谈到“想此时都下尚无争购

[1] 顾廷龙：《吴愙斋先生年谱》，188—189 页。
[2] 顾廷龙：《吴愙斋先生年谱》，189—190 页。

之人”，比起玉器在上海不断上涨的情况，北京市场上的玉器由于无人争购，价格不会太高。

在七月初六日、八月十四日、九月四日、九月二十二日、十月二十九日，吴大澂又数次写信给德宝斋老板，[1] 请其在京收购玉器，其中药铲依然是他最感兴趣的玉器。这些信中还提到了他通过票庄汇给德宝斋的银两：七月二十六日汇京松银 125 两，九月二十二日汇 120 两，九月二十九日汇 170 两。这三次汇款相加共 415 两。由于不知当时吴大澂和德宝斋的信札有多少幸存下来，加上顾廷龙先生所引并非全信，我们对 1889 年吴大澂究竟汇往北京多少两银子用来购买玉器并不是十分清楚。比如在六月，吴大澂一次就收下德宝斋托折弁带回的 43 件玉器中的 37 件，花了多少银子不详，但可能在一千两上下。可以推测，这一年吴大澂光是通过德宝斋购买玉器花的花费应在二千两左右，甚或更多，因为有些玉器的单件价格超过了一百两。

1889 年，吴大澂给他的苏州友人、也是他长期委托购买古董的徐熙写了至少九封信，都是谈买古董的。这些信的日期如下：一月九日、五月七日、五月二十四日、七月四日、七月十六日、八月初八日、八月二十五日、九月二十五日、十二月十五日。这一年的二月，徐熙还带着古董专门到开封来看望吴大澂。吴大澂在 1889 年二月二十二日致王懿荣的信中说：

---

[1]　同上。

徐翰卿自吴来汴，代购吉金十余事，以方卣为最，四面皆作象形，两牙长出交互，疑象尊。……又得一玉古你极大，系南浔顾子嘉旧藏……子嘉获之十数年，而兄竟不知，今翰卿以者女彝易之。[1]

1889年五月初七日，吴大澂在致徐熙的信中写道：

初六日接沪上来电，知从者抵申。《图考》已与广庵商妥。扬得精品，计两三日内郝弁亦必到矣。历下人归，携得二玉敦（百乳），与陕出一敦相类。出土已久，盘工不少，价仅廿金。又得大黑琮尺二寸者，价卅五金。一圭有阳文刻花，色满红，惜乎刻“嘉庆鉴赏”圆印而倒其文耳。[2]

1889年九月下旬，吴大澂在致吴云之子吴承潞（慎思）的长信中，谈到了自己近来的古玉收藏：

九月廿三日郝弁由津回汴，带到八月七日手书，承寄代购三琮并翰卿寄来一环、一璧、画册、画轴均已领到，至感至感！元玉大琮已得其五，有瑱文者三，度皆尺有二寸，是琮稍长，除去上下射（即上下口）不计外，亦尺有二寸，何以色

[1] 中国国家图书馆藏《吴大澂书札》（编号4803），第三册，叶15—17。
[2] 《吴大澂书信四种》，164页。

皆纯黑?殆所谓宗后所守之内镇，别于礼地之黄琮。或三代时以元玉为瑞玉，与白玉并珍。故禹得元玉，琢以为圭也(此亦汉儒说)。其一黄琮有瑑饰者，确系古刻，非后人所能伪增(与三代彝器文相似，乃士大夫之所为，非出工匠手。盖玉人必有刻玉之官)。敝藏六十余琮，此其仅见。唯一小者，与此刻文相类，已绘入《古玉图考》矣。珇琮制作虽精，尚有色泽红黄胜于此者。所获既多，觉此等已属常品。然以后好古者识为珇琮，则鄙人考古之功也。沪上古玉声价日长，而愙斋得圭已过七十，璧亦五十余。胡富堂所索三四百金者，秦中皆不及十金(数寸之药铲，廉者只值四五金)，以后尊处无须代购，寄亦不甚便也。《古玉图考》印成后无便可寄，莫妙于寄津，交黄花农观察转寄柳门，由折差往取。[1]

吴大澂此信有两点值得注意。其一，写此信时，吴大澂的《古玉图考》已经完成，书中对玉器的尺寸和色泽皆有所讨论，这时他正在撰写的《权衡度量实验考》一书，此书对古代器物的尺寸有了更为详细的讨论。这也是为什么他还在不断收藏古玉的原因之一。其二，古玉在陕西等出土地的价格非常低廉，上海古董市场的古玉价格飞涨，竟能高出陕西几倍甚至几十倍。

---

[1] 上海图书馆藏《吴愙斋尺牍》(编号3735)。此札没有日期，但提到郝弁由津返汴时把信带到，可知吴大澂此时在河南任河道总督时。又谈到《古玉图考》，可知作于1889年，应在九月底或十月初，亦即在九月二十三日收到吴承潞信后不久。

1889 年十二月十五日，吴大澂在致徐熙的信中说："关中友人寄到古玉百数十种。"[1] 他之所以能够以如此规模来搜罗古玉，是因为陕西出土玉器最多，价格也最为便宜。不过，北京、济南、开封、上海等地玉器的价格要比陕西贵很多，但吴大澂还是积极地在这些地方收购。他已经从古玉价格在上海的变动中预感到，一些藏家可能不久将进入这个领域，导致市场价格迅速上涨。他已占得先机，还将继续扩大战果。

1889 年除夕，吴大澂在致韩学伊的信中对自己的古玉收藏做了如下概括：

> 敝藏古玉至富，圭、璧、琮三者得二百余，杂佩亦几及二百，可云巨观。若见圭、璧价在十金以内者，仍可代收，小品亦多可爱。关中所出，皆土中原物，价亦最廉。广搜博采，必有异品也。[2]

"至富""巨观"这些用语，彰显出吴大澂在古玉收藏上志得意满。他显然不想就此罢休，还将继续广搜博采，相信其中必有出人意料之异品。

四年后（1893），吴大澂在湖南撰写了《求贤馆记》一文，对自己的收藏规模做了一个概述：

[1] 《吴大澂书信四种》，172—173 页。
[2] 藏者不详。

> 余生平好古文字，广求商周钟鼎尊彝，积久得二百余器，多前人著录所未及。好收古玉，考其制度、尺寸，得圭、璋、璧、琮、琥、璜、杂佩之属三百余器，又得玉敦、玉觚、璧、散璧、角及黄钟律管，皆汉、唐诸儒所未见。好藏古铜、玉印，得周鉨千余钮，汉官、私印三千余钮。好收古泉、刀，采其文以补古籀之缺，亦集至千数百种。[1]

以藏玉而论，吴大澂毫无疑问是晚清第一人，而他的绝大部分古玉藏品在1889年购得。正是他的学术眼光和先见之明，使得他在一年之内，利用敏锐的鉴赏眼力和广泛的人脉，以有限的资源购入大量玉器（图3-9）。[2]

1889年，吴大澂还积极地购买古鉨印和隋唐墓志原石。此时，晚清印章收藏第一人陈介祺已经谢世六年，印章收藏重镇潍县的一些旧家想出手的鉨印，多被吴大澂收入囊中。王懿荣1889年八月初一日致裴仪卿的信札云：

> 七月初间，吴河督寄来信一封，并汇到京平松江银一百捌拾两正。原信并奉上一览。他意不欲收古钱，专要印鉨。

[1] 吴大澂：《求贤馆藏古器记》（1893年撰）。

[2] 吴大澂去世后，他的玉器流散情况，参见沈辰：《故人似玉由来重：吴大澂旧藏玉璧流传轶事》，《美成在久》第7期（2015年9月），6—25页。

图 3-9　苍璧　良诸文化（公元前 3300—前 2400 年）吴大徵旧藏，加拿大皇家安大略博物馆藏

此次咱要价二百，他只给一百八十两，有原信可知。[1]

后来吴大澂和裴仪卿建立了直接的联系。1889年八月二十二日他在致裴仪卿的信中说：

> 昨得手书，承示秦汉印八十方，又"袁未央"玉印一方，并寄各种拓本，至为欣慰。千金之价即照来书定议，后添之玉印一并在内，不再增价矣。[2]

除了托裴仪卿买印章，吴大澂还托他买墓志原石。1890年正月十八日，吴大澂在致盛宣怀的信中说：

> 兹有潍县裴仪卿代购唐《王府君墓志》白石一方，属其送至尊处。乞代付银一百廿两。[3]

吴大澂在1889年能够大肆收罗古董，应该和他这年的经济情况较好有关。三月初十日，吴大澂在致宋春鳌的信中说：

[1] 中国国家图书馆藏《吴大澂书札》(编号17737)。吴大澂致王懿荣请其转寄裴仪卿180两银子的信，目前也收藏在中国国家图书馆(编号4803)，第三册，叶11。

[2] 中国国家图书馆藏《吴大澂书札》(编号17737)，第二册，叶3。

[3] 王尔敏、陈善伟编：《近代名人手札真迹》，第九册，3810页。

> 郑工之役，幸于去腊躜催竣事，节省工款六十余万，尚可留办善后事宜。若稍一松手，荡然尽矣。今年春夏，从容布置豫境河防，不致再出险工。下游山左河身逼窄，民埝甚松，处处可虑也。[1]

去冬堵住了黄河在郑州段的决口，没有发生大的灾害，让吴大澂松了一口气，有了闲心来从事金石书画的研究。去年九月十五日给吴大根信中所说的“近日道库支绌耳，郑工不提公费，一尘不染”的情况，因节省了一大笔工款，得到了很大的缓解，[2]河道总督的金库有了余银，他此时大概能够按照惯例提取公费，手头也自然比较宽裕了。由于治理黄河决口有功，1888 年年底，吴大澂被补授河东河道总督，加兵部尚书衔，赏头品顶戴。光绪《清会典事例》记载，各级官员的养廉银为：总督一万三千至二万两，巡抚一万至一万五千两。[3] 河道总督与巡抚同，加兵部尚书衔后，官阶升为从一品。所以，1889 年吴大澂的养廉银和公费应比以前高。

---

[1] 上海图书馆藏吴大澂致宋春鳌信札。

[2] 1888 年七月二十一日吴大澂给宋春鳌写了一封信：信中说“（本）月之十一日钦奉电旨，蒙恩调署总河。闻命之下，莫名恐慌，似此艰巨之任，关系东河江皖四省大局，惴惴焉惟恐不胜。但愿新筑之坝工不致溃败决裂，霜清以后补筑较易措手，合龙尚有可望。若此两月中不能固守，则前功尽弃，何从筹此巨款耶？”（同上）也就是说，吴大澂接此任时，对能否治好决口，并无把握。而一旦新坝决裂，将耗费更多的人力和工料来抢救。所以，他才会在九月写给吴大根的信中说“道库支绌”。1888 年十二月下旬，郑工顺利合龙，吴大澂不辱使命，而且省下了一大笔银子。

[3] 参见耿茂华：《清代养廉银制度》，92—94 页。

吴氏义庄的建设在这一年似乎也开始收尾。上引1889年二月二十五日信札中，吴大澂谈及他在春暮（三月）可以寄一千两用于义庄。这一年的家书存世很少，虽有五月份的一通长信，但没有谈及汇款建义庄之事。这一年的腊月十五日，吴大澂在致徐熙的信中说：

前接来电，知阮铸《散盘》已承购定，移置义庄，至为心感。[1]

吴大澂购买阮元翻铸的《散氏盘》，用于装点义庄。当然，由于家书存世太少，这一推测也可能不够准确。如果义庄完工了，他每年可以省下几千两银子。从目前已知的材料来看，1889年吴大澂的经济状况似较先前更好，所以购买古董自然是相当积极。

由于资料较为丰富，以下将1889年有明确记录的吴大澂购买古董的支出列表：

[1]《吴大澂书信四种》，172页。

吴大澂 1889 年购买古董支出详表（已知价格）

日期	出处	事件	价格	备注
一月十八日	致盛宣怀信	请其代付从裴仪卿处购买的唐《王府君墓志》白石一方	120 两	
一月二十三日	麓斋藏致吴大衡信	支付向含英阁购买鬲之款	80 两	
四月二十三日	《吴愙斋先生年谱》引致德宝斋信	请德宝斋代买红白玉大圭	120 两以上	
五月七日	致徐熙信	玉敦两个（购于济南）	20 两	
		大黑琮（购于济南）	35 两	
五月十一日	致杨秉信	汇出专备代收古玉的费用	400 两	
五月二十四日	致徐熙信	购买《金刚经》（署款苏轼，宋纸，但书风似董其昌）	15 两	
七月六日	《吴愙斋先生年谱》引致德宝斋信	得到德宝斋代购的古玉斧、白玉釭头、黄玉釭头，汇款京松平银	125 两	
八月初一日	致王懿荣信	请王懿荣转交潍县裴仪卿代购鉩印款	180 两	
八月二十二日	《吴愙斋先生年谱》引致德宝斋信	从潍县购买铜印五百余，古鉩百数十。	1000 两	六月初七日致盛宣怀信即提到此事。又，七月初四日致徐熙函："买潍县铜印五百余，古鉩百数十。"
八月二十一日	致韩学伊信	寄韩学伊买玉器款项	150 两	

九月二十二日	《吴愙斋先生年谱》引致德宝斋信	折差带回德宝斋带回玉器一件	120两	
九月二十五日	致徐熙信	代买玉圜、玉璧	60两	
		金饰	价不及20两（权算18两）	附信中提及。
		购买隋碑	150两	
九月二十九日	《吴愙斋先生年谱》引致德宝斋信	汇款致德宝斋买玉器	170两	
十一月二十七日	致杨秉信	寄买古玉、古兵器、铜印、封泥一百四件用款	300两	
		转交韩学伊	100两	
		供杨秉信备用	50两	
十二月十五日	致徐熙信	购买阮元复制的《散氏盘》	144两	
除夕	致裴仪卿信	寄裴仪卿代购古印、汉印、爵、秦诏残字、钱币、瓦当、汉砖范、唐墓志石三方、砖文、汉洗等用款	1000两	先寄300两，余下700两，货到后再寄。

从现存材料已知的购买古董的花费是：4347两。

从吴大澂1889年的书札中，我们还知道其他一些购买活动，由于没有留下具体的价格，我们只能根据已知当时的古董价格，综合考虑各种可能影响价格的因素（包括交易地点等），做一些估测。以下是估测支出列表：

吴大澂 1889 年购买古董支出详表（估测价格）

日期	出处	事件	价格	备注
二月	致吴大根信	徐熙带古董到开封去见吴大澂，带去一方大玉印、杨继盛书法、恽寿平与王翚绘画等	暂定为 500 两	徐熙所携的玉印是以一个青铜器和顾子嘉换得，后来成为吴大澂的藏印之冠，所以价格当不菲。又，1880 年代四王吴恽画作的市场价格相当昂贵。
三月十四日	《吴愙斋先生年谱》引致德宝斋信	从德宝斋购入汉玉钉头、大拱璧、玉盌、汝窑瓷器等 21 件	暂定为 200 两	
四月二十三日	《吴愙斋先生年谱》引致德宝斋信	折弁带到北京德宝斋 43 件玉器，吴大澂留下其中的 37 件	暂定为 400 两	
五月七日	致徐熙信	除从济南买两个玉敦、大黑琮的价格已知（见上表），其他的花费不知	暂定为 30 两	
五月二十四日	致徐熙信	由徐代买很多书画、玉器。其中包括戴熙山水，黄道周楷书，文征明兰竹，沈周山水，华岩花鸟，王宸山水，张赐宁山水，王学浩山水，王素立轴，李育蝉柳，戴熙、陈鸿寿、王澍对联凡 13 件书画，以及近 20 件玉器（包括大璧、圭、琮精品）。	至少 500 两	吴大澂在数件玉器后注明“精而廉”“真而廉”，但其价值仍应不菲。
六月四日	致韩学伊信	“大梁一隅之地，亦陆续收得数十种，且有精品宝器”。	暂定为 400 两	
七月四日	致徐熙信	得岳武穆书七绝小轴。	暂定为 100 两	岳龄题跋，毕沅同观。

八月二十五日	致徐熙信	徐熙寄来大批书画、玉器，其中有唐寅、戴熙、改琦、汤贻芬、奚冈、陈鸿寿、方熏、王鉴等画作，伊秉绶、汤贻汾、高凤翰、刘墉对联，19 件玉器（包括一些精品）和一件琉璃珠。	600 至 800 两	九月二十五日致徐熙信云："前次电汇之款，计早收到。"应该指的是八月二十五日收到的那批东西的款。
		购买三方唐墓志	暂定为 300 两	九月二十五日致徐熙信应经提到"唐石三方，已由潍县径送烟台，托杏孙转运上海，存沈子梅处"。
九月二十五日	致徐熙信	得徐熙八月五日所寄大璧、玉环、倪册、任轴。	倪册、任轴暂定为 100 两	大璧、玉瞏前面已经提及。
九月底	致吴承潞信	收到吴承潞托折弁带到的三个大琮，其中有一件特异之品。	暂定为 200 两	由于琮在玉器中比较昂贵，且在上海购买，其价格当不菲。
十一月二日	《吴愙斋先生年谱》	丁良善代购玉刀柄	暂定为 10 两	
十二月十五日	致徐熙信	"关中友人寄到古玉百数十种"，其中有特异之品。		不知此处所指是否即十一月二十二日华友于带到的那批古董。

以上估算为：3750 两。

当然肯定还会有一些我们不知道的零星购买行为。所以保守地说，1889 年这一年吴大澂花在购买古董上的银子在 8500 至 1 万两。

1889 年是吴大澂仕宦生涯的高峰——官至一品。这一年的收入也似乎较以往多，收藏活动非常活跃。1890 年正月，吴大澂的母亲去世。守制二十七个月之后，吴大澂于 1892 年初秋出任湖南巡抚，由于湖南巡抚的养廉银不高，1893 年又要扣去两成以供慈禧大寿庆典，所以他的收藏活动就不那么活跃了。1892 年立秋，吴大澂在致王懿荣的信札中写道：

> 高翰生印选出七十九方，拟以二百金得之。其款约于八月内汇京，如须全售，以六百金为率，只可分期汇去，尽年底还清。乞向前途一问为感。兹将印本叫胡子英带去，其印或即交子英带湘最妥。近况竭蹶，未能从丰，舍之亦觉可惜。[1]

因为出京时刚刚送了别敬，吴大澂手头甚紧，花六百两银子买古印，也得分期付款。两年后，中日甲午战争爆发，吴大澂率领的军队在陆战中失败，境遇从此一落千丈。罢官后，吴大澂的经济十分拮据，遑论收藏。

吴大澂的收藏品类和规模

如果我们把吴大澂开始有规模的收藏定在他 1870 年返回翰林院任职，那么到 1894 年甲午战争前停止收藏，吴大澂活跃的收藏活动差不多持续了二十五年。在这二十五年间，吴大澂

---

[1]　中国国家图书馆藏《阮元、俞樾等书札册》。

收藏了哪些门类的古董呢？他的收藏规模又如何呢？[1]

吴大澂的收藏活动主要集中在金石书画方面，门类甚是齐全，包括青铜器、古玉、玺印、钱币、封泥、砖瓦、铜镜、碑刻原石、陶器、碑帖拓本、书画，此外尚有瓷器、古籍等。1894 年春，吴大澂在湖南巡抚任上撰写了《求贤馆藏古器记》一文，将他的金石收藏的主要部分做了一个非常简略的概括：

> 余生平好古文字，广求商周钟鼎尊彝，积久得二百余器，多前人著录所未及；好收古玉，考其制度尺寸，得圭璋璧琮琥璜杂佩之属三百余器，又得玉敦、玉觚、璧、散璧、角及黄钟律管，皆汉唐诸儒所未见。好藏古铜玉印，得周鉨千余钮，汉官私印三千余钮；好收古泉刀，采其文以补古籀之缺，亦集至千数百种。[2]

由于吴大澂在湖南巡抚任上收入大减，基本停止了收藏活

[1] 近年来，关于吴大澂收藏活动的研究渐多，如白谦慎：《晚清文物市场与官员收藏活动管窥——以吴大澂及其友人为中心》，载《故宫学术集刊》第 33 卷第 1 期（2015 年秋季），399—442 页；白谦慎：《甲午战争后的吴大澂——兼论吴氏收藏的递传问题》，载上海博物馆编：《吴湖帆的手与眼》，北京：北京大学出版社，2015 年，18—29 页；苏州博物馆编：《梅景传家——清代苏州吴氏的收藏》（展览图录），南京：译林出版社，2017 年；苏州博物馆编：《梅景传家——清代苏州吴氏的收藏》（论文集），南京：译林出版社，2017 年；白谦慎：《吴大澂古董收藏规模补议》，载《国际汉学研究通讯》（待刊）。

[2] 吴大澂：《求贤馆藏古器记》（稿本）。

动，1894 年六月末又爆发了甲午战争，《求贤馆藏古器记》中的自述成了吴大澂对其收藏最后、也是顶峰时期金石收藏的基本规模的概括。但是这一自述也有两个短处：其一，此记所列藏品的数目只是一个大概之数；其二，所列仅为青铜器、玉器、玺印、钱币，没有包括书画、瓷器、封泥、砖瓦、铜镜、碑刻原石、陶器、拓片等收藏。

《马关条约》签订后，吴大澂于 1895 年五月二十五日，为战争赔款一事给张之洞发了一通电报，提出以部分家藏古董抵赔款：

> 倭索偿款太巨，国用不足，臣子当毁家纾难。大澂廉俸所入，悉以购买古器，别无积蓄。拟以古铜器百种、古玉器百种、古镜五十圆、古瓷器五十种、古砖瓦百种、古泥封百种、书画百种、古泉币千三百种、古铜印千三百种，共三千二百种，抵与日本，请减去赔款二十分之一。[1]

这一计划虽未能付诸实践，但它比《求贤馆藏古器记》所述多了书画、陶瓷、封泥、铜镜、砖瓦，从另一个侧面告诉了我们吴大澂收藏的种类，但是在数字上并不能反映吴大澂的收

[1] 见《吴清卿中丞电稿附信稿》，上海图书馆藏稿本。又见《张之洞全集》第 8 册，石家庄：河北人民出版社，1998 年，6456 页。张之洞以为吴大澂的计划过于荒唐和不现实，没有向李鸿章转告这一计划。

藏规模。因此，我们只能结合其他的资料来尽可能地补充相关的信息。

结合吴大澂存世的一些藏品草目及顾廷龙先生的一些记载，[1] 在甲午战争前，吴大澂的收藏规模大致如下：青铜器二百余件，玉器约四百件，印章四千余枚，钱币约一千五百枚，瓷器约一百件，石刻原石二十余件，书画近二百件，封泥一百余件，砖瓦、铜镜、陶器的收藏应相当可观，但数量不详。在他的收藏中，也有一些珍稀碑帖拓本，但数量不多。吴大澂收藏的规模在晚清不算小，但缺乏重器。因此，在晚清，吴大澂是一个活跃的收藏名家，但谈不上是当时的“收藏大家”。

虽然吴大澂的收藏兴趣始于少年，数十年来从未间断，但限于财力，他一直采取量力而行的策略，不与那些资金雄厚的藏家争锋。他利用自己宦游四方的地利之便和在文物出土密集地区的人脉，购买物美价廉的古董。而他敏锐的学术眼光，也使得他能够发展出自己的收藏强项，1889 年弃吉金而取古玉即为一例。由于古玉在当时鲜有问津者，价格相对低廉，吴大澂在一年之内收购了三四百件玉器，一举成为晚清藏玉第一人。

---

[1] 顾廷龙：《吴愙斋先生年谱》。

余论：吴大澂的古器物研究与近代学术转型

把收藏活动与学术研究紧密地结合起来，是晚清许多金石学家共同的特点，而吴大澂是其中最为杰出的一位。他的《愙斋集古录》《说文古籀补》《字说》《古匋文字释》《簠斋藏封泥考释》等著作，都是古代金石遗物铭文的研究，所依靠的文献资源便是各种古物上的铭文。青铜器、碑刻、钱币、陶范、陶文、封泥等铭文的获得可以依靠拓片，古玺印文字的获得可以通过印谱或钤盖成单页的印花，吴大澂不必拥有实物，即能对其进行研究。这也是为什么他频繁地用自己的藏品拓片与友人交换拓片，直接向友人索取或购买拓片、印谱。[1] 在《说文古籀补》和

[1] 陈介祺在晚清藏印最多，吴大澂在陈介祺还在世时，支付他三百两银子预订《十钟山房印举》。参见中国国家图书馆藏《吴大澂书札》（编号 17733），第三册，叶 2—3。又见《吴大澂书信四种》，101 页。关于拓片的获取，读者可参见，白谦慎：《吴大澂和他的拓工》（北京：海豚出版社，2013）、《拓本的流通与晚清的艺术和学术》（《台湾大学美术史集刊》第 42 辑 [2017]，157—202 页）。

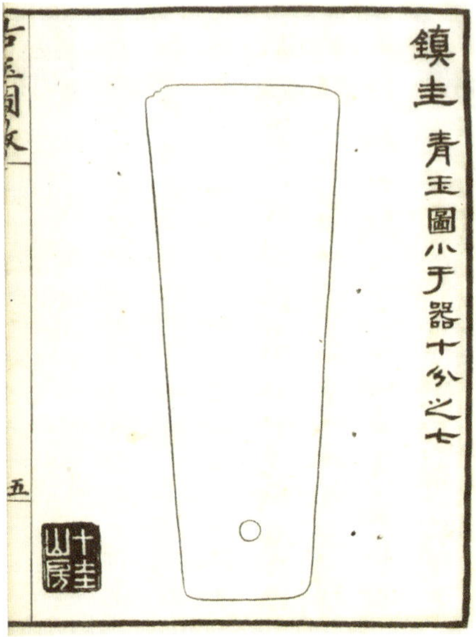

图 4-1　吴大澂撰《古玉图考》1889 年刊本　哈佛燕京图书馆藏

《窸斋集古录》中，吴大澂著录的铭文有很多来自友人的藏品。

1888 年后，吴大澂开始投入古玉的研究。在前引吴大澂致友人信中所说的“药铲”和“钉头”，均为当时古董界对圭和琮的误称，吴大澂在《古玉图考》中都做了澄清。[1] 彼时古董界对圭和琮的误称，反映出其整体认识远远落后于吴大澂——不知道这类玉器乃古代的重要礼器。从前引信可以看出，吴大澂十分注重收集圭、琮、璧，正如他在前引致杨秉信的信中所说：

[1]　参见邓淑苹:《古玉图考导读》，台北:艺术图书公司，1992 年，12—22 页。邓淑苹还指出，吴大澂将许多新石器时期的玉器定为周代的礼器，以此与《周礼》互证，是错误的，而且在他的收藏中还有一些伪品。见同书，23—52 页。

> 费神访求玉药铲，无论大小，方首、圜首皆可得之（玉斧、玉刀大者皆可取）。又有两头似刀而中间有数孔（谦慎按：吴在此画一图像），不知其名，决无伪作者，皆为留之（药炉、铲有一孔，有二孔，一面大、一面小者的真古物。后世无仿造者，亦不能仿制），色泽不论，价值之贵贱亦不论（药铲有黑玉，色泽纯黑，其光可鉴者，即重价亦可得）。

吴大澂对这类玉器的重视在其著作中也有所反映。成书于1889年四月的《古玉图考》起始于对圭的讨论，吴大澂在此书第一页的左下方即钤盖了"十圭山房"一印（图4-1）。但是在同年七月初四日致徐熙的信笺上，吴大澂另钤有一方"三十六圭草堂"白文印（图4-2）。据此可知，他收藏圭的数量在三个月内就翻了近两倍。到了九月致信吴承潞时，他说自己收藏了七十多个圭、六十多个琮、五十多个璧。短短两月，圭的数量又翻了一倍。琮的数量也从四月初的三十二个变为六十多个。[1] 十二月十五日致徐熙的信上，吴大澂盖了一方朱文印——"五十八璧六十四佩七十二圭精舍"（图4-3）。这方印所反映的玉器数量，或许还没有包括他在信中提到的不久前从陕西新到的一批玉器。[2] 毫无疑问，吴大澂此时对自己的玉器（特别是重要的礼器）收藏感到十分自豪。

[1] 吴大澂在《古玉图考》（1889年刊本）中提到他有三十二个琮。

[2] 而吴大澂在九月的时候就已有七十件圭。

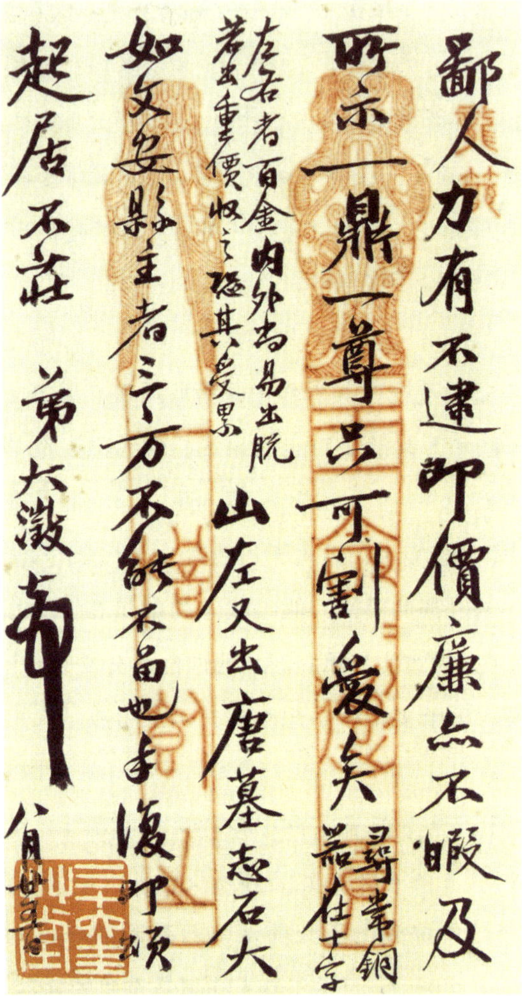
鄙人力有不逮即價廉亦不暇及所示一鼎一尊亦可割愛矣尋常銅器在十字左右者百金內外尚易出脫若重價收之恐其受累山左又出唐墓志石大如文安縣主者三十万不能不留也手復即頌
起居不莊 弟大澂頓首 八月廿五日

图 4-2a　吴大澂 1889 年八月二十五日致徐熙信札
上海朵云轩藏

图 4-2b　吴大澂 1889 年八月二十五日致徐熙信札上的印章

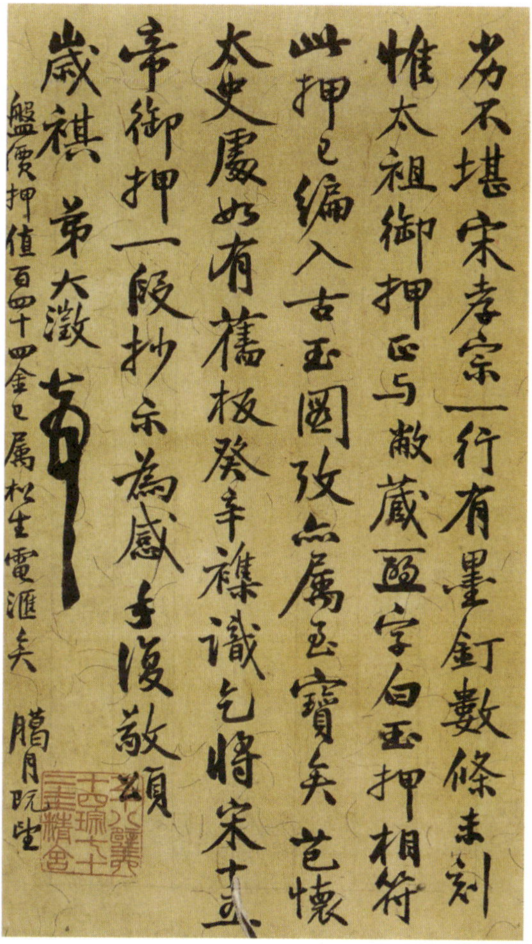

尤不堪宋孝宗一行有墨釘數條未刻
惟太祖御押正与敝藏匾字白玉押相符
此押已编入古玉图攷亦属玉寳矣 芑懷
太史處如有舊板癸辛雜識乞將宋十五
帝御押一段抄示為感 手復敬頌
歲祺 弟大澂頓首
盤匜押值百四十四金已屬松生電滙矣 臘月既望

图 4-3a 吴大澂 1889 年十二月十五日致徐熙信札 上海朵云轩藏

图 4-3b 吴大澂 1889 年十二月十五日致徐熙信札上的印章

吴大澂在1889年出版的《古玉图考》的序中说："余得一玉，必考其源流，证以经传。岁月既久，探讨益广。"[1] 在《古玉图考》撰写完成之后，吴大澂并没有停止古玉的收藏，因为他开始了另一部著作《权衡度量实验考》的撰写，这部著作所讨论的藏品虽非全是古玉，但古玉占了其中相当大的篇幅。也就在1889年十二月十五日致徐熙的信中，吴大澂与友人分享自己研究玉器的心得：

> 关中友人寄到古玉百数十种，内有白玉律管（微带黄晕），长一尺二寸，适与搢圭、驵琮、宏璧相符，毫厘不爽，因取黑秬黍谷子实之（即高粱），适容千二百黍，遍考《汉书·律历志》、《周礼》郑注，皆云"黄钟九寸"，乃知班、郑实沿刘歆之误，与古乐不合也（九寸之管，围九分径三分，实不能容千二百黍，非得此玉管，不知其误）。[2]（图4-4）

为了验证律管的容量，细心的吴大澂居然将管内装满高粱米，然后倒出来数其数。而且他专门指出，如果不是用实物来进行具体的测量，便不可能发现文献记载的错误。在这里，实物的史学价值已经超越了传世文献。吴大澂以实物本身的物质

[1] 吴大澂：《古玉图考序》，序作于1889年。

[2] 《吴大澂书信四种》，172—173页。吴大澂在此后完成的《权衡度量实验考》一书中，对此也有详细的考证。参见此书叶22a—31b。

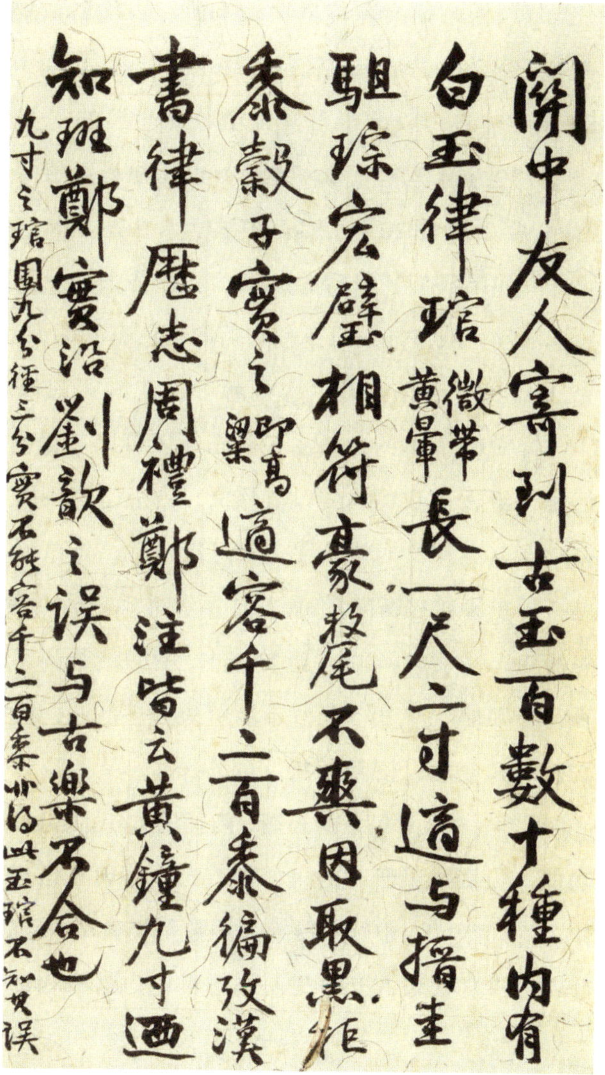

閒中友人寄到古玉百數十種內有
白玉律琯微帶黄暈長一尺二寸適與搢圭
駔琮宏璧相符豪釐不爽因取黑秬
黍穀子實之即高粱適容千二百黍徧攷漢
書律歷志周禮鄭注皆云黄鍾九寸迺
知班鄭實沿劉歆之誤與古樂不合也
九寸之琯圍九分徑三分實不能容千二百黍所以此玉琯不知其誤

图 4-4　吴大澂 1889 年十二月十五日致徐熙信札　上海朵云轩藏

属性而不是仅仅依赖铭文和传世文献来研究古代名物制度，无疑是具有方法意义的尝试，尽管它的结果可能有误。

1889年专注古玉收藏堪称吴大澂收藏生涯的完美收官之笔。《古玉图考》和《权衡度量实验考》也是他最后的两部重要著作。[1]十一年后便是20世纪了，中国学术在这个世纪里发生了巨大变化。如果我们从以后的学术发展趋势来审视吴大澂的收藏与学术活动，或许能对其承前启后的角色有所认识。

虽然玉器也可制作拓片，购藏者可以在购买前以拓片来对尺寸和纹饰做出基本的判断，玉器拓片还可以装裱赏玩（图4-5）。但是，绝大多数的古玉没有铭文，古玉研究不属于铭文研究。拓片在复制铭文时，只要文字可以辨认，传录便不成问题。但是拓片在研究权衡度量时，往往不够准确。吴大澂在《权衡度量实验考》一书中指出："近验拓本，往往与原器不符。盖纸潮则赢，干则缩。"[2]由于拓片不能解决许多问题，研究者必须有实物，观其色泽，核其形状，量其尺寸。吴大澂对古玉这个"物"的观察，涉及了尺寸的长短、内径的大小、容量的多寡、使用的功能。收藏之于研究的重要性，充分体现在这里。这也就是为什么《古玉图考》中的玉器绝大多数是吴大澂自己的收藏，只有少数就近借自收藏古玉的友人如刘鹗（毅吉，1848—1898）

[1] 此时吴大澂有些著作（如《窸斋集古录》）虽未出版，但开始写作和主要部分的完成都早于《古玉图考》和《权衡度量实验考》。

[2] 吴大澂：《权衡度量实验考》，上虞罗氏刊本，1906年，叶26a。

等，[1] 因为绘图必须依据实物。

《古玉图考》中的绘图，“虽然是描线勾勒，但相当精确，若未注明尺寸比例者，多为原大。若器的两面花纹不同，必绘二图表示。即或光素，若两面的制作遗迹，如有锯痕或圆穿的大小不同等，亦仔细绘图表示。……不少外国博物馆的藏品，原属吴氏旧藏。将实物与绘图比对，便知《古玉图考》一书的图绘正确，对色泽的描述，亦称中肯”。[2] 此书的图由吴大澂的族弟吴大桢所绘，但如何画，包括哪些细节，必定得到吴大澂的指示。而且，吴大桢的画学正是在吴大澂的指导下不断提高的。吴大澂在 1889 年二月二十五日致吴大根的信中说：

> 栋臣弟（谦慎按：“栋臣”为吴大桢字）留之幕中，令其学画，他日必可有成。[3]

三个月后，亦即五月二十四日，吴大澂在致吴大根的信中再次提到了吴大桢的画学：

> 栋臣来此画学大进，恰好为弟绘成《古玉图》一书，近

[1] 吴大澂在河南治水时，刘鼒任（河南）水利局总办。刘鼒的堂兄刘锦堂（1844—1894）是吴大澂的结拜兄弟。

[2] 邓淑苹：《古玉图考导读》，6—7 页。

[3] 《窸斋家书》第二册，叶 48。

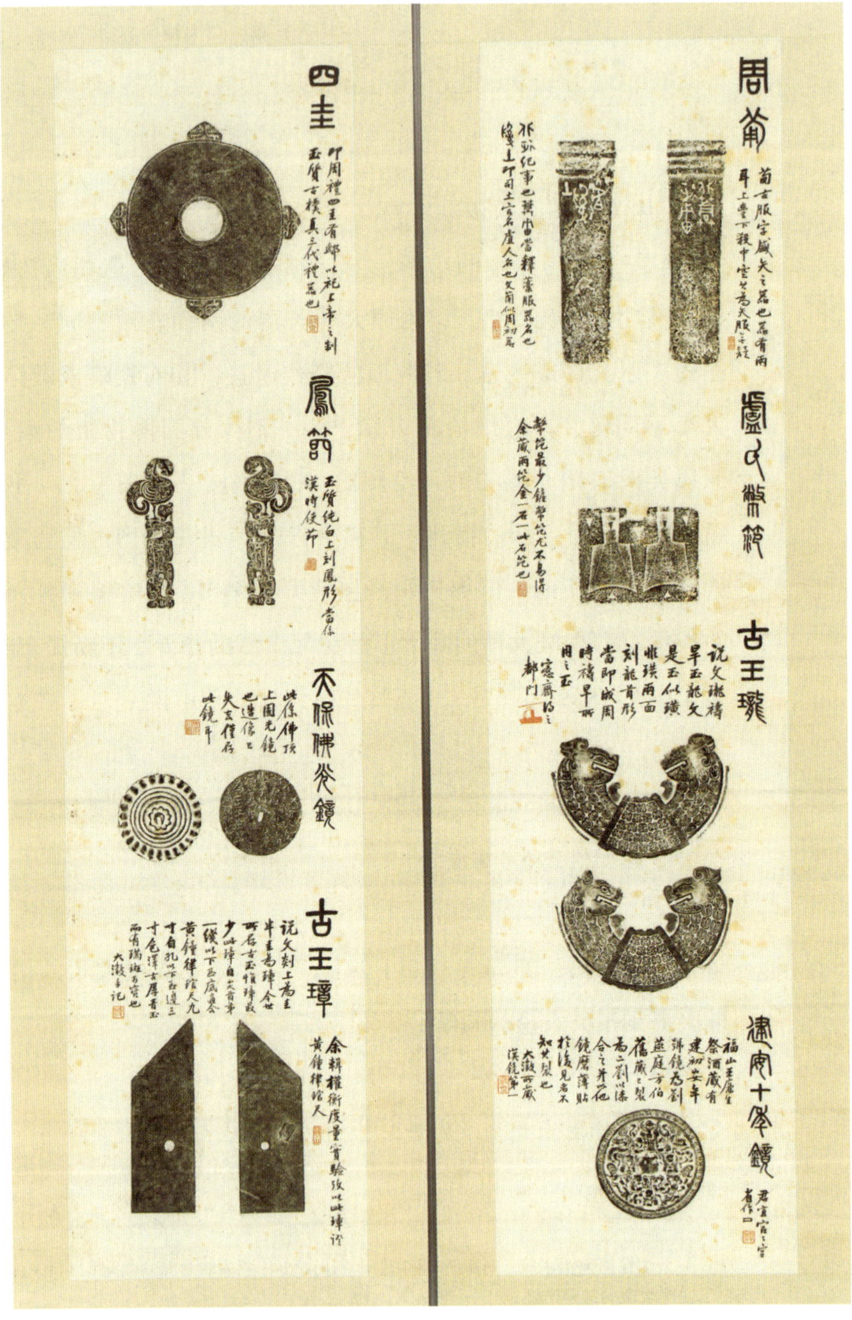

图 4-5　吴大澂据所藏金石做成的拓片条幅　私人收藏　雅昌网提供图片

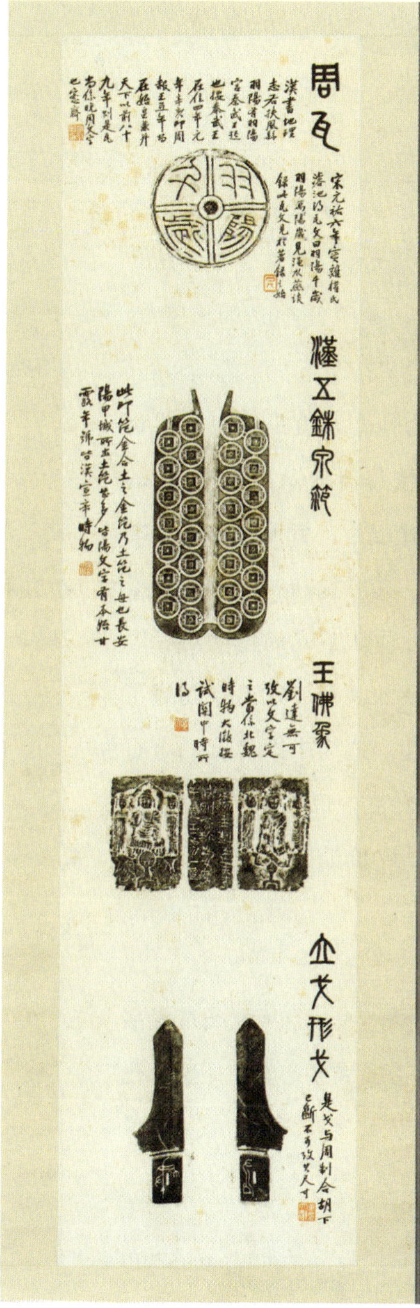
周瓦
漢五銖泉範
王佛象
戈形戈
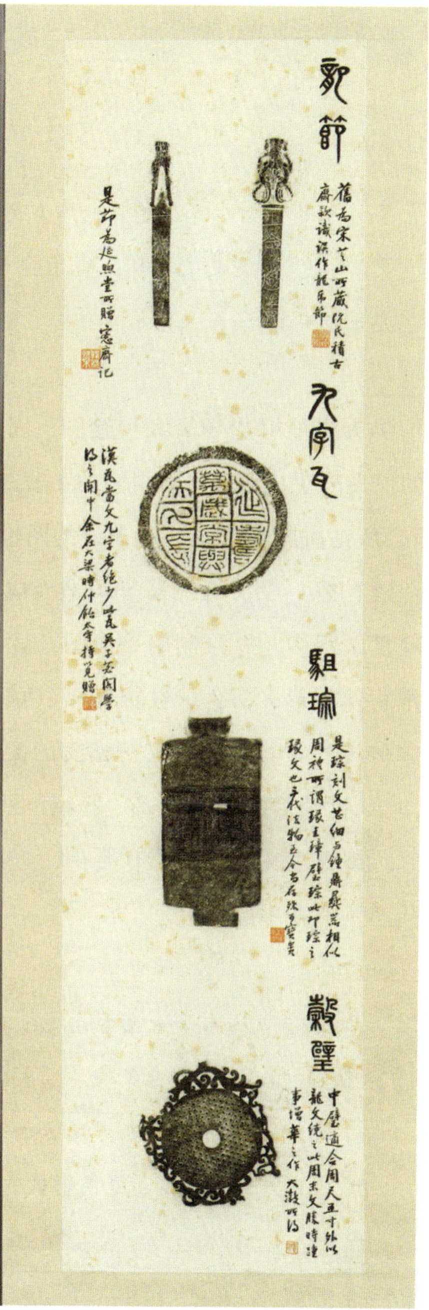
龍節
舊為宋芝山所藏阮氏積古齋款識誤作龍虎節
是節為延煦堂所贈 寇齋記
九字瓦
駔琮
穀璧

又绘就孔门七十二弟子像一本（衍圣公处借来手卷，改成册页），亦可寄沪付之石印。现为捐一从九衔，将来成就小功名亦不难矣。[1]

吴大澂能够指导吴大桢绘图，因为他本人就是晚清画器物图的顶尖高手。他曾为潘祖荫的《攀古楼彝器款识》画图，他的《恒轩所见所藏吉金录》一书中的图也出己手，皆比例协调，准确细致（图 4–6）。青铜器是铸造而成，其形状和纹饰通常比玉器要复杂得多，要绘制精确的图，就必须从不同的角度对一个三维物体的形、部件、纹饰做极其细微的观察，这已经超越了许多传统的金石学家仅仅对铭文的关注。这为中国传统的金石学向 20 世纪新的学科分类“器物”的转变，迈出了十分重要的一步。裘锡圭在为吴大澂作传时，这样评价他在传统金石学向现代学术转变中的贡献：

以今天的水平来衡量，此书（谦慎按：指《权衡度量实验考》）和《古玉图考》的考证大部分价值不大。但是吴氏比较系统地根据古器物来考定古代制度的研究方法，在金石学的近代化方面，还是起了很积极的作用。[2]

[1] 《愙斋家书》第二册，叶 52。

[2] 裘锡圭：《吴大澂》，载吉常宏、王佩增主编：《中国古代语言学家评传》，济南：山东教育出版社，1992 年，656 页。

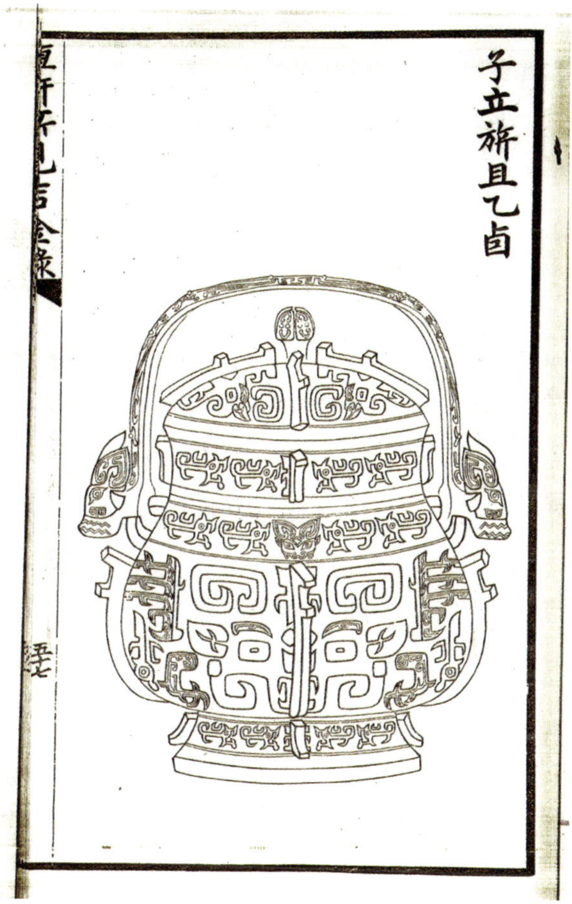

图 4-6　吴大澂所绘《恒轩所见所藏吉金录》中的彝器图
上海图书馆藏

今天的学者在评价吴大澂的学术成就时，皆认为他的文字学成就最高，无论是清末民初的大儒王国维（1877—1927），还是当代学者裘锡圭等，都对他赞扬有加。[1] 但是对吴大澂在金石学的近代化方面的贡献，缺少具体的论述。要了解吴大澂的贡献，有必要得知当时金石学家对没有铭文的器物的一般态度。陈介祺在致鲍康（1810—1875）的信札中曾表述了这一看法：

> 我辈之好古文字，以补秦燔之憾，自不至同玩物，而异于珠玉之侈矣。始皇之暴，无如天地之藏，但出则已是将毁，唯在早传其文字耳。爱文字之心，必须胜爱器之念，所望海内君子，日有以相贶耳。同志共从事于斯，则自无世俗之见。[2]

值得注意的是，在陈介祺的铭文与器物的二分法中，一个带有铭文的器，只不过是铭文的物质载体而已，只有"爱文字之心"胜过了"爱器之念"，方可区隔于世俗的"玩物丧志"。

那么，没有铭文的古董该怎么办？在陈介祺看来，那只不过就是"器"或"物"而已，如同珠玉。吴云的态度似乎比陈介祺要更积极些，他在致吴大澂的信中说："金器无文字者，仅与

[1] 王国维对吴大澂文字学的评价，见王国维致缪荃孙信札，载顾廷龙校阅：《艺风堂友朋书札》下册，1017—1018 页。裘锡圭对吴大澂文字学成就的评价，见上引《吴大澂》，656—660 页。

[2] 陈介祺：《簠斋尺牍》，812 页。

废铜同价。鄙意倘得式样奇古，朱绿灿然者，亦大可收罗，作为案头陈设，饶有古致。”[1] 在吴云看来，没有铭文的器物虽“与废铜同价”，但因有观赏价值，还值得收藏。如何利用没有铭文的古物来研究经史，陈介祺和吴云这两位晚清重要的金石学家似乎并没有认真思考过，即便偶尔念及于此，大概也是束手无策。

吴大澂的贡献正在于，他结合《周礼》《考工记》《汉书》等传世文献，用没有铭文的古玉考订古代制度。他的《古玉图考·序》开宗明义：

> 古之君子比德于玉，非以为玩物也。典章制度于是乎存焉，宗庙会同裸献之礼于是乎备，冠冕佩服刀剑之饰，君臣上下等威之辨于是乎明焉。（附图 4-7）

吴大澂指出，玉器在古代并非“玩物”，而收藏没有铭文的玉器，可以研究古代的典章制度。推而广之，没有铭文的青铜礼器又何尝不是如此？尽管后世的学者指出了吴大澂的古器物考订中的一些牵强附会之处，但却是他开启（或者说重新开启）了一条研究古代文物新的路径。

近年来，传统金石学向现代学术的转变引起了学界的关注，其中罗振玉（1866—1940）提出的“器物”概念，受到了不少

[1] 吴云：《两罍轩尺牍》卷十，叶 5b。

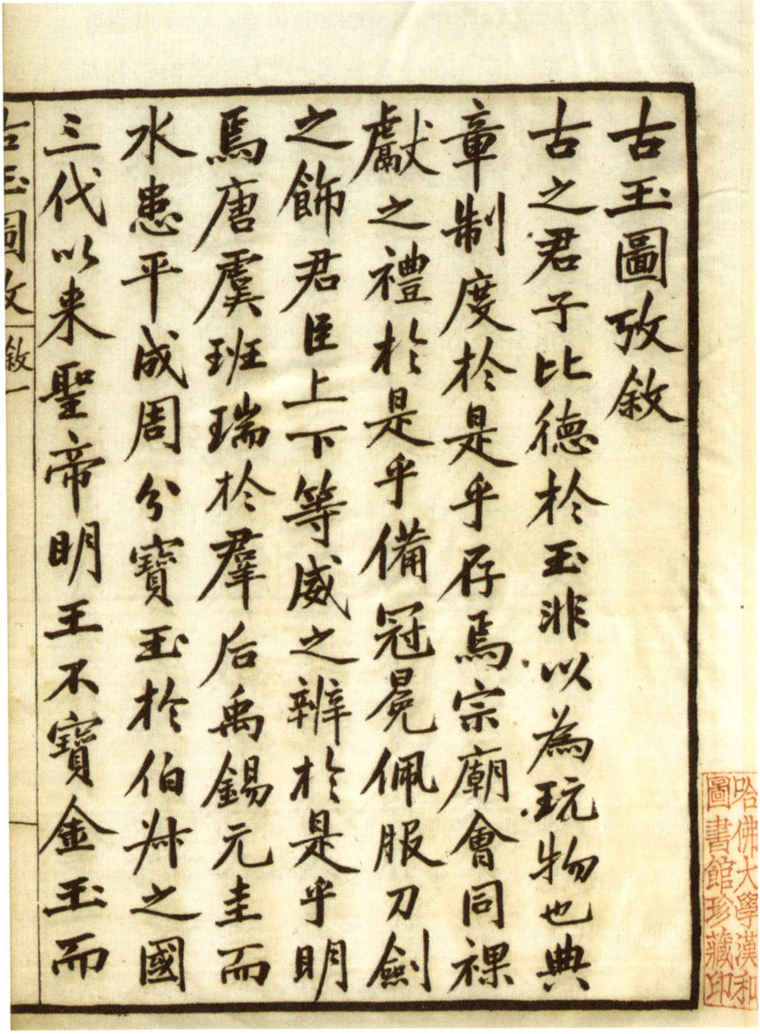

古玉圖攷敘
古之君子比德於玉非以為玩物也典
章制度於是乎存焉宗廟會同祼
獻之禮於是乎備冠冕佩服刀劍
之飾君臣上下等威之辨於是乎明
焉唐虞班瑞於羣后禹錫元圭而
水患平成周分寶玉於伯叔之國
三代以來聖帝明王不寶金玉而

古玉圖攷　敘一

图 4-7　吴大澂《古玉图考叙》，哈佛燕京图书馆藏

学者的重视，罗因此被认为是这一转变的关键性人物。[1] 然而，需要指出的是，罗振玉本人不但积极重印吴大澂的著作，并且认为是吴大澂重新开启了以古器物来考证典籍的风气。[2]1906 年，罗振玉重印吴大澂的《权衡度量实验考》，他在序中说：

> 考古礼器百物制度，盖肇于天水之世。至国朝一变而为彝器款识之学，专力于三古文字，不复措意于器物制度，其涂径转隘于宋人。逮程易畴先生作《考工创物小记》，始据实物以资考验，其学识乃驾诸儒而上之，百余年来寂无嗣音。光绪朝吴愙斋中丞作《古玉图考》，根据《礼经》，证以实物，复据古圭璧以求古尺度，其精密殆与易畴先生匹。……据传世古器物以考订前籍，此学实至中丞而中兴，所造乃愈精也。[3]

如果说晚清的金石学在 19 世纪末已经开始向现代学术转

---

[1] 王正华：《罗振玉的收藏与出版："器物"与"器物学"在民国初年的成立》，载《台湾大学美术史研究集刊》第 31 期（2011），277—320 页；Shana J. Brown, *Pastimes: From Art and Antiquarianism to Modern Chinese Historiography* (Honolulu: University of Hawai'i Press, 2011), p. 108。其实，收藏三维的雕像（如佛教造像碑）可以追溯到相当早，至迟在乾嘉时期就已开始（如黄易），而且还颇具规模，而非偶尔为之。此后从未间断过（如张廷济），在吴大澂时期，陈介祺、潘祖荫、吴大澂、王懿荣等都收藏小型的造像碑。吴大澂也收藏碑刻原石（如墓志原石），陈介祺和吴大澂等都收藏陶范、陶量之类的器物，吴大澂还出版过陶范。而这些收藏活动都被上述二位学者引为罗振玉开风气之举。至于罗振玉不避所谓墓中陪藏品之不祥，收藏"明器"云云，也有可商榷之处。因为墓志原石通常都是置于墓中之物，吴大澂等也积极收藏。

[2] 相关的论述，也可参见 Shana J. Brown, *Pastimes*, pp. 80—86。

[3] 载吴大澂：《权衡度量实验考》。

变，书画领域却依然停留在“小技”的观念中。在美术史作为一个现代学科被引进中国之前，书画虽为文人士大夫的主要收藏对象，但是对其研究却停留在著录、鉴赏、技法、品评的范围之内。虽说文人收藏家熟悉笔墨，对各种流派的遭递也了然于心，但对书画风格历史演变的细致描述和外在社会文化环境的分析却往往阙如。与之相比，自北宋以来，金石学就是中国学术的重要组成部分，许多杰出的学者参与其中。这也就是为什么顾文彬这一晚清的书画收藏大家只能留下一本著录——《过云楼书画记》，而吴大澂却能完成数部影响深远的金石学专著。

至此，我们可以这样概括：在晚清的收藏界，吴大澂以有限的资源做出了继往开来的工作。以此观之，我们或许可以这样说，吴大澂虽然不是那个时代最大的收藏家，却是对后世影响最深远的收藏家，他的金石学研究与中国近现代的学术转型有着直接的关联。

参考文献

基本史料

未刊稿本

北京故宫博物院藏《吴大澂手札》，编号 00081529。

北京故宫博物院藏《吴大澂手札册》，编号新 00071309。

北京故宫博物院藏吴大澂手札，编号 00071315。

北京故宫博物院藏吴大澂致潘祖荫信札。

北京故宫博物院藏吴大澂致杨秉信书札，编号新 00180785。

国家图书馆藏《名贤尺牍册》，编号 3832。

国家图书馆藏《吴大澂书札》，编号 17678。

国家图书馆藏《吴大澂书札》，编号 17733。

国家图书馆藏《吴大澂书札》，编号 18862。

国家图书馆藏《吴大澂书札》，编号 4803。

江标：《笘誃日记》，中国国家图书馆藏。

上海图书馆藏《愙斋公手书金石书画草目不分卷》，编号 859762。

上海图书馆藏《愙斋公遗墨》。

上海图书馆藏《愙斋家书》。

上海图书馆藏《潘文勤公书劄》。

上海图书馆藏《清人手札》之四《吴大澂信札》。

上海图书馆藏《铜器闻见录；张叔未书札》，潘祖荫抄本。
上海图书馆藏《王懿荣书札》。
上海图书馆藏《吴愙斋尺牍》，编号3735。
上海图书馆藏《吴清卿中丞电稿附信稿》。
沈树镛：《汉石经室金石跋尾》。
苏州博物馆藏《潘文勤公与愙斋尚书手札》，顾廷龙抄本。
苏州图书馆藏《顾肇熙日记》。
吴大澂致潘祖荫手札，苏州私人收藏。

影印本、刻本

《吉林省图书馆藏名人手札》，西泠印社，2013年。
陈介祺：《簠斋尺牍》，台北：文海出版社，1973年。
王尔敏、陈善伟编：《近代名人手札真迹：盛宣怀珍藏书牍初编》，香港：中文大学出版社，1987年。
陈善伟、王尔敏编：《近代名人手札精选》，香港：中文大学出版社，1992年。
吴大澂：《恒轩所见所藏吉金录》，吴县吴氏刻本，1885年。
吴大澂：《愙斋赤牍》，上海：上海商务印书馆，1923年。
吴大澂：《权衡度量实验考》，上虞罗氏刊本，1906年。
吴大澂：《吴愙斋尺牍》，上海：商务印书馆，1923年（影印本），原札现藏上海图书馆。。
吴荣光：《筠清馆金石文字》，1842年。
吴云：《两罍轩尺牍》，台北：文海出版社，1974年（影印光绪甲申刊本）。
谢国桢编：《吴愙斋（大澂）尺牍》，台北：文海出版社，1972年。
叶昌炽：《缘督庐日记》，南京：江苏古籍出版社，2002年。
俞樾：《春在堂杂文》，《春在堂全书》刻本，1899年。
赵之谦：《赵之谦信札墨迹书法选》，北京：荣宝斋出版社，2003年。
上海朵云轩春季艺术品拍卖会图录，2010年。
吴大澂信札册，Christie's纽约分公司拍卖，1996年3月27日。
钟佩贤致吴云信札，西泠拍卖公司秋拍，2014年12月14日，编号1133。
朱彝尊：《曝书亭集》，上海：中华书局，1936年。

点校本

郭嵩焘：《郭嵩焘日记》，长沙：湖南人民出版社，1982 年。

王同愈著，顾廷龙编：《王同愈集》，上海：上海古籍出版社，1998 年。

张佩纶著，谢海林整理：《张佩纶日记》上册，南京：凤凰出版社，2015 年。

张之洞：《张之洞全集》，石家庄：河北人民出版社，1998 年。

葛士浚辑：《皇朝经世文续编》，台北：文海出版社，1972 年。

顾廷龙校阅：《艺风堂友朋书札》，上海：上海古籍出版社，1981 年。

顾文彬著，苏州市档案局、苏州市过云楼文化研究会编：《过云楼家书》，上海：文汇出版社，2016 年。

顾文彬著、李军整理：《过云楼日记》，载苏州市地方志办公室编：《苏州史志资料选辑》第 37 辑，2011 年。

何刚德：《春明梦录》，北京：北京古籍出版社，1995 年。

李鸿章：《李鸿章全集》，合肥：安徽教育出版社，2007 年。

利玛窦、金尼阁：《利玛窦中国札记》，北京：中华书局，1983 年。

刘志惠点校辑注：《曾纪泽日记》，长沙：岳麓书社，1998 年。

陆德富、张小川整理：《吴大澂书信四种》，南京：凤凰出版社，2016 年。

吕伟达主编：《王懿荣集》，济南：齐鲁书社，1999 年。

翁同龢：《翁同龢日记》，上海：中西书局，2011 年。

吴大澂：《愙斋日记》，北京：中华书局，2007 年。

吴大澂著、丁佛言批注：《丁佛言手批愙斋集古录》，天津：天津古籍出版社，1990 年。

谢俊美编：《翁同龢集》，北京：中华书局，2005 年。

徐珂编撰：《清稗类钞》，北京：中华书局，1986 年。

杨葆光著、严文儒等校点：《订顽日程》，上海：上海古籍出版社，2010 年。

叶昌炽著、柯昌泗评：《语石 语石异同评》，北京：中华书局，1994 年。

论著

著作

白谦慎：《傅山的世界——十七世纪中国书法的嬗变》，北京：生活·读书·新知三联书店，2015年。
白谦慎：《吴大澂和他的拓工》，北京：海豚出版社，2013年。
陈智超：《美国哈佛大学哈佛燕京图书馆藏明代徽州方氏亲友手札七百通考释》，合肥：安徽大学出版社，2001年。
邓淑苹：《古玉图考导读》，台北：艺术图书公司，1992年。
封治国：《与古同游：项元汴书画鉴藏研究》，杭州：中国美术学院出版社，2013年
顾廷龙：《吴愙斋先生年谱》，台北：文海出版社，1965年。
李军：《吴大澂交游新证》，复旦大学博士论文，2011年。
李军：《访古与传古——吴大澂的金石生活考论》，济南：山东画报出版社，2014年。
李万康：《编号与价格：项元汴旧藏书画二释》，南京：南京大学出版社，2012年。
李万康：《中国古代绘画价格论稿》，北京：人民出版社，2012年。
梁元生著、陈同译：《上海道台研究——转变社会中之联系人物，1843—1890》，上海：上海古籍出版社，2003年。
陆明君撰：《簠斋研究》，北京：荣宝斋出版社，2004年。
莫家良主编：《北山汲古——中国书法》别册，香港：香港中文大学文物馆、艺术系，2014年。
钱实甫：《清代职官年表》，北京：中华书局，1990年。
瞿同祖著，范忠信、晏锋译：《清代地方政府》，北京：法律出版社，2003年。
容希白：《商周彝器通考》，《燕京学报》专号之十七，1941年。
邵义：《过去的钱值多少钱？——细读19世纪北京人、巴黎人、伦敦人的经济生活》，上海：上海人民出版社，2010年。
沈红梅：《项元汴书画典籍收藏研究》，北京：国家图书馆出版社，2012年。
施安昌编著：《汉华山碑题跋年表》，北京：文物出版社，1997年。
苏州博物馆编《梅景传家——清代苏州吴氏的收藏》（论文集），南京：译林出

版社，2017 年。

苏州博物馆编：《梅景传家——清代苏州吴氏的收藏》(展览图录)，南京：译林出版社，2017 年。

西泠印社编著：《清代金石家书画集粹》，上海：上海书画出版社，2013 年。

薛龙春：《郑簠研究》，北京：荣宝斋出版社，2007 年。

杨端六编著：《清代货币金融史稿》，武汉：武汉大学出版社，2007 年。

杨洪升：《缪荃孙研究》，上海：上海古籍出版社，2008 年。

杨丽丽：《天籁传翰：明代嘉兴项元汴家族的鉴藏与艺术》，台北：石头出版社，2012 年。

叶梅：《晚明嘉兴项氏法书鉴藏研究》，首都师范大学博士论文，2006 年。

曾小萍著、董建中译：《州县官的银两——18 世纪中国的合理化财政改革》，北京：中国人民大学出版社，2005 年。

张德昌：《清季一个京官的生活》，香港：香港中文大学出版社，1970 年。

张宏杰:《给曾国藩算算账：一个清代高官的收与支(湘军和总督时期)》，北京：中华书局，2015 年。

张宏杰：《给曾国藩算算账：一个清代高官的收与支(京官时期)》，北京：中华书局，2015 年。

张仲礼著，费成康、王寅通译:《中国绅士的收入——〈中国绅士〉续篇》，上海：上海社会科学院出版社，2001 年。

中国第一历史档案馆编：《圆明园》，上海：上海古籍出版社，1991 年。

仲威：《碑帖鉴定概论》，上海：上海书画出版社，2014 年。

Shana J. Brown, *Pastimes: From Art and Antiquarianism to Modern Chinese Historiography*, Honolulu: University of Hawai’ i Press, 2011.

Stephen W. Busehll, *Chinese Art*, Second Edition, London: The Board of Education, 1924.

Thomas Lawton and Thomas W. Lentz, *Beyond the Legacy: Anniversary Acquisitions for the Freer Gallery of Art and the Arthur M. Sackler Gallery*, Washington D.C.: The Freer Gallery of Art and the Arthur M. Sackler Gallery, 1998.

论文

艾俊川：《顾道台的十万雪花银》，《文汇报·学人》2017年3月3日。

白谦慎：《晚清官员日常生活中的书法》，载《浙江大学艺术与考古研究》第1辑（2014年），219—251页。

白谦慎：《甲午战争后的吴大澂——兼论吴氏收藏的递传问题》，载上海博物馆编：《吴湖帆的手与眼》，北京：北京大学出版社，2015年，18—29页。

白谦慎：《晚清文物市场与官员收藏活动管窥——以吴大澂及其友人为中心》，载《故宫学术集刊》第33卷第1期（2015年秋季），399—442页。

白谦慎：《拓本的流通与晚清的艺术和学术》，《台湾大学美术史集刊》第42辑（2017），157—202页。

白谦慎：《吴大澂古董收藏规模补议》，载《国际汉学研究通讯》，待刊。

陈霄：《一个被遗忘的晚清大收藏——关于景其浚的初步研究》，《海外汉学研究通讯》第11辑，北京：北京大学出版社，2015年，235—279页。

耿茂华：《清代养廉银制度》，载《中国近代史史料学会学术会议论文集之七——中国近现代史及史料研究》，2007年。

关晓红：《晚清直省"公费"与吏治整顿》，《历史研究》2010年第2期，65—80页。

洪再新：《艺术鉴赏、收藏与近代中外文化交流史——以居廉、伍德彝绘潘飞声〈独立山人图〉为例》，载《故宫博物院院刊》2010年第2期，6—25页。

黄小峰：《"隔世繁华"：清初"四王"绘画与晚清北京古书画市场》，载中山大学艺术史研究中心编：《艺术史研究》第九辑（2007）。

李娜：《清代京官的"养廉银"》，《中国文化报》2016年9月27日第6版。

李文杰：《总理衙门章京的日常生活与仕宦生涯——〈惩斋日记〉与杨宜治其人》，《中央研究院近代史研究所集刊》第70期（2010），65—71页。

李玉棻：《瓯钵罗室书画过目考》，收入卢辅圣主编：《中国书画全书》第十二册，上海：上海书画出版社，1998年。

梁章钜：《退庵所藏金石书画跋尾》，收入卢辅圣等编：《中国书画全书》第九册，上海：上海书画出版社，1998年。

林梢青：《张之万书画与鉴藏活动述略》，载《国际汉学研究通讯》第15期，224—252页。

卢慧纹：《略谈卜世礼（Stephen W. Bushell, 1844—1908）——西方研究中国艺术史的先驱》，未刊稿。

茅海建:《张之洞的别敬、礼物与贡品》,《中华文史论丛》, 2011 年第 2 期，1—100 页。

陆德富：《对〈张之洞的别敬、礼物与贡品〉的一点补充》,《中华文史论丛》2015 年第 1 期，391—395 页。

裘锡圭：《吴大澂》，载吉常宏、王佩增主编：《中国古代语言学家评传》，济南：山东教育出版社，1992 年。

沈辰:《故人似玉由来重:吴大澂旧藏玉璧流传轶事》,《美成在久》第 7 期（2015 年 9 月），6—25 页。

松丸道雄：《陈介祺与苏氏兄弟——关于陈氏的古董收集》，载孙慰祖等编著：《陈介祺学术思想及成就研讨会论文集》，杭州：西泠印社，2005 年。

王正华：《罗振玉的收藏与出版："器物"与"器物学"在民国初年的成立》，载《台湾大学美术史研究集刊》第 31 期（2011），277—320 页。

吴湖帆：《吴乘》，载《古今》48 期。

徐雪梅：《清朝丁忧制度中的满汉畛域》,《历史教学》2014 年第 22 期。

薛龙春:《上图藏阮元致陈文述十四札考述》,载《国际汉学研究通讯》第 15 期，北京：北京大学出版社，2017 年，185—223 页。

俞珊瑛：《跋〈虢叔旅钟拓片轴〉》,《文博》2017 年第 1 期，103—107 页。

郑民德:《略论清代河东河道总督》,《辽宁教育行政学院学报》第 2011 年第 3 期。

邹绵绵：《晚清学者、湖南巡抚吴大澂故居逸事》,《中国文物报》2014 年 2 月 12 日。

Wong, Aida Yuen Wong, "Naitō Konan's History of Chinese Painting," in Joshua A. Fogel, ed., *Crossing the Yellow Sea: Sino—Japanese Cultural Contacts, 1600—1950* (Connecticut: EastBridge, 2007), pp. 281–304.

图书在版编目(CIP)数据

晚清官员收藏活动研究 / 白谦慎著.
—桂林：广西师范大学出版社，2019. 9（2019.12 重印）
ISBN 978-7-5598-1824-9

Ⅰ. ①晚… Ⅱ. ①白… Ⅲ. ①政治人物 – 收藏 – 社会活动 – 研究 –
中国 – 清后期 Ⅳ. ①K252.07②G262

中国版本图书馆CIP数据核字(2019)第102274号

广西师范大学出版社出版发行
广西桂林市五里店路 9 号　邮政编码：541004
网址：www.bbtpress.com

出 版 人：张艺兵
全国新华书店经销
发行热线：010-64284815
山东临沂新华印刷物流集团有限责任公司
临沂高新技术产业开发区新华路　邮政编码：276017

开本：635mm × 960mm　1/16
印张：20.5　字数：174千字　图片：48幅
2019年9月第1版　2019年12月第2次印刷
定价：78.00元